투자의 규칙

How to Make Money in Stocks Getting Started

당신의 돈을 불리고 지키는 법

투자의 규칙

How to Make Money in Stocks Getting Started

매튜 갈가니 지음 | 김태훈 옮김

이레미디어

윌리엄 오닐의 서문

이 책 《투자의 규칙》은 모든 투자자에게 중요한 책이다. 당신이 주식 초보이고 어떻게 투자를 시작해야 할지 확신이 서지 않거나 투자가 불안하다면 바로 이 책이 당신이 찾던 잃어버린 고리가 될 것이다. 이 책에서 당신은 주식투자를 올바로 시작할 수 있게 해주는 체크리스트와 루틴을 갖춘 단계별 투자법을 접하게 될 것이다. 경험 많은 투자자라면 이 책에 담긴 전략과 도구를 참고하여 자신의 루틴을 다듬고 수익률을 한층 개선할 수 있다.

나는 1984년에 <인베스터스 비즈니스 데일리Investor's Business Daily>(이후 IBD)를 만든 이래 투자 교육에 집중했다. 배우고자 하는 의욕만 있으면 누구나 성공적인 투자자가 될 수 있다는 사실을 알았기 때문이다. 지금까지 각계각층의 수많은 사람들이 IBD와 캔 슬림 투자 시스템을 활용하여 뛰어난 성과를 거두었다.

내가 매튜 갈가니를 처음 만난 것은 10년 전이었다. 매튜는 보다 많은 투자자들에게 IBD를 알리기 위해 나를 찾아왔다. 또한 그는 캔 슬림 시스템을 마스터하여 재정적으로 안정된 미래를 구축하려는 강한 열망을 갖고 있었다. 전국에서 열리는 IBD 워크숍에도 10여 차례 참석한 바 있었다. 또한 IBD 미트업IBD Meetup 프로그램(온라인 화상회의)을 만들고 확장하는 데 도움을 주었다.

이후로 매튜는 IBD의 주간 라디오 방송을 공동 진행하고, 〈IBD 엑스트라IBD extra〉 뉴스레터를 편집하고, 〈IBD TV〉 영상을 제작하는 등 주요 교육 상품 제작에 참여했다. 그는 또한 내가 〈IBD 미트업 인베스터 에듀케이션 시리즈IBD Meetup Investor Education Series〉를 개발하는 데 도움을 주었다. 13부로 구성된 이 시리즈는 미트업 회원 전용으로 제작되었다. 매달 전국의 지역 모임들이 이 쌍방향 온라인 레슨을 활용한다. 〈IBD 미트업 인베스터 에듀케이션 시리즈〉는 투자자들이 시장에서 돈을 벌기 위한 분명한 계획을 수립하는 것을 돕는 최고의 수단 중 하나다.

《투자의 규칙》은 이전에 내가 집필한 《최고의 주식 최적의 타이밍How to Make Money in Stocks》을 자연스럽게 보충한다. 이 책은 초보 투자자가 매우 중요한 첫걸음을 잘 내딛도록 도와주는 한편, 장기적으로 부를 쌓는 데 도움이 될 적절한 투자 습관을 기르도록 한다. 하룻밤 사이에 성공적인 투자자가 될 수는 없다. 다른 모든 기술이 그렇듯이 주식투자도 배우는 데 시간과 노력이 필요하다. 그러나 보통의 인내심과 끈기를 가진 사람이라면 누구나 할 수 있는 수준이다. 핵심은 올바른 계획을 따르고 절대 포기하지 않는 데에 있다.

나는 이 책을 꼼꼼히 읽었다. 그래서 당신이 투자자로서 어떤 단계에 있든 이 책에서 시장에서 통하는 투자 계획을 발견하게 될 것이라고 말할 수 있다. 나머지는 당신에게 달려 있다. 이 책에 제시된 규칙들을 익히고 준수하면 분명 큰 도움을 받고 수익으로 보상받을 것이다.

당신의 투자 여정이 순탄하기를 빈다.

윌리엄 오닐

〈인베스터스 비즈니스 데일리〉 대표이자 창립자

들어가며

이 책은 투자를 실행하는 데 필요한 실질적인 행동을 알리기 위해 썼다. 이 행동들은 당신의 투자 여정을 성공적으로 시작하기 위한 구체적인 단계들이다. 물론 투자 여정의 목적은 주식시장에서 더 많은 돈을 버는 데 있다.

먼저 나 자신의 투자 여정에 대해 짧게 이야기하겠다.

나는 1990년대 중반 투자를 시작하기 전에 주식시장에 대한 책을 여러 권 읽었다. 그 책들은 어떤 주식을 살지 결정하는 데 도움이 되었다. 거기에 뭔가가 빠져 있다는 사실을 깨달은 것은 시간이 지난 뒤였다.

내가 읽은 책들은 퍼즐의 다른 조각, 종목 선정만큼 중요한 것을 다루지 않고 있었다. 그 조각은 바로 **매수 시점과 매도 시점**이었다. 그래도 당시 나는 주식투자로 돈을 벌고 있었다. 그걸 몰라도 이미 수익을 내고 있는데 꼭 매수·매도 규칙이 필요할까?

개인용 컴퓨터와 인터넷, 휴대폰의 부상은 폭발적인 강세장을 촉발했다. 나는 어떤 해에는 35퍼센트, 다른 해에는 40퍼센트의 수익을 올렸다. 수많은 다른 투자자들처럼 나 역시 매수한 뒤 주가가 화려하게 질주

할 때까지 그냥 들고 있는 것이 '전략'이었다.

사실 나는 무지한 자의 행복을 누리고 있었다. 나는 강세장에서는 대부분의 주식이 상승한다는 사실조차 몰랐다. 그래서 나의 천재성 때문에 수익을 올렸다고 착각했다. 단지 운이 좋았을 뿐이었는데 말이다. 올바른 때에 주식을 매수한 것은 순전히 우연이었다. 주식투자에 '올바른' 때와 '잘못된' 때가 있다는 것조차 몰랐다.

이는 매우 고통스러운 두 번째 깨달음으로 이어졌다. 그것은 내가 매도 규칙을 갖고 있지 않다는 두려움이었다. 2000년에 닷컴 거품이 꺼졌을 때 나는 어떻게 해야 할지 전혀 몰랐다. 시장 주기가 어떻게 돌아가는지 몰랐기 때문이다. 나는 시장이 상승할 때는 돈을 벌고, 하락할 때는 수익을 지키는 것을 기본 목표로 삼아야 한다는 사실을 전혀 알지 못했다. 그래서 그냥 가만히 앉아서 수익의 상당 부분이 사라지는 것을 지켜보며 좌절하기만 했다.

투자에는 분명 더 나은 방식이 있다

그런 일을 겪은 후 나는 〈인베스터스 비즈니스 데일리IBD〉를 알게 되었고, 시장의 자비를 구할 필요가 없다는 사실을 알았다.

- 나는 투자할 올바른 때와 잘못된 때를 파악할 수 있었다.
- 나는 수익을 확정할 투자 계획을 만들 수 있었다.
- 나는 단순한 매도 규칙을 지켜 심각한 손실을 피할 수 있었다.

이는 상황을 뒤집는 깨달음이었다. 이 깨달음은 이후 10년 동안의 투자에서 너무나 귀중한 것임이 증명되었다. 이제 '일간 종목 분석'과 '2분 팁2-Minute Tip' 영상을 만들든, 〈IBD 엑스트라〉 뉴스레터를 편집하든, 에이미 스미스Amy Smith와 IBD의 주간 라디오 방송을 공동 진행하든 간에 이 중요한 깨달음은 절대 나의 머릿속을 떠나지 않는다.

그래서 나는 이 책을 쓸 기회를 얻었을 때 다음과 같은 단순한 질문에서부터 출발했다. '내가 주식투자를 시작할 때 어떤 내용이 담긴 책이 있었다면 좋았을까?'

초심으로 돌아가 생각해보니 그 답은 세 가지 요소로 정리되었다.

1. **단순한 내용**: 초보 투자자도 주식투자를 시작해 수익을 내고 지키는 방법을 알 수 있도록 기본적인 내용에 초점을 맞춘다.
2. **쌍방향성과 실행 가능성**: 요점을 소화할 수 있는 실습 단계와 동영상을 포함하여 배운 내용을 바로 실행할 수 있도록 돕는다.
3. **쉽게 따를 수 있는 루틴과 체크리스트**: 누구라도 견실한 수익을 내고 지키는 데 활용할 수 있는 구체적인 단계별 투자 계획을 제시한다.

내가 주식투자를 시작할 때 이 책에 나오는 체크리스트와 실행 단계가 있었다면 엄청나게 도움이 되었을 것이다. 이 규칙들을 준수한다면 당신의 돈을 불리고 지키기 위한 검증된 이정표를 따르는 셈이다.

육감이 아닌 역사에 의존하라

앞으로 알게 되겠지만 IBD가 하는 일은 단순한 개념에 기반하고 있다. 그것은 '내일의 대박 종목을 찾으려면 과거의 대박 종목들이 크게 상승하기 직전에 어떤 양상을 보였는지 알아야 한다'는 것이다. 또한 그 종목이 고점을 찍고 하락하기 시작할 때 어떤 신호를 보냈는지도 알아야 한다. 다시 말해서 투자 실적을 크게 늘리고 싶다면 최고의 종목 그리고 최고의 투자자들을 공부하는 일부터 시작해야 한다.

당신이 반드시 공부해야 하는 전설적인 투자자가 바로 IBD의 대표 겸 창립자인 윌리엄 오닐이다. 그러면 이런 의문이 자연스레 떠오른다.

이 책과 윌리엄 오닐이 쓴 《최고의 주식 최적의 타이밍》의 차이점은 무엇일까?

《최고의 주식 최적의 타이밍》은 윌리엄 오닐이 쓴 주식투자서의 고전이며 200만 부 넘게 팔린 베스트셀러이기도 하다. 이 책은 그가 수십 년 전에 개발한 캔 슬림 투자 시스템에 대한 최고의 설명을 담고 있다. 아직 읽지 않았다면 **읽어볼 것을 강력 추천한다**.

《최고의 주식 최적의 타이밍》은 130년에 걸친 주식시장의 역사에 대한 귀중한 통찰을 제공한다. 또한 대박 종목들이 크게 상승하기 이전과 이후에 어떤 양상을 보였는지 자세하게 보여준다. 그리고 당신의 지침이 되어줄 명확한 매수 및 매도 규칙까지 제시한다.

이 책은 《최고의 주식 최적의 타이밍》을 대체하는 것이 아니라 '보충'하기 위해 쓰였다. 이렇게 생각하면 된다. 《최고의 주식 최적의 타이밍》은 전반적인 전략을 제시하는 내용이고, 《투자의 규칙》은 그 전략의 기본적인 요소를 실행에 옮기기 위한 방법을 보여준다.

투자는 기술이다. 그래서 다른 기술처럼 단계적으로 배우는 것이 가장 좋다. 그렇다면 어디서부터 시작해야 할까? 이 대목에서 《투자의 규칙》이 등장한다. 이제 우리는 지금 당신이 취할 수 있는 구체적인 단계들을 하나씩 살필 것이다. 이 단계들은 종목을 선정하는 방법 그리고 종목 선정 못지않게 중요한 매수 후 포지션을 관리하는 방법을 개선할 것이다.

당신이 투자 초보든 경험이 많든 간에 앞으로 살필 루틴과 체크리스트는 두둑한 수익을 올릴 수 있는 탄탄한 토대를 제공할 것이다. 이런 토대를 갖추면 처음부터 자신 있게 투자하고, 장기적으로 실력을 향상시킬 수 있다.

이 책에서 배울 수 있는 것들

다시 말하지만, 이 책은 바로 사용할 수 있는 실천적인 내용을 담고 있다. 가령 오늘의 최고 종목에 초점을 맞출 수 있게 해주는 **간단한 주말 루틴**Simple Weekend Routine과 포지션에 들어가고 나가는 좋은 때를 보여주는 **매수 및 매도 체크리스트**를 소개한다.

이 책 전반에 걸쳐 나오는 **실천사항**을 실행하면 현실에서 투자 규칙을 적용하는 데 필요한 직접적인 경험을 얻을 수 있다. 이 단계들을 따르고 체크리스트를 준수하면 올바른 매수와 매도 시기를 잡아내고 수익을 내는 능력이 크게 향상될 것이다.

이 책을 읽고 실천사항을 실행하면 다음과 같은 일들이 가능해진다.

- 자금을 지킨다.
- 최고의 잠재력을 지닌 종목을 빠르게 파악한다.
- 간단한 루틴과 체크리스트를 활용하여 적기에 해당 종목을 매수 및 매도한다.

이 책을 최대한 잘 활용하는 법

나는 몇 년 전에 윌리엄 오닐과 함께 몇 달에 걸쳐 〈IBD 미트업 인베스터 에듀케이션 시리즈〉를 제작했다. 13부로 구성된 이 시리즈는 지역별 투자자 그룹의 전국 네트워크로서 무료로 가입할 수 있는 IBD 미트업 프로그램의 회원들을 위한 것이었다. 이 시리즈는 고도의 쌍방향성을 지니도록 제작되었다. 각 IBD 미트업 그룹은 월간 모임에서 강의를 시청하고 거기서 배운 것을 각자 적용할 수 있다.

이 책 역시 고도의 쌍방향성을 추구한다. 그러니 그냥 쭉 읽고 넘기지 마라. 읽은 뒤 바로 활용하라!

당신의 책에 형광색 줄이 그어져 있고, 여백에 필기가 되어 있으며, 커피가 묻은 채 접힌 귀퉁이들이 있다면 더없이 행복할 것 같다(나는 《최고의 주식 최적의 타이밍》을 그렇게 보면서 공부했다).

한꺼번에 모두 시도하지 마라!

이 책의 내용을 조금씩 소화할 것을 권한다.

먼저 1장 '여기서부터 시작하라'를 읽어라. 1장은 주식시장에서 돈을 벌기 위한 투자 계획에 대한 큰 그림을 제공한다.

그다음 한 장씩 읽고 그 장의 실천사항을 실행하라. 그리고 약간의 시간을 들여서 앞서 배운 내용을 다시 소화하고, 간단한 루틴을 활용하라(4장).

억지로 끝까지 읽지는 마라. 모든 내용을 한 번에 읽고 다 기억할 수는 없다! 한 걸음씩 나아가다 보면 곧 모든 조각이 맞춰지기 시작할 것이다. 그러면 머릿속에 전구가 켜질 것이다. 그때야말로 올바로 시작할 준비, 주식투자로 돈을 벌 준비가 된 것이다.

3가지 필수 단계를 따라 시작하라

1. 실천사항으로 시작하라

이 책 전반에 걸쳐 나오는 실천사항을 꼭 실행하라.

모두가 다른 방식으로 배우겠지만, 나는 배운 내용을 바로 실행에 옮기는 것이 좋다고 생각한다. 다음 장으로 넘어가기 전에 실천사항을 반드시 실행할 것을 권한다. 그러면 개념들이 더 빨리 머릿속에 자리 잡을 것이다.

전략 실행 방법을 확인하라

이 책을 위해 따로 만든 웹페이지(http://www.investors.com/GettingStartedBook)에 가면 앞으로 다룰 핵심 규칙과 루틴이 '실제로' 어떻게 활용되는지 보여주는 여러 동영상을 찾을 수 있다. 이 책에서 배운 내용을 보강하고 확장시킬 수 있으니 꼭 시청하길 바란다.

실천사항이 여러 장에서 겹치는 경우도 있다. 그것은 의도된 것이다. NBA의 전설이자 UCLA 농구팀 감독이었던 존 우든John Wooden이 말한 대로 '반복은 학습의 열쇠'다. 각 장에 나온 단계들을 밟아나가면 처음부터 제대로 투자하는 데 도움이 될 것이다.

2. IBD 무료 체험권을 써라

이 책은 전략을 배우는 데 그치지 않고 실행하여 완전히 자신의 전략으로 만들 수 있도록 쓰여졌다. 그래서 실천사항 중 다수는 지금 시장에서 어떤 일이 일어나고 있는지를 확인하는 과정이 포함되어 있다.

- 어떤 종목이 오늘의 〈IBD 50〉 또는 〈종목 스포트라이트Stock Spotlight〉에 올랐는가?
- 지금은 주식을 매수할 때인가, 방어적인 자세를 취할 때인가?
- 당신이 살피는 주식이 〈종목 점검Stock Checkup〉에서 합격 또는 불합격 점수를 받았는가?

아직 IBD를 구독하지 않았다면 무료 체험권을 통해 실천사항을 실행하기 위한 도구와 기능 중 일부를 활용할 수 있다.

3. IBD의 무료 투자자 트레이닝을 활용하라

새로운 기술을 익힐 때는 누구에게나 도움이 필요하다. 투자도 다르지 않다. 그러니 혼자 해야 한다고 생각지 마라. 다음은 무료로 도움을 받을 수 있는 두 가지 방법이다. 이 방법들을 활용하면 학습 절차를 앞당기고, 투자와 관련된 의문사항에 대한 답을 구할 수 있다.

지역 IBD 미트업 그룹에 가입하라

나는 과거에 IBD 미트업 프로그램을 운영했다. 그래서 IBD 미트업이 앞으로 이 책에서 배울 모든 규칙과 개념을 실행에 옮기는 아주 좋은 수단이라고 말할 수 있다.

미국 전역과 해외에 250여 개의 지역 그룹이 있다. 이 그룹에서는 당신과 같은 사람들이 매달 온라인으로 만나서 시장 상황에 대한 이야기를 나누고, 관심종목을 만들고, 서로의 기술을 개선하기 위한 도움을 주고받는다.

IBD는 지역별로 독립적으로 운영되는 이 그룹들을 적극 지원한다. 가령 나와 윌리엄 오닐이 개발한 <IBD 미트업 인베스터 에듀케이션 시리즈>를 제공하고, IBD 강사를 보내 무료 워크숍을 진행한다.

웹사이트(http://www.investors.com/GettingStartedBook)를 방문하면 당신이 사는 지역의 그룹을 찾을 수 있다.

무료 IBD 트레이닝 세션을 신청하라

IBD 트레이너는 전화나 온라인으로 제공되는 무료 세션을 통해 IBD와 인베스터스닷컴investors.com을 활용해서 투자 전략을 적용하는 방법을 보여준다. 당신은 트레이너가 여러 도구와 기능을 실제로 활용하는 모습을 컴퓨터로 볼 수 있고, 궁금한 점이 있으면 언제든 질문할 수 있다.

자, 이제 시작해 보자.

당신이 어떻게 하고 있는지 알려주기 바란다!

나는 언제나 투자자들의 이야기가 궁금하다. 그러니 당신의 시작과 투자 과정이 어떻게 진행되고 있는지 언제든지 알려주기 바란다. 질문과 의견은 언제든지 GettingStartedBook@investors.com으로 보내면 된다.

당신의 연락을 고대하며, 투자에 크게 성공하기를 빈다!

목차

5장 매도 체크리스트

6장 눈을 가린 채 투자하지 마라

1장

여기서부터 시작하라

Start Here

자세한 내용을 다루기 전에 먼저 주요 목표, 즉 큰 그림을 볼 필요가 있다.

그러니 1장에서 투자의 숲을 먼저 훑어본 다음 나무를 하나하나 살피도록 하자. **뒷부분의 체크리스트와 차트에 대한 설명이 약간 버겁게 느껴진다면 읽기를 잠깐 멈추고 이 장으로 돌아와라.** 책갈피를 꽂아두거나 귀퉁이를 접어둬도 좋다. 그러면 가장 중요한 것에 초점을 맞추는 데 도움이 될 것이다. 기본적인 규칙과 루틴을 활용하여 당신의 돈을 불리는 동시에 지키는 것이 가장 중요하다는 것을 잊지 말라.

당신의 돈을 지키는 방법

당신의 돈을 **지키는** 방법 또는 **큰 손실을 피하는** 방법은 부를 쌓기 위한 논의를 시작하기에 앞서 크게 흥미로운 방식이 아닐 것이다. 그래도 대단히 중요하기에 가장 먼저 다루겠다.

주식으로 돈을 벌기 위해 가장 먼저 해야 할 일은 이미 가진 돈을 지키는 것이다.

지금부터 알려줄 두 가지 간단한 규칙만 따르면 당신의 소중한 돈을 지킬 수 있다. 이 규칙들은 특히 시장의 변동성이 커지고 하락추세가 시작될 때 당신을 지켜줄 것이다.

나중에 **매도 체크리스트**를 살필 때 수익을 확정하거나 손실을 제한할 때를 말해주는 여러 공통된 신호를 알게 될 것이다. 시간이 지나면 이런 신호를 포착하는 데 점점 더 능숙해질 것이지만 우선은 최소한 다음 두 가지 규칙을 반드시 지켜야 한다. 이 규칙들은 돈을 불리는 새로운 방식을 배우는 동안 당신의 돈을 지키는 데 도움이 될 것이다.

주가가 매수가보다 7~8퍼센트 아래로 떨어지면 매도하라

이 단순한 규칙은 잠재적 손실을 막아준다. 시장이 무슨 짓을 하든 당신을 지켜주는 보험과 같다. 간단하고, 합리적인 규칙이다.

이 규칙을 따르면 돈을 불리기가 훨씬 쉬워질 것이다. 더 큰 손실을 보충하려고 애쓰는 것이 아니라 수익을 추가하고 누적하게 될 것이다. 이 규칙이 얼마나 중요한지는 아무리 강조해도 지나치지 않다.

윌리엄 오닐 같은 전설적인 투자자를 비롯하여 모든 투자자는 실수를 한다. 그러나 성공하는 투자자는 실수를 재빨리 인정하고 손실을 작게 한정한다. 언제나 그렇다. 당신도 그렇게 해야 한다. 이 간단한 규칙을 따르면 그렇게 할 수 있다.

이 규칙에 대한 보다 자세한 내용 그리고 내가 힘들게 그것을 익힌 이야기는 **매도 체크리스트** 부분을 참고하라.

전체 시장이 '확실한 상승추세'에 있을 때만 매수하라

IBD는 1880년 이래 모든 시장 주기를 분석했다. 그 결과 4종목 중 3종목은 전체 시장과 같은 방향으로 움직인다는 사실이 확인되었다.

여기서 전체 시장 또는 일반 시장은 주요 지수를 말하며 주로 나스닥 종합지수, S&P 500, 다우존스 산업평균지수다.

시장이 하락추세일 때 전체 주식의 약 75퍼센트는 같이 하락한다.

주가가 내려갔을 때가 주식을 매수하기에 좋은 시기일까? 수익을 낼 확률을 높이고 돈을 불리는 일을 훨씬 쉽게 만들려면 반드시 시장이 상승추세일 때만 신규 매수해야 한다.

다음 단락에서 설명하겠지만 IBD의 〈빅 픽처The Big Picture〉 칼럼에 실리는 '마켓 펄스Market Pulse'만 확인해도 시장이 상승추세인지 하락추세인지 알 수 있다. 다시 말하지만, 현재 전망이 '확실한 상승추세'일 때만 신규 매수를 하라.

마켓 펄스
현재 전망: 확실한 상승추세

이 핵심 규칙에 대한 보다 자세한 내용과 실행 방법은 **매수 체크리스트** 부분을 참고하라.

지켜야 부유해진다

대다수 사람들은 어떤 주식을 매수할지에만 초점을 맞춘다. 그들은 절대적으로 중요한 퍼즐의 다른 조각인 매도 시점을 간과하곤 한다.

초보 투자자들은 큰 손실을 입은 후에야 매도 규칙이 필요하다는 사실을 깨닫는 경우가 너무나 많다. 당신 역시 초보자겠지만 이 책을 읽었다면 이런 일이 일어나도록 하지 마라!

이 두 가지 기본 규칙을 준수한다면 올바른 출발을 한 것이다. 이 규칙들은 대박 종목을 선정하는 법을 익히는 동안 당신의 돈을 지키는 데 도움이 될 것이다.

주식으로 돈을 벌기 위한 기본 투자 계획

캔 슬림 투자 시스템에 대해서는 다음 장에서 알아보고, 지금은 이 접근법을 활용하면 다음과 같은 일들이 가능하다는 사실만 알도록 하자.

- **언제 시장의 추세가 바뀌는지 알 수 있다.** 즉, 주식을 매수할 때인지 아니면 방어 조치를 취할 때인지 항상 알 수 있다.
- **최고의 잠재력을 지닌 주식을 파악할 수 있다.** 그러기 위해서는 초대박 종목들이 대규모 상승을 시작하기 전에 일반적으로 드러내는 7가지 속성을 살펴야 한다.

뒤이어 이 책에 나오는 루틴과 체크리스트를 활용하면 구체적인 단계들을 통해 다음 부문에서 돈을 벌 수 있다.

- 개별 주식
- 나스닥 및 S&P 500 상장지수펀드ETF
- 주식과 ETF의 혼합

이 책은 개별 주식에 초점을 맞춘다. 강력한 강세장에서 초대박 종목은 100퍼센트, 300퍼센트, 심지어 1,000퍼센트 넘게 오를 수 있다. 2009년 3월에 시작된 강세 주기 동안 애플, 프라이스라인Priceline, 룰루레몬 애슬레티카Lululemon Athletica, 울타 뷰티Ulta Beauty, 그린 마운틴 커피 로스터스Green Mountain Coffee Roasters, 치폴레 멕시칸 그릴Chipotle Mexican Grill, 랙스페이스 호스팅Rackspace Hosting, 3D 시스템스, 마이클 코어스Michael Kors, 그 외 많은 종목이 바로 그 일을 해냈다. 다시 말해서 인생을 바꾸는 막대한 수익은 시장 선도종목에 초점을 맞추는 데서 나온다. 앞으로 간단한 주말 루틴과 매수 체크리스트를 활용하여 그런 종목을 찾아내는 방법을 알게 될 것이다.

개별 주식이 아니더라도 곧 설명할 ETF 투자법을 통해서도 견실한 수익을 올릴 수 있다. 이 투자법은 시간도 훨씬 덜 든다.

어디에 투자해야 할까? 주식, ETF, 아니면 둘 다?

선택은 당신의 몫이다. 정답이나 오답은 없으며, 언제나 둘 다에 투자할 수 있다. 즉 자금 중 일부는 개별 주식에 넣고, 다른 일부는 지수 ETF에 넣을 수 있다.

많은 캔 슬림 투자자들은 혼합 투자법을 따른다. 나는 그 편이 특히 초보 투자자들이 시작하기에 좋다고 생각한다.

ETF로 돈을 벌기 위한 기본 투자 계획

전체 시장 추세와 보조를 맞추는 것은 주식을 거래하든 ETF를 거래하든 돈을 벌기 위해서는 반드시 필요한 첫 단계다. 곧 그 이유를 명확하게 알게 될 것이다.

ETF는 무엇인가?

ETF는 여러 주식이 포함된 '종목군basket'을 하나의 '펀드'로 묶어서 개별 종목처럼 매매할 수 있도록 만든 것이다. 에너지나 부동산 같은 특정 산업에 초점을 맞춘 업종 ETF가 있고, S&P 500이나 다른 지수를 추종하는 지수 ETF도 있다.

IBD의 ETF 시장 전략은 전체 시장을 폭넓게 대표하는 지수 ETF에 집중한다.

세 가지 쉬운 접근법

IBD는 전체 시장 추세를 추종하는 단순한 접근법을 갖고 있다(자세한 내용은 매수 체크리스트 부분에서 살필 것이다).

매일 IBD의 〈빅 픽처〉 칼럼에 실리는 '마켓 펄스'를 확인하면 지금 시장이 세 단계 중 어디에 있는지 알 수 있다.

이를 기반으로 지수 ETF를 살지, 팔지, 또는 계속 들고 있을지 알 수 있다. 그 방법은 다음과 같다.

시장의 3단계

마켓 펄스	마켓 펄스	마켓 펄스
현재 전망: 확실한 상승추세	**현재 전망:** 압박받는 상승추세	**현재 전망:** 조정 중인 시장
매수 적기: 전체 시장이 상승추세에 있음.	신중을 기할 것: 시장 추세가 바뀌고 있을지 모름.	방어 조치를 취할 것: 주요 지수가 하락추세에 있음.

마켓 펄스가 2008년 약세장에서 돈을 지키고, 2009년의 강세 반등에서 다시 시장에 들어가도록 도와준 양상

먼저 ETF 시장 전략에 얼마나 많은 자금을 할애할지 결정하라. 그 다음 아래의 단계를 밟아라.

1단계: 전망이 '확실한 상승추세'나 '상승추세 재개'로 바뀌면 이 전략에 할애된 자금을 100퍼센트 투자하라.

2단계: 전망이 '확실한 상승추세'에서 '압박받는 상승추세'로 바뀌면 50퍼센트를 매도하라.

3단계: 전망이 '압박받는 상승추세'에서 '조정 중인 시장'으로 바뀌면 나머지 50퍼센트를 매도하라.

주의사항: 특히 변동성 심한 시장에서는 전망이 '확실한 상승추세'에서 '압박받는 상승추세' 단계를 거치지 않고 바로 '조정 중인 시장'으로 바뀔 수 있다. 이 경우 지수 ETF 보유 물량을 전부 정리하라.

어떤 지수 ETF를 활용해야 할까?

'마켓 펄스'는 주로 나스닥 종합지수와 S&P 500의 변동에 집중한다. 따라서 해당 지수를 추종하는 ETF에 초점을 맞출 수 있다.

나스닥 종합지수 전체를 추종하는 ETF는 없다. 그러나 파워셰어스PowerShares의 QQQ는 나스닥에서 거래되는 상위 100개 기업을 가리키는 나스닥 100을 포괄한다. 따라서 QQQ(대개 'Qs큐스'로 불림)에 IBD의 ETF 시장 전략을 적용하면 된다.

매수 및 매도 주문을 넣어야 할 때

<빅 픽처> 칼럼의 '마켓 펄스'는 인쇄판이 나오기 전날 저녁에 인베스터스닷컴에 업데이트된다. 최선의 결과를 얻으려면 매일 저녁 시장 전망의 변화를 확인하라. 전망이 바뀌면(가령 '확실한 상승추세'에서 '압박받는 상승추세'로, 또는 '조정 중인 시장'에서 '확실한 상승추세'로) 다음 거래일에 장이 열릴 때 시장가격으로 매수 또는 매도 주문을 넣을 수 있다.

추가 자료

이 접근법의 활용에 대한 보다 자세한 내용을 보려면 IBD의 ETF 탭을 참고하거나 Investors.com/ETFstrategy를 방문하라.

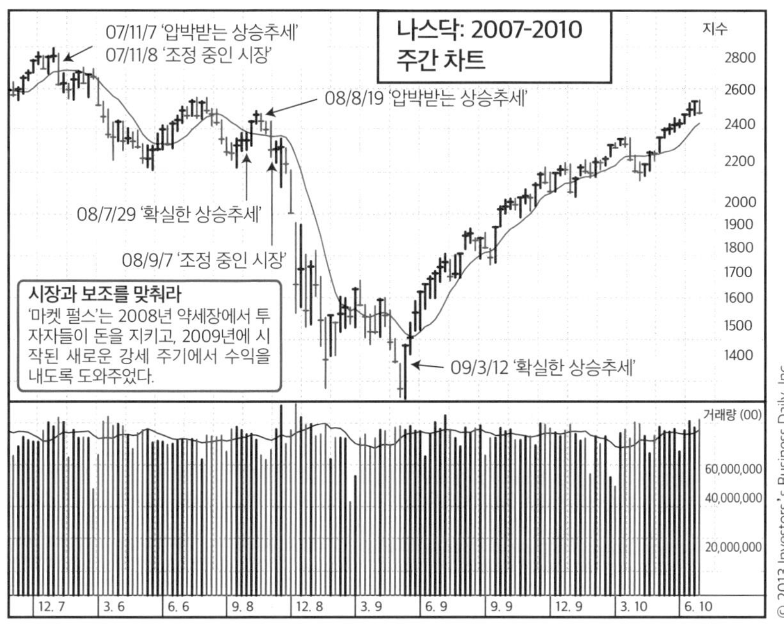

'마켓 펄스'만 잘 따르면 2008년 약세장에서 돈을 지키고,
2009년의 강세 반등에서 다시 시장에 들어갈 수 있었다.

위의 차트는 이 간단한 접근법이 상당한 수익을 내도록 도와주는 양상을 보여준다. 2007년 말에 시작된 심각한 약세장을 돌이켜 보라. 그리고 '마켓 펄스'가 추세 변화를 당시 독자들에게 경고한 데 이어 2009년 3월에는 새로운 강세 주기의 시작을 알렸다는 사실을 확인하라.

나스닥 수익률의 2배에 이르는 수익률을 올리는 IBD식 접근법

2003년 3월 17일(새로운 상승추세의 시작)부터 2013년 3월 28일(1분기 마지막 거래일)까지 위에 제시된 3단계 접근법을 따랐다고 가정하자. 같은 기간 나스닥은 135퍼센트, S&P 500은 82퍼센트 상승한 데 반해 IBD의 '마켓 필스' 전략은 218퍼센트의 수익률을 기록했다(이 분석을 위한 수익률은 손절 규칙을 적용하지 않는 상태에서 QQQ를 지수 ETF로 활용하여 계산했다). 그렇다고 해서 모든 시장 주기에서 이런 수익률을 보장할 수 있는 것은 아니다. 그래도 이 접근법이 상당한 수익을 낼 잠재력을 지녔다는 사실을 알 수 있다.

부동산 위기 및 금융위기로 2008년에 심각한 약세장이 이어진 상황에서 이런 수익률을 기록했다는 점을 기억하라.

이는 중요한 사실을 말해준다. 지수 ETF의 수익률은 근본적으로 지수 자체의 수익률과 비슷하다. 그래서 상승추세일 때 지수 ETF는 근본적으로 지수와 같은 수익률을 기록한다. 반면 하락추세가 닥쳤을 때 IBD의 3단계 전략을 따르면 지수의 하락세에 휩쓸리지 않을 수 있다. 즉, 한 걸음 물러남으로써 수익의 상당 부분을 지켜낼 수 있다. 3단계 전략이 복수의 시장 주기에 걸쳐서 '매수 후 보유'보다 크게 나은 수익률을 기록하는 이유가 거기에 있다.

투자 목표가 무엇이든, 가령 자녀의 대학 학자금을 마련하는 것이든 주택대출금을 갚는 것이든 걱정 없이 은퇴하는 것이든 이 접근법은 장기적으로 그 목표를 달성하는 데 도움이 될 것이다.

ETF 포트폴리오 구성에 대한 팁

▶ www.investors.com/GettingStartedBook에서 간략한 모의 절차를 진행하고 IBD의 ETF 시장 전략을 활용하는 법을 보여주는 짧은 동영상을 시청하라.

개별 주식으로 돈을 벌기 위한 기본 투자 계획

지수 기반 ETF에 투자하여 상당한 수익을 내는 법을 확인했으니 이제 개별 주식을 매매하여 더 큰 수익을 확보하는 법을 알아보자.

강한 상승추세일 때 최상위 캔 슬림 종목은 대개 나스닥이나 S&P 500 지수보다 훨씬 많이 오른다. 새로운 강세장이 시작된 2009년 3월 12일부터 시장이 하락추세로 돌아선 2010년 5월 4일까지 나스닥은 70퍼센트 상승했다. 같은 기간에 시장 선도종목은 더 많이 상승했다. 룰루레몬은 522퍼센트, 울타 뷰티는 322퍼센트, 바이두는 309퍼센트, 프라이스라인은 231퍼센트 상승했다.

물론 기대 수준을 조절하고 현실적인 관점을 가져야 한다. 최고의 투자자도 대박 종목의 상승분 전부를 취할 수는 없다. 나중에 살펴보겠지만 그런 시도는 당신을 곤경에 빠트릴 뿐이다. 그래도 거대한 상승분에 따른 수익 중에서 양호한 비중을 확보하는 일은 가능하다. 당신의 포트폴리오에 300퍼센트 상승의 작은 부분만 포함시켜도 수익률은 크게 높아진다.

물론 개별 종목에서 나올 수 있는 이 '엄청난' 수익을 얻으려면 더 많은 노력과 수고가 필요하다. 그래서 당신이 이 책을 읽고 있는 것이다. 그렇지 않은가? 이 책에 나오는 루틴과 체크리스트에 익숙해져라. 그러면 단계별 접근법을 따르기만 해도 이런 수익이 가능하다는 사실에 놀라게 될 것이다. 이 말의 의미를 알고 싶다면 4장에 나오는 간단한 주말 루틴을 확인하라.

지금부터 따르기 쉬운 체크리스트를 활용하여 한 번에 한 걸음씩 출발하는 방법을 보여주겠다. 우선 기본적인 3단계 투자 계획부터 간략하게 살펴보자.

주식으로 돈을 벌기 위한 기본적인 3단계 투자 계획
1단계: 전체 시장이 상승추세일 때만 매수한다.
2단계: 캔 슬림 속성을 지니고 예고적 차트 패턴에서 바닥을 돌파하는 주식을 매수한다.
3단계: 대부분의 경우 20~25퍼센트에서 수익을 취한다. 손실은 7~8퍼센트를 넘지 않도록 한다.

매수 및 매도 체크리스트를 설명할 때 각 단계를 자세히 다룰 것이다. 우선 3단계를 어떻게 진행하는지 간단하게 살펴보자.

1단계: 전체 시장이 상승추세일 때만 매수한다

IBD의 〈빅 픽처〉 칼럼에 실리는 '마켓 펄스'만 확인하면 시장이 상승추세인지 하락추세인지 알 수 있다. 다음의 2010년 나스닥 차트를 보면 '마켓 펄스'가 적시에 매수와 매도를 할 수 있게 도왔다는 사실을 알 수 있다.

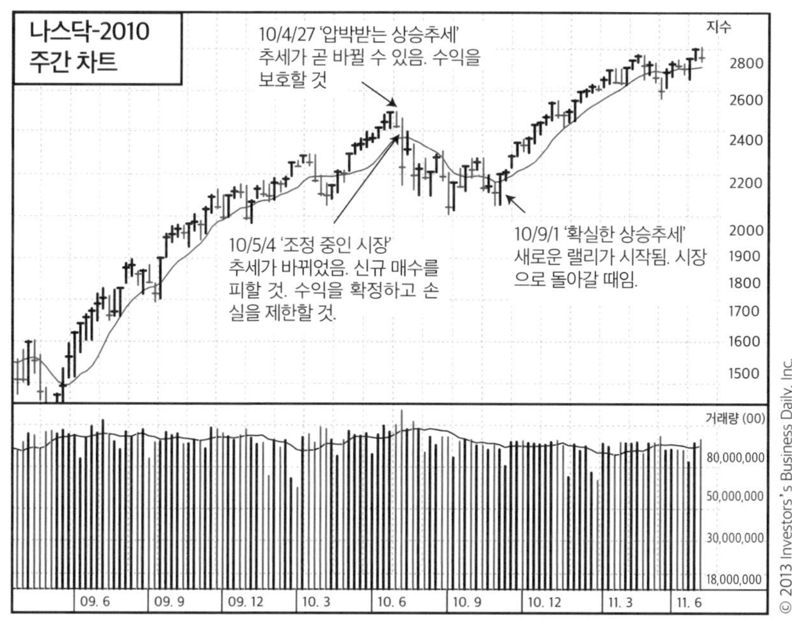

나스닥-2010
주간 차트
10/4/27 '압박받는 상승추세'
추세가 곧 바뀔 수 있음. 수익을
보호할 것
10/5/4 '조정 중인 시장'
추세가 바뀌었음. 신규 매수를
피할 것. 수익을 확정하고 손
실을 제한할 것.
10/9/1 '확실한 상승추세'
새로운 랠리가 시작됨. 시장
으로 돌아갈 때임.
지수
2800
2600
2400
2200
2000
1900
1800
1700
1600
1500
거래량 (00)
80,000,000
50,000,000
30,000,000
18,000,000
09. 6
09. 9
09. 12
10. 3
10. 6
10. 9
10. 12
11. 3
11. 6
© 2013 Investors's Business Daily, Inc.

'마켓 펄스'의 3단계 접근법은 언제 매수해야 할지
또는 방어적인 태도를 취해야 할지 파악하는 데 도움을 준다.

2단계: 캔 슬림 속성을 지니고 예고적 차트 패턴에서 바닥을 돌파하는 주식을 매수한다

차트에 익숙하지 않아도 <IBD 50>이나 <당신의 주말 리뷰Your Weekly Review>, <업종 선도종목Sector Leaders> 외 다른 코너에서 최상위 종목에 대한 소개와 잠재적 매수 지점을 확인할 수 있다.

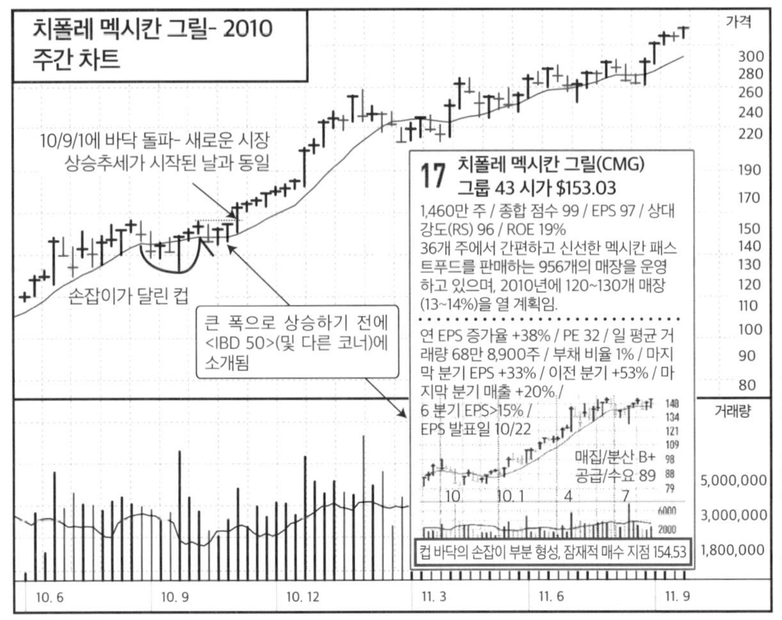

치폴레 멕시칸 그릴은 2010년 9월부터 2012년 4월까지 186퍼센트 상승했다.

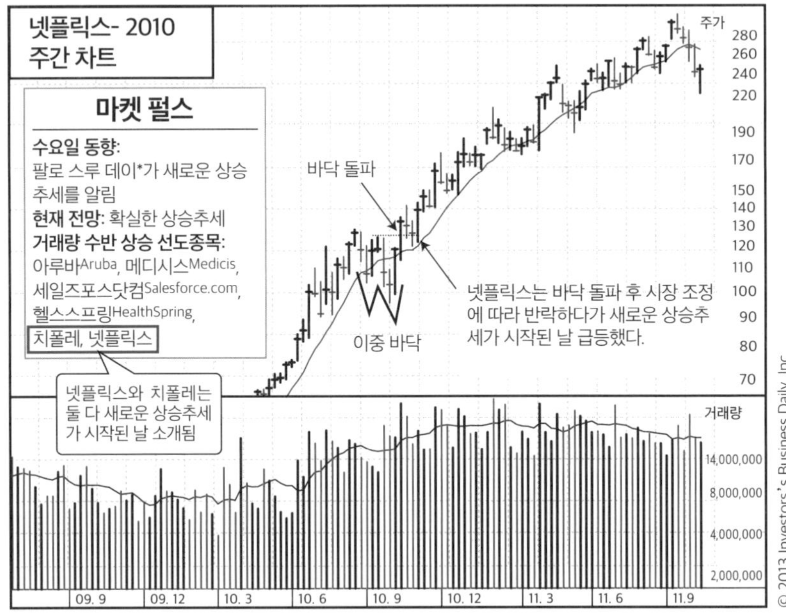

넷플릭스는 2010년 9월부터 2011년 7월까지 150퍼센트 상승했다.

3단계: 대부분의 경우 20~25퍼센트에서 수익을 취한다.

손실은 7~8퍼센트를 넘지 않도록 한다.

양호한 수익을 확정하고 심각한 손실을 피하기 위해 간단한 매도 계획과 함께 출발하라.

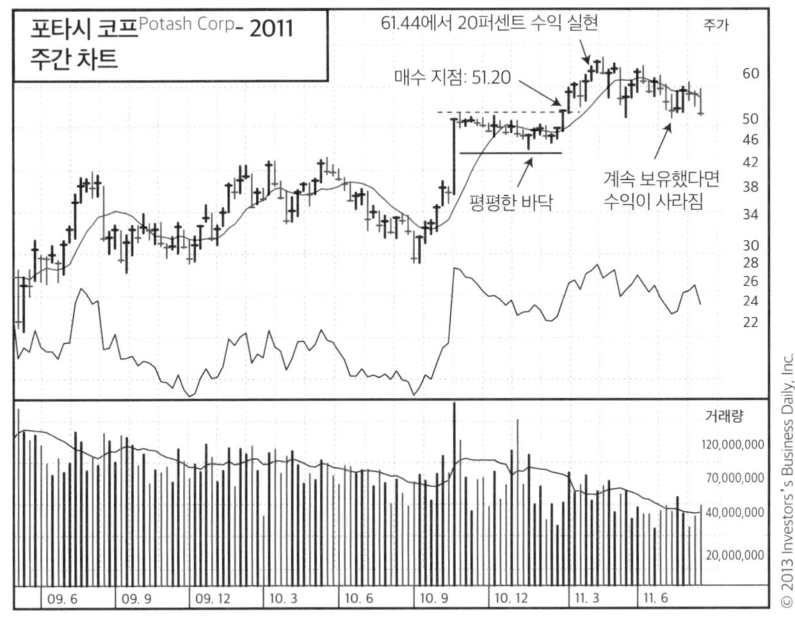

양호한 수익을 확정하고 포트폴리오를 키우기 위해
20~25퍼센트에서 대부분의 수익을 취하라.

* 팔로 스루 데이(follow-through day): 반등 시도 후 대규모 거래량과 함께 주가가 대폭 상승하는 날

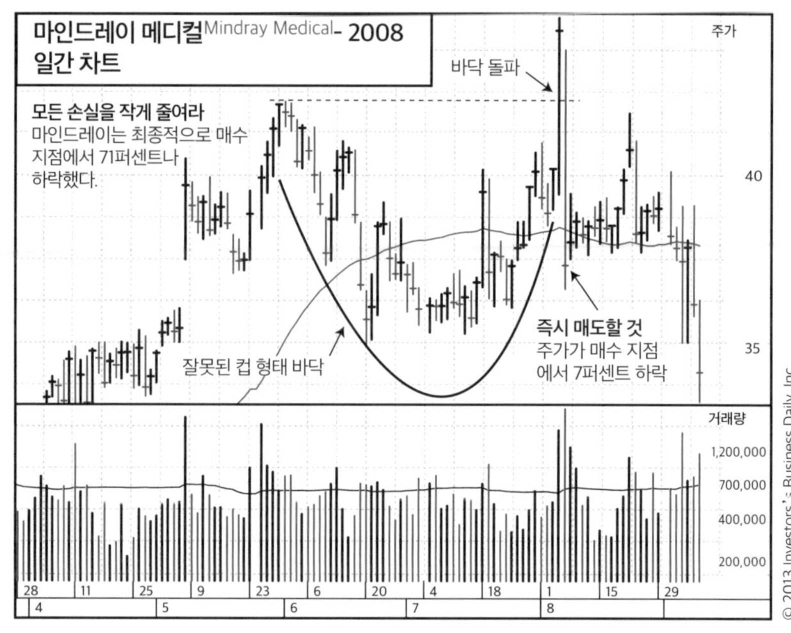

작은 손실이 큰 손실로 불어나도록 놔두지 마라.
매수가보다 7~8퍼센트 떨어지면 무조건 팔아라.

"인생은 실로 단순하나 우리가 굳이 복잡하게 만든다."

- 공자

크게 보면 투자에 대해서도 같은 말을 적용할 수 있다.

앞으로 대박 종목의 속성을 제시하는 체크리스트를 설명하고, 차트에서 어떤 매수 및 매도 신호를 살펴야 하는지 알아볼 것이다. 이는 성공적인 투자자가 되기 위해 반드시 익혀야 하는 중요한 세부사항이다.

다만, 큰 그림을 그리고 기본적인 투자 계획에 대한 시야를 잃지 말아야 한다. 시장을 둘러싼 온갖 뉴스와 잡음 때문에 지나치게 고민하다가는 소위 자동차 전조등 불빛에 얼어버린 사슴이 되기 쉽다.

특히 막 주식투자를 시작했다면 이 책에서 다룰 간단한 투자 계획과 루틴을 준수하라. 주가가 오를지 내릴지를 궁극적으로 좌우하는 중요한 항목에 계속 초점을 맞추도록 해줄 것이다.

다음 장에서는 이 핵심 요소들이 무엇인지 알아볼 것이다.

실천사항

다음은 지금까지 배운 것을 보강하고 활용하기 위한 간단한 과제다. 구체적인 수행 방법을 알고 싶다면 www.investors.com/Getting-StartedBook을 방문하라.

1. 다음 주제를 다룬 2개의 짧은 동영상을 시청하라.
   - 간단한 주말 루틴
   - 지수 ETF로 돈 버는 법How to Make Money Trading Index ETFs
2. IBD나 Investors.com에서 <빅 픽처> 칼럼을 확인하라.
   - 시장이 지금 확실한 상승추세인가 아니면 조정 중인가?

2장

캔 슬림 투자 시스템

The CAN SLIM®
Investment System

캔 슬림 투자법의 3가지 '기본 요건'

이 책에 나오는 매수 및 매도 체크리스트와 IBD에서 볼 수 있는 모든 거래창 및 도구는 **캔 슬림 투자 시스템**에 기반한다. 이 시스템은 1960년대에 IBD의 창립자이자 대표인 윌리엄 오닐이 개발했다.

나는 지금까지 오랫동안 워크숍, 동영상, IBD 미트업 그룹, 월간 뉴스레터, 라디오 프로그램을 통해 사람들이 캔 슬림 투자법으로 주식투자를 시작하도록 도왔다.

나는 주식투자를 막 시작한 모든 사람들에게 이렇게 조언한다. **'너무 복잡하게 만들지 말고 단순하게 가라'**고.

물론 중요한 세부사항은 있다. 주식 차트를 읽는 법처럼 배우는 데 약간의 시간과 노력이 필요한 것도 있다. 그러나 이 모두는 몇 개의 간단한 개념으로 나눌 수 있다. 또한 단계별로 체크리스트를 지침 삼아 이 개념들을 배울 수 있다.

나는 '기본 요건부터 먼저 챙겨라'라는 말을 강조해왔다. 세부 요건은 나중에 챙겨도 된다. 처음 시작할 때는 가장 중요한 것에 초점을 맞춰야 한다.

캔 슬림 투자 시스템이 잘 통하는 이유 그리고 이를 활용하여 시장에서 돈을 버는 법을 아는 일은 가장 먼저 챙겨야 하는 다음의 3가지 '기본 요건'으로 간추릴 수 있다.

- **기본 요건 1:** 시장이 상승추세일 때만 매수하라. 하락추세가 시작되면 방어 조치를 취하라.
- **기본 요건 2:** 영업이익 증가율이 클 뿐 아니라 새롭고 혁신적인 제품이나 서비스를 갖춘 기업에 초점을 맞춰라.
- **기본 요건 3:** 기관투자자들이 대량 매수하는 종목을 사고, 대량 매도하는 종목을 피하라.

이 책을 읽을 때 그리고 가장 중요하게는 체크리스트와 간단한 주말 루틴을 활용하여 투자하기 시작할 때 언제나 이 3가지 '기본 요건'을 명심하라. 이 원칙들이 아직 이해되지 않거나(곧 이해될 것이다) 지나치게 단순해 보일 수 있다. 그러나 IBD가 1880년 이래 모든 최상위 종목을 분석한 결과에 따르면 이 3가지 핵심 기조로 출발하는 것이 언제나 시장에서 돈을 버는 열쇠였다.

캔 슬림 개념

캔 슬림 투자는 두 가지 단순한 생각을 기반으로 한다.

- 내일의 대박 종목을 찾으려면 과거의 대박 종목이 크게 상승하기 직전에 보인 속성을 지닌 종목을 살펴라.
- 매수할 때를 알려면 과거의 대박 종목이 결국 고점을 찍고 하락하기 시작할 때 드러낸 경고 신호를 살펴라.

대박 종목은 크게 상승하기 전과 후에 어떤 양상을 보일까?

1950년대 젊은 주식중개인이었던 윌리엄 오닐은 이런 의문을 품었다. '최고 종목들은 크게 상승하기 전에 어떤 공통된 속성을 보였을까?'

답을 찾기 위해 그는 역대 대박 종목들을 연구하기 시작했다. 대박 종목들은 종종 1, 2년 만에 아주 빠르게 100퍼센트나 300퍼센트, 또는 그보다 훨씬 많이 상승했다. 당시는 개인용 컴퓨터와 인터넷이 나오기 전이었다. 그래서 윌리엄은 사무실 벽과 서류함을 차트와 데이터로 가득 채웠다. 그는 모든 가용한 성과 척도를 분석하여 무엇이 중요한지 파악했다. 최고 상승종목들이 급등하기 전에 어떤 특성과 예고적 신호를 드러냈는지 확인하기 위해서였다. 그가 알아낸 사실은 이것이었다.

최고의 종목은 최대폭의 상승을 이루기 직전에 7가지 공통 속성을 드러낸다.

캔 슬림CAN SLIM의 각 글자는 7가지 속성들을 가리키며, **매수 체크리스트**에서 확인할 매수 규칙의 토대를 이룬다.

윌리엄은 또한 선도종목들이 크게 상승한 후에 어떤 일이 일어나는지도 연구했다. 그들은 급등 전에 특정한 속성을 공유한 것처럼 고점을 찍고 하락하기 시작할 때도 비슷한 경고 신호를 드러냈다. 이 신호들은 **매도 체크리스트**에서 확인할 매도 규칙의 토대를 이룬다.

130여 년의 시장 역사

윌리엄이 1960년대에 시작한 연구는 아직 계속되고 있다. 그리고 1880년부터 지금까지 모든 시장 주기와 최고 상승종목들을 포괄한다.

1914년의 베들레헴 스틸Bethlehem Steel, 1963년의 제록스, 2004년의 구글과 애플, 2010년의 프라이스라인, 2011년의 솔라윈즈SolarWinds, 2012년의 3D 시스템스와 같은 역대 초대박 종목들은 대규모 상승을 이루기 직전에 같은 속성을 드러냈다. 7가지 캔 슬림 속성이 바로 그것이다.

앞으로도 떠오르는 기업의 이름은 계속해서 바뀌고, 새로운 기술과 산업이 부상할 것이다. 그러나 부상하는 대박 종목의 기본 프로필과 속성은 언제나 같을 것이다. 따라서 일단 무엇을 살펴야 할지 알면 판도를 바꿀 다음 종목을 찾는 일은 역사와 구체적이고 예고적인 신호에 초점을 맞춘 체크리스트에 기반할 것이다.

모든 종목 중 약 1~2퍼센트만이 캔 슬림 속성을 지닌다. 전미개인투자자협회American Association of Individual Investors(AAII)에서 실시한 독립적 조사에 따르면 까다로운 종목 선정은 보상을 안긴다. 절제와 인내를 갖고 캔 슬림 속성을 지닌 종목을 찾으면 대규모 상승의 초기 단계에서 현재 가장 유망한 종목을 포착할 수 있다.

1998~2012년에 걸친 최고의 성장주 투자 전략

전미개인투자자협회는 1998년부터 50여 개의 주요 투자 전략을 대상으로 지속적인 실시간 연구를 시행했다. 그 결과 1998~2012년에 걸쳐 캔 슬림 투자 시스템이 24.7퍼센트의 연 수익률로 최고의 성장주 투자 전략이라는 사실이 밝혀졌다.

이 15년 동안 닷컴 열풍과 거품 붕괴, 2003년의 강세장, 2008년의 부동산 위기 및 금융위기, 2009년의 강세장 반등 등 우리가 겪었던 온갖 급등락을 생각해 보라. 캔 슬림 투자 시스템은 이 모든 주기에 걸쳐 독

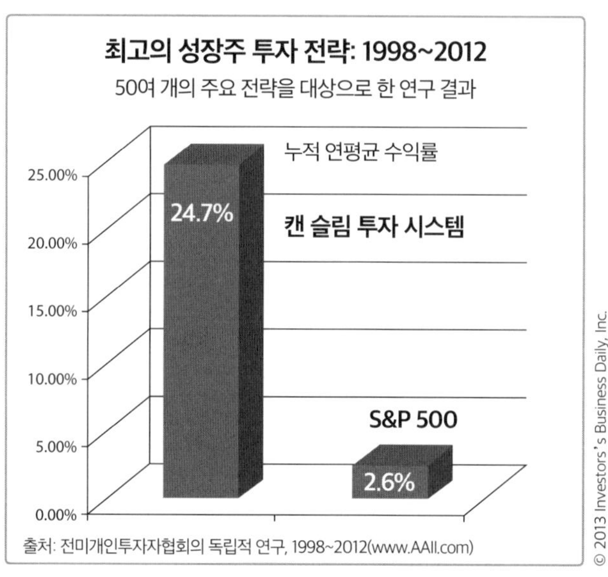

립적 연구를 통해 수익률을 증명했다. 이는 **앞으로 살필 매수 및 매도 체크리스트를 준수하면 어떤 유형의 시장에서도 상당한 수익을 올리고 지킬 수 있음을 보여준다**.

대박 종목의 7가지 속성

윌리엄 오닐은 《최고의 주식, 최적의 타이밍》에서 7가지 캔 슬림CAN SLIM 속성을 각각 자세히 설명한다. 또한 이런 속성을 공유하는 대박 종목의 수많은 역사적 사례들을 제시한다. 《최고의 주식, 최적의 타이밍》은 캔 슬림 투자법을 개발한 사람이 쓴 최고의 지침서다. 그러니 읽어볼 것을 강력하게 권한다.

이 책은 캔 슬림 투자 시스템으로 빠르게 시작하는 방법을 보여주기 위하여 썼으므로 약간 다른 접근법을 취할 것이다.

다시 말하지만 접근법을 단순하게 만들고 가장 중요한 것에 초점을 맞추도록 하자. 다음은 그 방법이다.

먼저 7가지 캔 슬림 속성을 간략하게 설명하고, 이 속성들이 앞서 언급한 3가지 '기본 요건'과 어떻게 연관되는지 보여줄 것이다. 또한 몇 가지 캔 슬림 사례 연구도 살피면서 2009~2012년 강세장의 최고 종목들이 급등하기 전에 동일한 속성을 지녔던 양상을 확인할 것이다.

이어지는 장들에서 체계적으로 오늘의 캔 슬림 종목을 포착하고 최적의 매수 및 매도 시점을 파악하는 데 도움이 되는 루틴과 체크리스트를 하나씩 살필 것이다.

7가지 속성과 3가지 기본 요건

7가지 캔 슬림 속성의 기준을 충족하는 데 필요한 구체적인 수치와 점수에 대해서는 **매수 체크리스트**를 확인하라.

- **기본 요건 1:** 시장이 상승추세일 때만 매수하라. 하락추세가 시작되면 방어 조치를 취하라.

캔 슬림에서 'M'(시장 동향Market direction)은 마지막 글자이지만 가장 중요한 속성이다. 돈을 버는 것과 잃는 것의 차이는 전체 시장(즉, S&P 500과 나스닥 같은 주요 지수)의 방향과 보조를 맞추는지 여부로 귀결된다.

> **M** **시장 동향**Market direction
>
> 역사적으로 보면 4종목 중 3종목은 위쪽이든 아래쪽이든 전체 시장의 방향을 그냥 따라간다. 따라서 현재 추세를 거스르는 것이 아니라 잘 따르는 법을 배워야 한다.

시장 동향의 변화에 대처하기 위한 조치들은 나중에 살필 것이다. 우선 다음 내용을 이해하라.

항상 모든 자금을 주식시장에 넣어둘 필요는 없다. 시장이 상승추세일 때 돈을 벌고, 하락하기 시작할 때는 수익을 지켜라.

너무나 당연한 말처럼 들린다. 그러나 실상 많은 사람들이 전체 시장

동향에 전혀 주의를 기울이지 않은 채 그저 맹목적으로 '매수 후 보유'를 한다. 그들은 전체 시장이 장기간 하락하면 전체 종목 중 약 75퍼센트는 같이 하락한다는 사실을 깨닫지 못한다.

'매수 후 보유' 전략을 따르는 투자자는 시장이 상승할 때는 돈을 벌 수 있다. 그러나 시장이 하락할 때 결국 모든 수익(그리고 약간 더)을 되돌려주는 경우가 많다.

이제는 롤러코스터에서 내려서 시장 주기가 돌아가는 양상에 기반한 매수 및 매도 규칙을 활용할 때가 되었다. 앞으로 그 방법을 배우게 될 것이다.

- 매수 체크리스트는 시장에 들어갈 최적의 시기를 집어낸다.
- 매도 체크리스트는 수익을 확정하고 뒤로 물러서 있을 때가 언제인지 보여준다.

- **기본 요건 2:** 영업이익 증가율이 클 뿐 아니라 새롭고 혁신적인 제품이나 서비스를 갖춘 기업에 초점을 맞춰라.

상승하는 영업이익 증가율은 주식에서 찾아야 할 첫 번째 요소다. 또한 이런 유형의 폭발적 수익을 창출하는 획기적인 신제품을 가진 혁신 기업을 찾아야 한다.

첫 3개의 캔 슬림 속성이 대단히 중요한 이유가 여기 있다.

C **현 분기 주당순이익(EPS)**Current Earnings Growth

영업이익은 근래 분기에 견조하게 증가해야 한다. 또한 성장을 지속할 요소를 갖추었음을 증명하기 위해 탄탄한 매출 성장, 높은 자기자본이익률, 업계 최고의 마진을 확인하라.

A **연 주당순이익**Annual Earnings Growth

현 분기 성장이 요행이 아님을 확인하기 위해 지난 3년 동안 연간 영업이익 증가율이 견조한지 살펴라.

N **새로운 기업, 제품/서비스, 산업 추세 또는 경영진**New products, Services, Management, Price Highs

'새로운' 것이 있는 기업에 초점을 맞춰라. 수요가 많은 혁신적인 제품이나 서비스, 새로운 대표, 판도를 바꿀 산업 추세가 해당된다.

생각해 보라. 어떤 종목의 주가가 100퍼센트나 200퍼센트 또는 그 이상 오르려면 이유가 있어야 한다. 뮤추얼펀드 매니저나 다른 대형 투자자들이 주가를 계속 밀어올리게 만들 뭔가가 있어야 한다.

역사를 살펴보면 영업이익 성장이 주된 요인임을 알 수 있다. 이는 2009~2012년 강세장에서 재차 증명되었다. 바이두, F5 네트웍스, 애플, 프라이스라인, 솔라윈즈, 랙스페이스 호스팅, 알렉시온 파마슈티컬스Alexion Pharmaceuticals, 룰루레몬 애슬레티카, 치폴레 멕시칸 그릴, 마이클 코어스 같은 초대박 종목들은 대체로 최고의 수익성을 자랑하는 기업들이었다. 이 기업들은 영업이익 증가율이 견조할 뿐 아니라 주가도 함께 상승했다. 또한 그들은 모두 새롭고 혁신적인 제품이나 서비스로 해당 산업을 선도했다.

● **기본 요건 3:** 기관투자자들이 대량 매수하는 종목을 사고, 대량 매도하는 종목을 피하라.

뮤추얼펀드, 헤지펀드, 은행, 연기금, 보험사, 그리고 다른 대형 '기관'도 해당되는 '기관투자자'들은 모든 거래의 상당 부분을 차지한다. 그들은 주식이 큰 폭의 지속적인 상승을 이루는 데 필요한 매수세 또는 자금을 제공한다. 또한 그들이 매도할 때는 대량 처분으로 주가를 하락시킨다.

그들이 무슨 일을 하는지 지켜보는 것이 절대적으로 중요한 이유가 거기에 있다. 나중에 매수 체크리스트 부분에서 IBD 스마트셀렉트 SmartSelect 점수와 차트를 활용하는 방법을 살필 것이다.

우선은 근본적으로 그들에게 편승해야 한다는 사실을 알고 넘어가도록 하자. 펀드매니저와 다른 대형 투자자들이 대량으로 사들이는 주식을 매수해야 한다. 이 주식들이 크게 상승할 가능성이 가장 높기 때문이다. 마찬가지로 중요한 점은 펀드매니저들이 보유 물량을 처분하기 시작할 때 같이 매도하고 빠져나와야 한다는 것이다. 해당 주식은 급락할 가능성이 높기 때문이다.

다음 3개의 캔 슬림 요소는 투자하기 전에 확인해야 하는 기관의 매수세를 알려준다.

S **수요와 공급**Supply and Demand

최고의 종목은 주요 매수 지점에서 거래량이 평균 이상 증가한다(즉, 거래량이 급증한다). 이는 펀드매니저나 다른 전문 투자자들이 해당 주식을 대량 매수하고 있음을 말해준다.

L **선도종목 또는 부진종목**Leader or Laggard

최고 순위 산업군에서 최상위 종목에 초점을 맞춰라. 주식은 견조한 영업이익과 혁신 능력(캔 슬림의 'C', 'A', 'N')을 보여주고, 기관이 자금을 넣는 최고 순위 산업군에서 분명한 선도종목이 됨으로써 진정한 선도종목이 된다.

I **기관의 보증**Institutional Sponsorship

'기관의 보증'은 대규모 기관, 주로 뮤추얼펀드의 보유를 말한다. 근래 분기에 더 많은 수의 기관에 더하여 지난 1, 2년 동안 시장수익률을 넘어선 정상급 소수 펀드매니저가 보유한 종목을 찾아라. 당신이 매수를 고려하고 있는 종목을 이런 정상급 투자자들이 매수하는 것은 좋은 근거가 된다.

펀드를 따라가라!

"뮤추얼 펀드가 매수하는 양질의 종목을 매수하고,

그들이 대량 매도하는 종목을 피하는 것이 핵심이다.

그들의 방대한 물량에 맞서려 하다가는 실적만 나빠질 뿐이다."

- 윌리엄 오닐, IBD 대표 겸 창립자

결론은 주식을 매수하기 전에 일부 뮤추얼펀드 매니저들이 대량 매수하고 있는지 확인해야 한다는 것이다. 또한 그들이 공격적으로 매도하기 시작하면 빠져나와라.

PER은 정말 중요한가?

눈치챘는지 모르겠지만 지금까지 대박 종목의 7가지 속성 중에서 주가수익비율PER은 언급되지 않았다. 이유는 간단하다. 우리의 연구에 따르면 주가수익비율(주가를 주당순이익으로 나눈 것)은 가격 변동의 중요한 요소가 아니며 매수 또는 매도 여부를 판단하는 데 아무 관련이 없었다.

이 점이 놀라울 수도 있다. 대다수 투자자는 주가수익비율이 낮은 종목에 초점을 맞추고 높은 종목을 피하라는 말을 듣기 때문이다. 그러나 130여 년에 걸친 시장의 역사를 살펴보면 **낮은 PER에 집착하는 투자자는 사실상 모든 대박 종목을 놓친다**.

그 이유는 이렇다.

낮은 PER은 대개 강세가 아니라 약세의 신호다. 영업이익 증가율이 상승하고 다른 캔 슬림 속성들을 지닌 최강 종목은 대개 PER이 높다. 왜 그럴까? 기관투자자들이 빠르게 성장하는 양질의 주식에 기꺼이 더 많은 가격을 지불하기 때문이다. 프로야구팀은 타율이 2할인 후보 선수보다 타율 3할에 40홈런을 치는 선수와 계약하기 위해 더 많은 연봉을 지불한다. 다음의 표에서 볼 수 있듯이 주식시장도 마찬가지다. 비싼 만큼 제값을 하는 법이다.

2009~2012년 강세장 선도종목들의 PER

기업명	상승 시작 연도	상승 시작 PER	후속 상승폭
바이두	2009	69	401%
그린 마운틴 커피 로스터스	2009	36	1,104%
프라이스라인닷컴	2010	29	183%
룰루레몬 애슬레티카	2010	33	196%
솔라윈즈	2011	28	137%

낮은 PER에만 초점을 맞추면 근본적으로 최고의 상품을 배제하고 떨이 상품만 사게 된다. 그러니 영업이익 증가율이 크고 상승하는 종목에 초점을 맞춰라. 이는 잠재적 대박 종목의 진정한 징표다.

캔 슬림 사례 연구

모든 강세장 주기마다 새로운 선도종목들이 부상하면서 돈을 벌 새로운 기회를 안긴다. 그중 일부는 유명하지만 다수는 한 번도 이름을 들어본 적이 없는 기업일 것이다. 당신은 그들의 제품이나 서비스가 무엇인지 모를 수 있다. 그러나 이제는 투자 시 확인해야 할 7가지 캔 슬림 속성을 살폈으므로 그들을 포착하는 방법을 알게 될 것이다. 또한 간단한 주말 루틴(4장)을 활용하여 그들을 어디서 찾아야 할지도 알게 될 것이다.

캔 슬림 요건을 충족한 대박 종목 사례

다음은 캔 슬림 요건에 맞는 대박 종목 3개의 프로필이다.

하나는 모두가 아는 기업인 애플이다. 하지만 2004년에 2012년까지 세계에서 가장 가치 있는 기업으로 만들어 줄 엄청난 상승을 시작할 때, 애플이 당신의 레이더 화면에 올라와 있었는가?

당신은 아마 아이팟과 아이튠즈에 대해 들어봤을 것이고, 어쩌면 사용하고 있었을지 모른다. 그러나 투자자로서 혁신적이고 대단히 인기 있는 신제품(캔 슬림의 'N')을 내놓은 애플이 대박 종목이 될 수 있을 것 같다는 판단을 했는가?

아이팟은 애플의 영업이익을 폭발적으로 증가시켰다. 뒤이어 아이폰이 출시되면서 영업이익이 더욱 늘어났다. 이 2가지 획기적인 혁신은 음악과 휴대폰 산업에 혁명을 일으켰다. 덕분에 애플의 주가는 4년 만에 1,418퍼센트나 상승했다.

당신이 이때 전체 상승폭을 놓쳤다 해도 애플은 여전히 2009~2012년의 강세장 동안 새롭게 진입할 기회를 여러 번 제공했다(나중에 살펴보겠지만 하나의 강세장 주기를 이끈 주식이 다시 돌아와 다음 강세장 주기까지 이끄는 경우는 드물다. 새로운 선도종목을 찾는 일이 대단히 중요한 이유가 거기에 있다. 이 내용은 나중에 자세히 설명할 것이다).

애플은 대다수 주식처럼 2007~2008년 금융위기 때 폭락했다. 그러나 2009년에 시장이 반등할 때 강력하게 되살아났다. 무엇이 그런 힘을 주었을까? 다음에 이어질 사례 연구에서 볼 수 있듯이 애플은 대규모 영업이익과 매출, 인기 신제품, 펀드매니저들의 매수 증가 등 여전히 캔 슬림 속성을 지니고 있었다. 게다가 당시는 또 다른 새로운 혁신인 아이패드를 출시하기 전이었다.

애플과 달리 그린 마운틴 커피 로스터스와 울타 뷰티는 대규모 상승을 시작하기 전에 유명 기업이 아니었다. 나 역시 IBD의 주식 목록에 올라오기 시작하기 전에는 이 기업들의 이름을 들어본 적이 없었다. 울타 뷰티는 나의 십대 딸이 할인가에 브랜드 화장품을 판매하는 울타 뷰티의 인기를 알려주기 전까지 모르고 있었다.

이 사실은 중요한 부가적 참고사항을 알려준다. 바로 아이들이 어디서 쇼핑을 하는지 주의 깊게 살피라는 것이다. 그러면 유통산업의 새로운 선도기업이 어디인지 알게 될지 모른다. 해당 기업들은 오랫동안 캔 슬림 주식의 좋은 원천이었다.

다시 사례 연구로 돌아가 보자. 당신은 아직 그린 마운틴의 케이컵 K-Cup 고메 커피를 맛보지 않았거나 울타 뷰티 매장에 가보지 않았을지 모른다. 그래도 캔 슬림 투자자로서 탁월한 실적을 보고 그들을 레이더 화면에 올리게 되었을 것이다. 두 기업은 모두 우리가 찾는 속성을 지녔다. 그들이 〈IBD 50〉(당시에는 〈IBD 100〉)과 〈당신의 주말 리뷰〉 같은 코너에 등장하기 시작한 이유가 거기에 있다.

이런 기업의 프로필을 살필 때 주가가 큰 폭의 상승을 시작할 무렵 3가지 '기본 요건'이 모두 갖춰졌는지 확인하라.

- 전체 시장이 상승추세에 있다.
- 각 기업이 폭발적인 영업이익 성장과 혁신적인 제품을 자랑한다.
- 뮤추얼펀드가 공격적으로 매수하고 있다.

모든 강세장 주기에서 이런 유형의 돈 벌 기회가 생긴다. 해당 사례를 분석하고 나중에 살필 체크리스트와 루틴을 활용하면 이익을 보기 위해 어떤 단계를 밟아야 하는지 알게 될 것이다.

캔 슬림 사례 연구: 애플AAPL

2009년 7월부터 2012년 9월까지 381퍼센트 상승
바닥 돌파 **전에** 모든 3가지 '기본 요건'과 핵심 캔 슬림 속성이 갖춰짐

시장이 상승추세일 때만 매수하라.

시장 동향: 2008년의 부동산 위기 및 금융위기에 뒤이어 2009년 3월에 새로운 강세 주기가 막 시작되었다.

영업이익 증가율이 클 뿐 아니라 새롭고 혁신적인 제품이나 서비스를 갖춘 기업에 초점을 맞춰라.

현 실적: 대폭 상승 이전에 3분기 동안 EPS 증가: 37% → 47% → 61%

연 실적: 3년 연평균 EPS 증가율: 48%

신제품/서비스: 애플은 아이팟, 아이폰, 아이튠즈, 앱스토어를 통해 음악 및 스마트폰 산업의 혁신적인 선도기업이 되었으며, 맥 컴퓨터에 대한 새로운 관심을 촉발하면서 시장점유율을 늘렸다.

기관투자자들이 대량 매수하는 종목을 사라.

수요와 공급: B+인 매집/분산 점수(매수 체크리스트 참고)는 기관투자자들이 지난 3개월 동안 애플 주식을 담고 있음을 보여주었다.

선도종목 또는 부진종목: 98점의 종합 점수는 애플 주식이 핵심 캔 슬림 속성 측면에서 **전체** 주식 중 98퍼센트보다 우월함을 보여주었다.

기관의 후원: 새로운 상승을 시작하기 전 3분기 동안 애플 주식을 보유한 펀드의 수가 늘어났다: 3,097 → 3,247 → 3,512

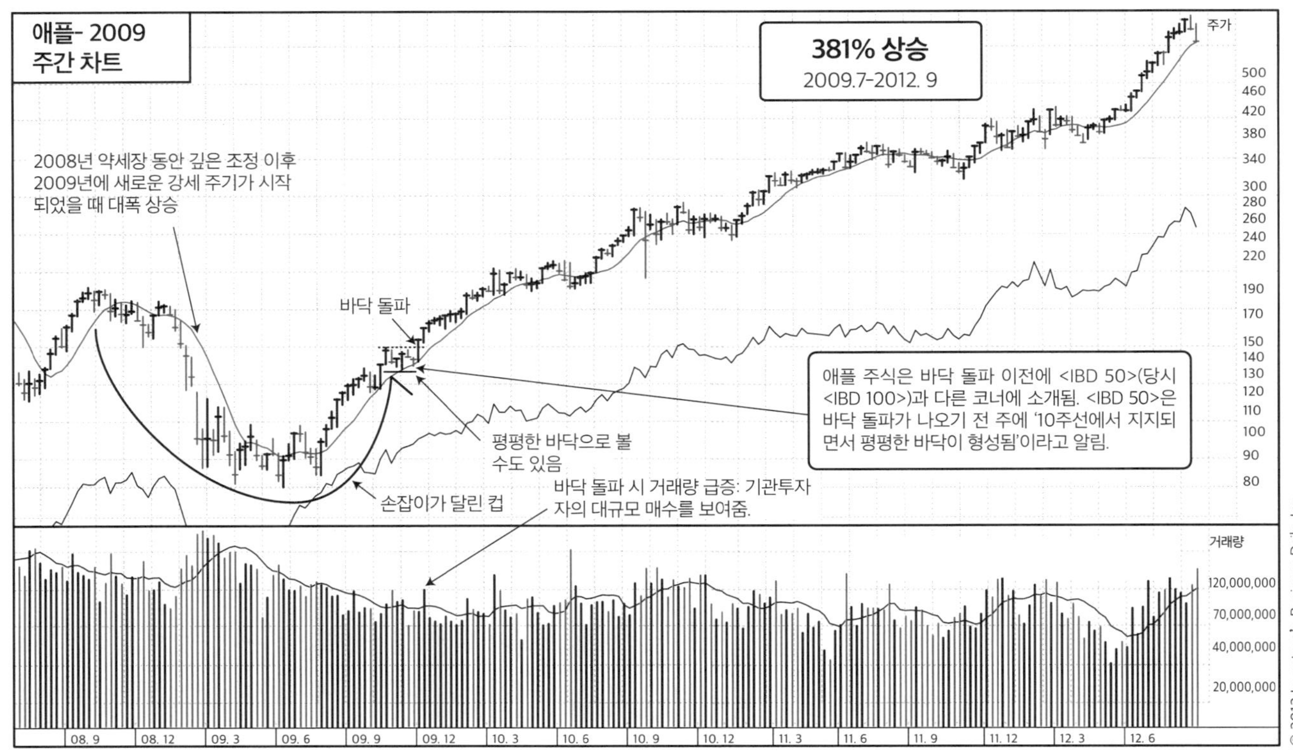
애플- 2009
주간 차트
381% 상승
2009.7-2012. 9
2008년 약세장 동안 깊은 조정 이후
2009년에 새로운 강세 주기가 시작
되었을 때 대폭 상승
바닥 돌파
평평한 바닥으로 볼
수도 있음
손잡이가 달린 컵
바닥 돌파 시 거래량 급증: 기관투자
자의 대규모 매수를 보여줌.
애플 주식은 바닥 돌파 이전에 <IBD 50>(당시
<IBD 100>)과 다른 코너에 소개됨. <IBD 50>은
바닥 돌파가 나오기 전 주에 '10주선에서 지지되
면서 평평한 바닥이 형성됨'이라고 알림.
주가
500
460
420
380
340
300
280
260
240
220
190
170
150
140
130
120
110
100
90
80
거래량
120,000,000
70,000,000
40,000,000
20,000,000
08. 9
08. 12
09. 3
09. 6
09. 9
09. 12
10. 3
10. 6
10. 9
10. 12
11. 3
11. 6
11. 9
11. 12
12. 3
12. 6

캔 슬림 사례 연구: 그린 마운틴 커피 로스터스GMCR

2009년 3월부터 2011년 9월까지 1,104퍼센트 상승
바닥 돌파 **전에** 모든 3가지 '기본 요건'과 핵심 캔 슬림 속성이 갖춰짐

시장이 상승추세일 때만 매수하라.

시장 동향: 그린 마운틴 주식은 2009년 3월 12일에 새로운 강세 주기가 시작된 지 며칠 만에 새로운 상승 국면으로 접어들었다.

영업이익 증가율이 클 뿐 아니라 새롭고 혁신적인 제품이나 서비스를 갖춘 기업에 초점을 맞춰라.

현 실적: 93점의 EPS 점수(매수 체크리스트 참고)는 현 실적 및 연 실적 성장 측면에서 전체 주식 중 93퍼센트보다 우월함을 보여주었다.

연 실적: 3년 연평균 EPS 증가율: 43%.

신제품/서비스: 그린 마운틴은 큐리그Keurig 케이컵 1잔용 고메 커피로 커피 산업을 뒤흔들었다.

기관투자자들이 대량 매수하는 종목을 사라.

수요와 공급: 97점의 상대강도 점수(매수 체크리스트 참고)는 상승률이 전체 주식의 97퍼센트보다 높다는 것을 말해준다.

선도종목 또는 부진종목: 최고점인 99점의 종합 점수는 GMCR이 핵심 캔 슬림 속성 측면에서 **전체** 주식 중 상위 1퍼센트에 속함을 말해준다.

기관의 후원: 바닥 돌파 전 3분기 동안 GMCR 주식을 보유한 펀드의 수가 급증했다: 183 → 197 → 219.

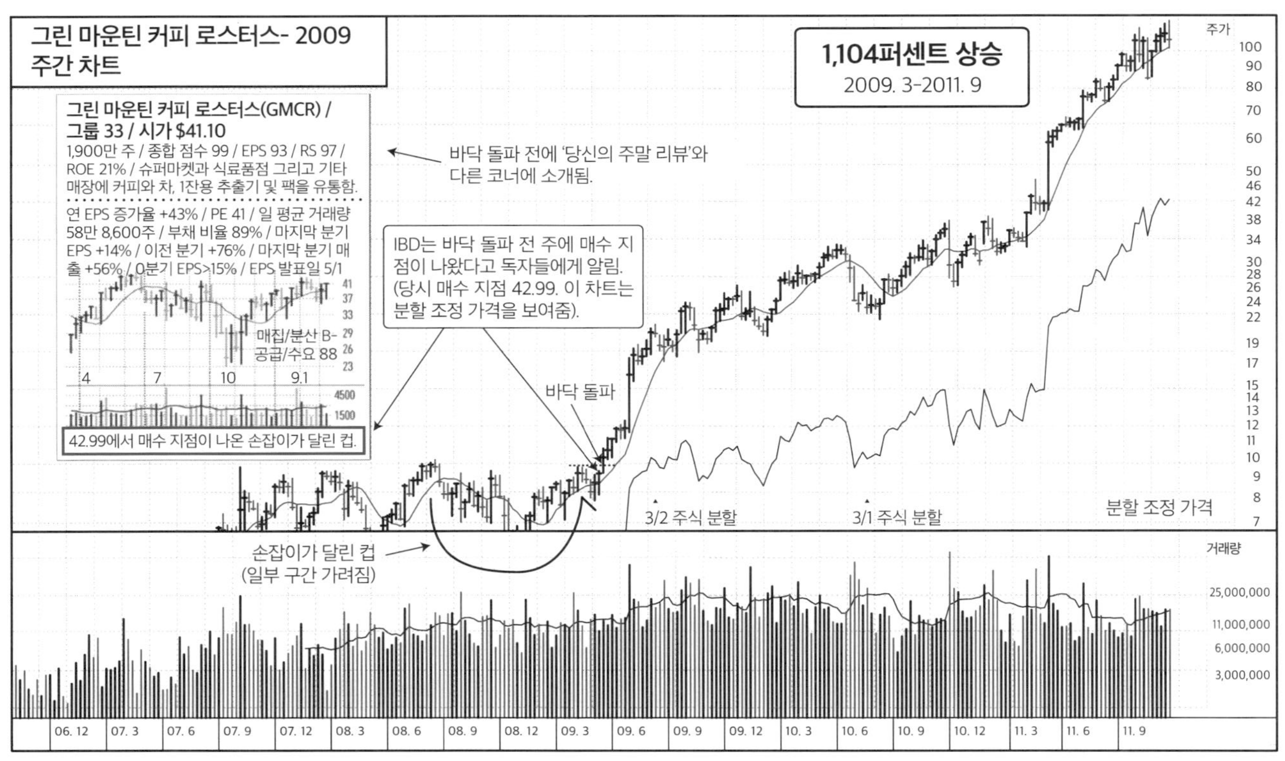

그린 마운틴 커피 로스터스- 2009
주간 차트
1,104퍼센트 상승
2009. 3-2011. 9
그린 마운틴 커피 로스터스(GMCR) /
그룹 33 / 시가 $41.10
1,900만 주 / 종합 점수 99 / EPS 93 / RS 97 /
ROE 21% / 슈퍼마켓과 식료품점 그리고 기타
매장에 커피와 차, 1잔용 추출기 및 팩을 유통함.
연 EPS 증가율 +43% / PE 41 / 일 평균 거래량
58만 8,600주 / 부채 비율 89% / 마지막 분기
EPS +14% / 이전 분기 +76% / 마지막 분기 매
출 +56% / 0분기 EPS>15% / EPS 발표일 5/1
매집/분산 B-
공급/수요 88
4
7
10
9.1
41
37
33
29
26
23
4500
1500
42.99에서 매수 지점이 나온 손잡이가 달린 컵.
바닥 돌파 전에 '당신의 주말 리뷰'와
다른 코너에 소개됨.
IBD는 바닥 돌파 전 주에 매수 지
점이 나왔다고 독자들에게 알림.
(당시 매수 지점 42.99. 이 차트는
분할 조정 가격을 보여줌).
바닥 돌파
손잡이가 달린 컵
(일부 구간 가려짐)
3/2 주식 분할
3/1 주식 분할
분할 조정 가격
주가
100
90
80
70
60
50
46
42
38
34
30
28
26
24
22
19
17
15
14
13
12
11
10
9
8
7
거래량
25,000,000
11,000,000
6,000,000
3,000,000
06. 12
07. 3
07. 6
07. 9
07. 12
08. 3
08. 6
08. 9
08. 12
09. 3
09. 6
09. 9
09. 12
10. 3
10. 6
10. 9
10. 12
11. 3
11. 6
11. 9

캔 슬림 사례 연구: 울타 뷰티ULTA

2010년 9월부터 2011년 7월까지 165퍼센트 상승
바닥 돌파 전에 모든 3가지 '기본 요건'과 핵심 캔 슬림 속성이 갖춰짐

시장이 상승추세일 때만 매수하라.

시장 동향: 2주 전에 막 새로운 상승추세가 시작되었다.

영업이익 증가율이 클 뿐 아니라 새롭고 혁신적인 제품이나 서비스를 갖춘 기업에 초점을 맞춰라.

현 실적: 대폭 상승 이전 3분기 동안 EPS 증가: 56% → 62% → 188%

연 실적: 3년 연평균 EPS 증가율: 31%.

신제품/서비스: 울타는 대형 매장에서 인기 브랜드 제품을 할인가에 판매하는 홈디포 스타일로 화장품 유통 비즈니스에 혁신을 일으키고 있었다.

기관투자자들이 대량 매수하는 종목을 사라.

수요와 공급: 울타가 상승을 시작한 주에 주간 거래량이 평균보다 207퍼센트 증가하면서 펀드 매니저들이 공격적으로 매수하고 있음을 보여주었다.

선도종목 또는 부진종목: 96점의 종합 점수는 울타가 핵심 캔 슬림 속성 측면에서 **전체** 주식 중 96퍼센트보다 우월함을 말해주었다.

기관의 후원: 바닥 돌파 전 4분기 동안 ULTA 주식을 보유한 펀드의 수가 급증했다: 197 → 223 → 231 → 315.

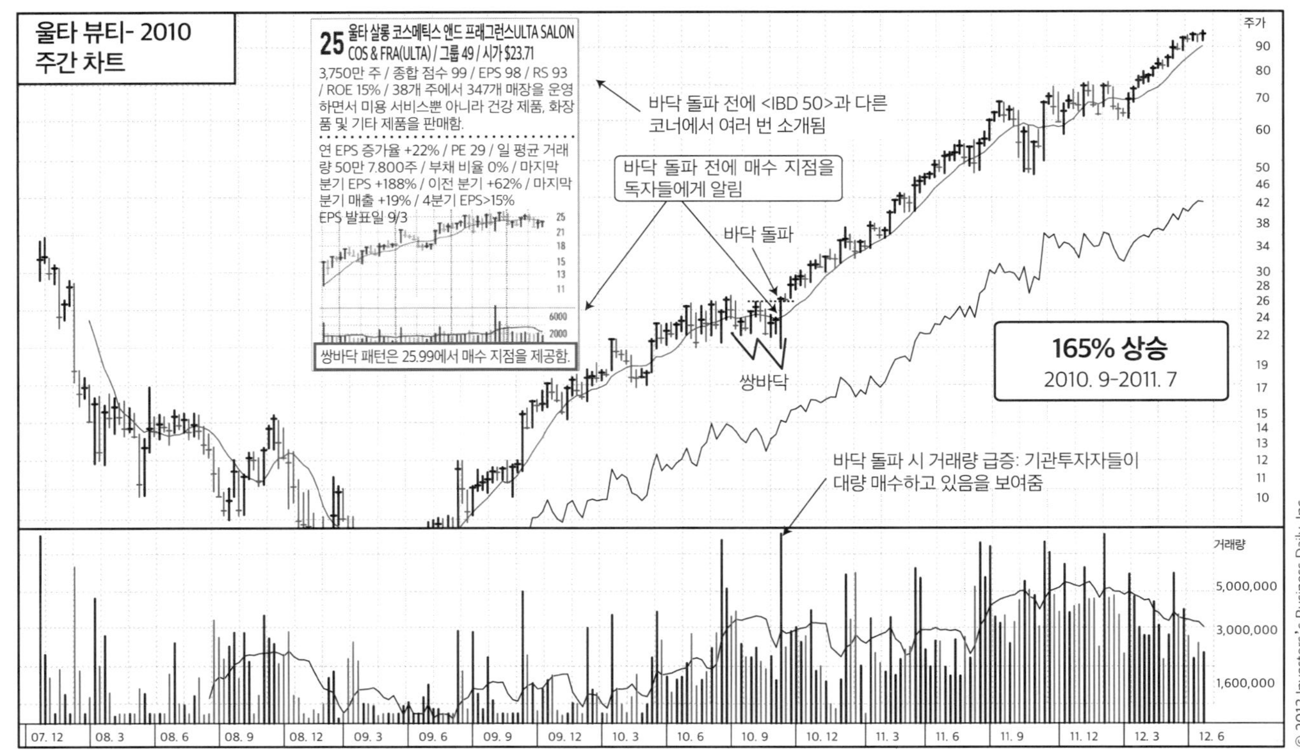
울타 뷰티- 2010
주간 차트
25 울타 살롱 코스메틱스 앤드 프래그런스ULTA SALON COS & FRA(ULTA) / 그룹 49 / 시가 $23.71
3,750만 주 / 종합 점수 99 / EPS 98 / RS 93 / ROE 15% / 38개 주에서 347개 매장을 운영하면서 미용 서비스뿐 아니라 건강 제품, 화장품 및 기타 제품을 판매함.
연 EPS 증가율 +22% / PE 29 / 일 평균 거래량 50만 7,800주 / 부채 비율 0% / 마지막 분기 EPS +188% / 이전 분기 +62% / 마지막 분기 매출 +19% / 4분기 EPS>15%
EPS 발표일 9/3
쌍바닥 패턴은 25.99에서 매수 지점을 제공함.
바닥 돌파 전에 <IBD 50>과 다른 코너에서 여러 번 소개됨
바닥 돌파 전에 매수 지점을 독자들에게 알림
바닥 돌파
쌍바닥
165% 상승
2010. 9-2011. 7
바닥 돌파 시 거래량 급증: 기관투자자들이 대량 매수하고 있음을 보여줌
주가
거래량
5,000,000
3,000,000
1,600,000
07. 12
08. 3
08. 6
08. 9
08. 12
09. 3
09. 6
09. 9
09. 12
10. 3
10. 6
10. 9
10. 12
11. 3
11. 6
11. 9
11. 12
12. 3
12. 6
© 2013 Investors's Business Daily, Inc.

현 시점의 캔 슬림 종목을 찾는 법

과거 사례를 통해 무엇을 확인해야 할지 알았으니 현 시점에서 동일한 캔 슬림 속성을 지닌 종목을 찾는 법을 알아보자. 투자하기 전에 살펴야 할 구체적인 속성들을 제시하는 매수 체크리스트를 활용하면 쉽게 캔 슬림 종목을 찾을 수 있다.

그 전에 아래의 실천사항을 통해 이번 장에서 다룬 내용을 보강하자.

실천사항

다음은 캔 슬림 투자 시스템을 익히고 활용하는 데 도움이 되는 간단한 과제다. 이 단계들을 밟기 위해 www.investors.com/GettingStartedBook을 방문하라.

1. 아래 동영상에서 캔 슬림 투자가 실전에서 어떻게 이뤄지는지 확인하라:
   - 뛰어난 스토리가 있는 주식을 포착하는 법How to Spot Great Story Stocks
   - 시장에 들어갈 때와 나올 때When to Get Into-and Out of-the Market
2. 오늘의 상위권 캔 슬림 종목을 통해 '신규 종목'을 파악하라.
   - 현재 <IBD 50> 목록에 오른 상위 5~10개 종목을 확인하라.

- 인베스터스닷컴의 〈IBD 스크린 센터IBD Screen Center〉에 나오는 '캔 슬림 셀렉트Select' 종목을 활용해도 된다.

● 해당 기업의 웹사이트를 살피고 인베스터스닷컴에 올라온 관련 자료를 읽어라. 그들이 어떤 새로운 제품이나 서비스를 제공하는지 그리고 어떤 산업 추세가 성장을 추동하는지 파악하라.

3장

매수 체크리스트

Buying Checklist

매수 체크리스트

당신의 종목은 합격인가 불합격인가?

투자하기 전에 언제나 캔 슬림 3대 기본 요건이 충족되는지 확인하라.

이 체크리스트를 활용하여 대박 종목이 대규모 상승을 시작하기 전에 드러내는 캔 슬림 속성을 지녔는지 파악하라.

기본 요건 1: 시장이 상승추세일 때만 매수하라. 하락추세가 시작되면 방어 조치를 취하라.

- ☐ 시장이 확실한 상승추세에 있다

기본 요건 2: 영업이익 증가율이 클 뿐 아니라 새롭고 혁신적인 제품이나 서비스를 갖춘 기업에 초점을 맞춰라.

- ☐ 종합 점수 95점 이상
- ☐ EPS 점수 80점 이상
- ☐ 근래 분기 EPS 증가율 25% 이상
- ☐ 영업이익 증가율 상승

- ❑ 지난 3년간 연평균 EPS 증가율 25% 이상
- ❑ 최근 분기 매출 증가율 20~25% 이상
- ❑ 자기자본이익률(ROE) 17% 이상
- ❑ SMR(매출Sales+마진Margins+자기자본이익률) 점수 A 또는 B
- ❑ 새로운 제품이나 서비스 또는 경영진
- ❑ 해당 산업군에서 최상위
- ❑ IBD의 197개 산업군 중에서 상위 40~50위

기본 요건 3: 기관투자자들이 대량 매수하는 종목을 사고, 대량 매도하는 종목을 피하라.

- ❑ 근래 분기에 해당 종목을 보유한 펀드 증가
- ❑ 매집/분산 점수가 A, B이거나 최소한 C
- ❑ 상대강도 점수 80점 이상
- ❑ 주가 15달러 이상
- ❑ 일 평균 거래량 40만 주 이상

차트 분석: 대규모 상승을 촉발하는 일반적인 패턴에서 바닥을 돌파할 때 매수하라.

- ❑ 적절한 바닥이나 다른 매수 지점에서 바닥 돌파
- ❑ 바닥 돌파 시 거래량 최소 평균보다 40~50% 증가
- ❑ 상대강도선이 새로운 고지에 올라섬
- ❑ 이상적인 매수 지점의 5% 이내

---

www.investors.com/GettingStartedBook에서 이 체크리스트를 다운로드하거나 인쇄할 수 있음.

당신의 종목은 합격 혹은 불합격?

<IBD 종목 점검>으로 파악하라

매수 체크리스트의 각 항목을 살피기 전에 인베스터스닷컴의 <종목 점검IBD Stock Checkup>을 활용하여 당신의 종목이 합격인지 불합격인지 간단하게 확인할 수 있다. 대다수 항목에 대해 합격(초록색), 중간(노란색), 불합격(빨간색) 등급이 있다.

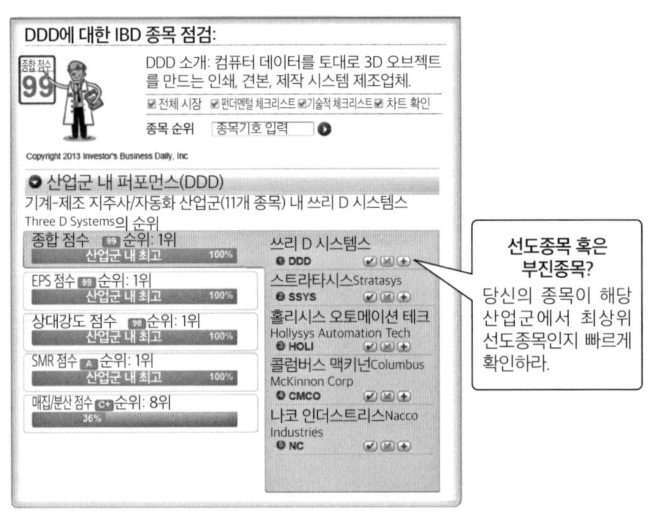

IBD 스톡 체크리스트		
종합 점수	99	●
전체 시장 및 산업군(DDD)		
전체 시장		
시장이 확실한 상승추세에 있음		●
산업군		
산업군 순위	6	●
펀더멘털 퍼포먼스(DDD)		
현 실적		
EPS 발표일	02/25/2013	
EPS 점수	99	●
EPS 변화율(마지막 분기)	78%	●
마지막 3분기 평균 EPS 증가율	55%	●
EPS 증가율 상승 분기 수	1	●
EPS 추정 변화율(현 분기)	137%	●
추정치 조정	↑	○
마지막 분기 어닝 서프라이즈 %	18.5%	●
연 실적		
3년 EPS 증가율	180%	●
연 EPS 증가 햇수	3	●
EPS 추정 변화율(현 연도)	70.83%	●
매출, 마진, ROE		
SMR 점수	A	●
매출 변화율(마지막 분기)	57%	●
3년 매출 증가율	45%	●
연 세전 마진	16.6%	●
연 ROE	18.0%	●

합격 혹은 불합격?
매수 체크리스트의 대다수 항목에 대한 합격(초록색), 중간(노란색), 불합격(빨간색) 판정을 확인하라.

체크리스트와 <종목 점검>을 실제로 활용하는 모습을 확인하라

▶ www.investors.com/GettingStartedBook에서 매수 체크리스트를 통해 종목을 빠르게 진단하는 방법에 대한 짧은 동영상을 시청하라.

까다롭게 고르는 것이 좋다

각 항목을 살필 때 이 체크리스트의 이면에 있는 개념을 명심하라.

우리는 방금 캔 슬림 투자 시스템을 통해 최고 상승 종목이 대개 대규모 상승을 시작하기 전에 어떤 속성을 드러내는지 확인했다. 매수 체크리스트는 지금 어떤 종목이 그런 속성을 지녔는지 파악하도록 도와준다.

이 시험을 통과하는 종목은 50퍼센트나 100퍼센트, 200퍼센트 또는 그 이상 상승할 가능성이 가장 높다. 각 항목을 살피면서 바로 그렇게 상승한 종목의 수많은 사례를 확인하게 될 것이다.

매수 체크리스트를 활용하는 일은 금세 자연스러워질 것이다. 몇 번만 해보면 수많은 종목을 너무나 빨리 평가할 수 있다는 사실에 놀라게 될 것이다. 또한 정확히 어떤 특성을 확인해야 하는지 알기 때문에 선도종목과 부진종목을 나누기가 어렵지 않을 것이다.

지금 <종목 점검>을 활용해 보라

체크리스트의 각 항목을 살필 때 <종목 점검>을 띄워볼 것을 권한다. 그러면 점검 과정에 더 빨리 익숙해지는 데 도움이 될 것이다. 구체적인 방법은 www.investors.com/GettingStartedBook에서 확인하라.

허풍과 육감, 풍문은 잊어라

너무나 많은 투자자들이 귀띔과 의견 그리고 소문만으로 주식을 고른다. 어떤 전문가는 30퍼센트나 하락한 주식이 현재 저평가되었다고 말한다. 어떤 투자 뉴스레터는 매출과 영업이익이 전무한데도 유망한 제품을 개발하고 있다면서 기업을 홍보한다. 많은 사람들이 육감이나 흥미로운 이야기만 믿고 바로 주식에 뛰어든다.

이런 희망회로, 충동적인 투기는 좋게 끝나는 경우가 드물지만 다행히 전혀 필요 없기도 하다.

규칙과 체크리스트를 갖추고 따르는 일이 수익을 늘리는 진정한 '비결'임을 알게 될 것이다.

허풍과 육감으로 종목을 고르지 말고 팩트에 초점을 맞춰라. **매수 체크리스트를 활용하여 매수하기 전에 각 종목의 유효성을 확인하라.**

체크리스트를 활용하는 일은 집을 짓기 위한 토대를 구축하는 일과 같다고 생각하라. 탄탄한 포트폴리오를 만들고 싶다면 절차를 건너뛰고 질 나쁜 싸구려 자재를 쓰지 마라. 시간을 들여서 제대로 준비하라. 캔 슬림 속성을 지닌 종목에 초점을 맞춰라. 그러면 사상누각에 가까운 부실한 구조물이 아니라 탄탄한 성공의 토대를 갖추게 될 것이다.

엄격하고 까다롭게 골라라. 겨우 1~2퍼센트의 종목만 합격하겠지만 그게 핵심이다. 검증되지 않거나 판에 박힌 기업은 필요 없다. 최고 중의 최고인 A급 선수만 선발해야 한다. 매수 체크리스트는 당신의 포트폴리오에서 필승 라인업을 구축하는 데 도움을 줄 것이다.

매수하기 전에 차트를 확인하라

투자하기 전에 당신의 종목이 체크리스트의 '차트 분석' 부분도 통과하는지 확인하라. 그 방법은 6장 '눈을 가린 채 투자하지 마라: 차트를 활용하여 매수 및 매도 적기를 파악하라'에서 다룰 것이다.

앞으로 알게 되겠지만 차트 분석은 당신이 배울 가장 중요한 투자 기술이다. 또한 무엇을 살펴야 할지 알면, 그렇게 어렵지 않다. 그리고 〈IBD 50〉이나 〈업종 선도종목〉 같은 코너가 당신을 위해 많은 점검 작업을 해준다는 사실도 알게 될 것이다. 이 코너들은 잠재적 매수 지점 근처에 있는 종목이 무엇이고, 어떤 차트 패턴을 형성하고 있는지 알려준다.

아직 차트에 익숙해지는 과정에 있다고 해도 IBD 종목 목록과 간단한 주말 루틴(4장)을 활용하면 큰 상승을 시작하기 전에 대박 종목을 포착할 수 있다.

기본 요건 1:

시장이 상승추세일 때만 매수하라.
하락추세가 시작되면 방어 조치를 취하라.

매수 체크리스트에서 가장 먼저 나오는 항목이 전체 시장의 동향을 다루는 것은 우연이 아니다.

그 이유는 간단하다. **어떤 종목이 6개의 캔 슬림 속성에서 탁월한 점수를 받았다 하더라도 'M'(시장 동향)에서 불합격한다면 조심해야 한다!**

이미 말한 내용이지만 앞으로도 계속 상기시킬 것이다. 아래의 팩트를 명심하는 일이 대단히 중요하기 때문이다.

4종목 중 3종목은 위쪽이든 아래쪽이든 전체 시장과 같은 방향으로 움직인다.

이 사실은 당신에게 어떤 영향을 미칠까?

- 시장이 상승추세일 때 매수하면 맞을 확률이 75퍼센트다.
- 시장이 하락추세일 때 매수하면 틀릴 확률이 75퍼센트다.

아마 당신도 동의할 것이다. 이 사실은 체크리스트를 준수하고 시장이 상승추세일 때만 매수해야 하는 매우 설득력 있는 이유라는 것을 말이다.

그렇다면 당연히 '시장이 지금 어느 방향으로 움직이고 있는지 알 수 있는 방법은 무엇인가?'라는 의문이 생길 것이다.

체크리스트를 활용하여 그 답을 찾아보자.

기본 요건 1에 따른 매수 체크리스트

기본 요건 1: 시장이 상승추세일 때만 매수하라. 하락추세가 시작되면 방어 조치를 취하라.

❑ 시장이 확실한 상승추세에 있다

☑ 시장이 확실한 상승추세에 있다

앞서 살핀 대로 시장은 언제나 3가지 단계 중 하나에 속한다. '확실한 상승추세', '압박받는 상승추세', '조정 중인 시장'이다.

매일 IBD에 실리는 〈빅 픽처〉 칼럼의 '마켓 펄스'만 확인하면 현재 어느 단계인지 알 수 있다(5장, '매도 체크리스트'에서 '압박받는 상승추세'나 '조정 중인 시장' 단계에서는 무엇을 해야 할지 살필 것이다).

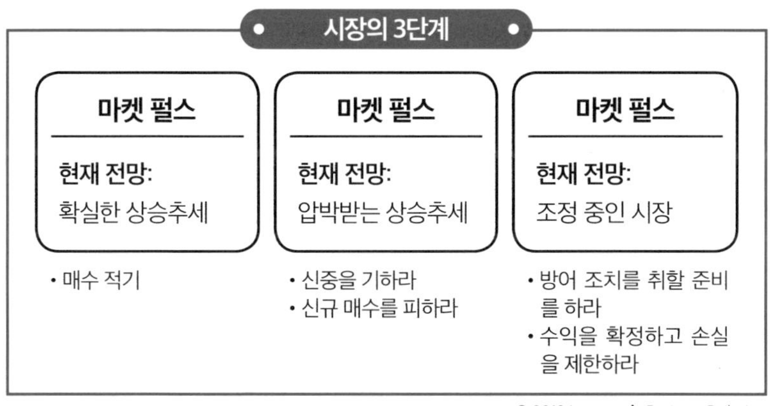

정말로 매매 타이밍을 맞힐 수 있을까?

통념은 '아니'라고 말한다. 반면 실제 시장의 역사는 '맞다'고 말한다.

'마켓 펄스'의 현재 전망은 추세의 주요 변화가 일어날 때마다 나타나는 특정한 신호에 따라 바뀐다.

매매 타이밍을 맞힐 수 있다고 해서 최고점에서 매매하고 최저점에서 매수할 수 있다는 말은 아님을 명심하라. 앞으로 6개월 후에 시장이 어느 단계일지 예측할 수 있다는 말도 아니다. 다만, 언제 새로운 상승추세가 시작되었는지 포착하고 언제 시장이 하락추세로 돌아서기 시작했는지를 알 수 있다.

핵심은 미래를 예측하는 것이 아니라 현재 주요 지수에서 어떤 일이 일어나고 있는지 이해하는 데 있다. 기관투자자들이 매수를 지속하면서 지수를 밀어올리고 있는가? 아니면 공격적으로 매도하면서 주가를 떨어트리고 있는가?

이것을 알아차리는 데 수정구슬은 필요 없다. 그저 현재 동향을 이해하기만 해도 재정적으로 안정된 미래를 구축하기에 충분하다. 아래 두 차트에서 볼 수 있듯이 '마켓 펄스'로 시장의 3단계를 확인하는 일은 시장이 상승할 때 돈을 벌고, 매도 압력이 거세지고 하락추세가 시작될 때 수익을 지키는 데 도움이 된다(1장 '여기서부터 시작하라'에서 다룬 2개의 사례도 다시 살펴보라).

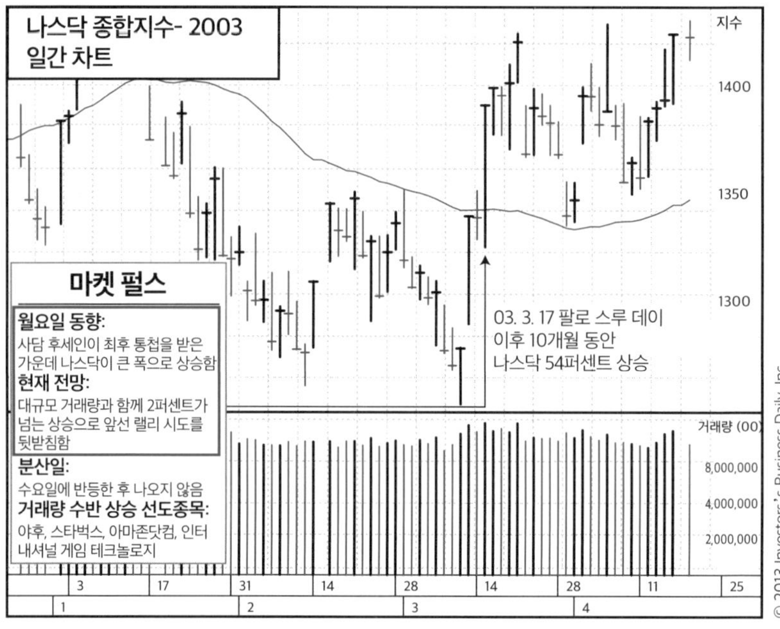

닷컴 버블 붕괴로 인한 약세장이 이어진 후
'마켓 펄스'는 새로운 상승추세의 시작을 독자들에게 알렸다.

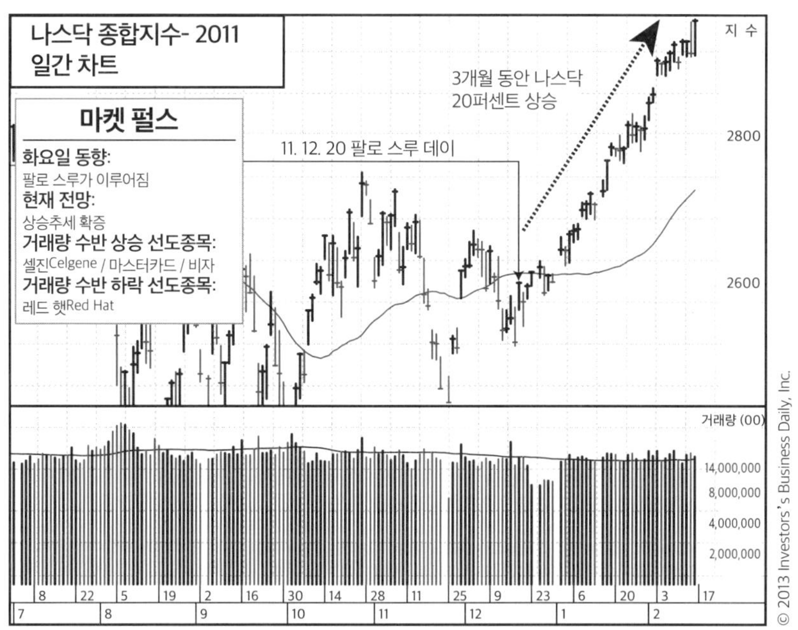

여러 달에 걸친 변동성 장세 후 2011년 12월에 '마켓 펄스'는
새로운 상승추세의 시작을 알렸다. 선도종목들이 새로운 상승을 시작하는 가운데
투자자들은 수익을 올릴 기회를 얻었다.

매매 타이밍을 잡는 방법을 '확인'하라

▶ www.investors.com/GettingStartedBook에 있는 짧은 동영상들을 보고 시장 추세의 변화를 포착하는 법을 배워라.

시장 추세의 변화를 알리는 2가지 신호

아래는 시장의 방향이 바뀌고 있음을 알리는 2가지 주된 신호에 대한 간략한 설명이다. '팔로 스루 데이'는 새로운 상승추세의 시작을 알리며 '분산일distribution day'은 시장의 약세를 경고한다.

이 책은 투자 경험이 없거나 적은 사람들이 주식투자를 시작할 수 있도록 돕는 데 초점을 맞추고 있다. 그래서 여기는 기본적인 내용만 제시하겠다. 이 장의 끝에 나오는 실천사항과 서문에서 언급한 '필수 단계'를 수행하면 더 깊이 배울 수 있다.

직접 이 변화들을 추적할 필요는 없다

시장이 조정에서 상승추세로 또는 그 반대로 변화하는 경우 '마켓 펄스'만 봐도 그 사실을 알 수 있다. 물론 팔로 스루 데이와 분산일의 이면에 있는 역학을 이해하면 분명 도움이 된다. 그러나 이해되지 않더라도 걱정하지 마라. 투자 기술은 단계별로 배우는 것이 가장 좋다는 사실을 명심하라. 세부사항과 고급 항목은 나중에 살펴도 된다.

새로운 상승추세를 알리는 '팔로 스루 데이'

시장이 조정받는 동안 방향이 바뀌어서 새로운 상승추세가 시작되었다는 사실을 어떻게 알 수 있을까? '팔로 스루 데이'를 찾아라. IBD가 1880년 이후 모든 시장 주기를 분석한 결과 **팔로 스루 데이 없이 지속적인 상승추세가 시작된 적은 없었다**.

그러니 시장이 하락세일 때 언제 다시 들어가야 할지 모르겠다면 그냥 추정하지 마라. 시간의 검증을 거친 신호가 나타나고 '마켓 펄스'의 전망이 '조정 중인 시장'에서 '확실한 상승추세'로 바뀌기를 기다려라.

팔로 스루 데이는 어떤 양상을 보일까?

이 질문에 대한 답은 2009년 3월 12일에 2008년 약세장의 끝과 왕성한 새로운 강세 주기의 시작을 알린 팔로 스루 데이가 나온 양상을 살피는 것으로 대신하도록 하자.

당시 분위기가 어땠는지 떠올려 보라. 2007~2008년에 주택시장은 침체되었으며, 전체 금융 시스템이 붕괴 직전까지 흔들렸다. 나스닥은 2007년 11월에 약세장이 시작된 이후 절반 이상 하락했다. 수많은 투자자들이 비슷한 손실을 입었다(물론 이 책에 나오는 매도 체크리스트를 따른 사람들은 심각한 손실을 피할 수 있었을 것이다. 그러니 잘 읽어두기 바란다).

2009년 3월 무렵 수많은 사람이 타격을 입은 채 다시 주식시장에 뛰어들 엄두를 내지 못하고 있었다. 암울한 신문 기사들은 이런 공포를 뒷받침하는 것처럼 보였다. 그러나 시장 주기가 어떻게 돌아가는지 아는 투자자들에게는 잠재적인 새로운 상승추세의 신호가 보였다. 그와 함께 모든 새로운 강세장의 초입에 부상하는 엄청난 수익 기회도 드러났다.

이는 또 다른 중요한 사실을 말해준다. **새로운 시장 상승추세는 경제 뉴스와 다른 뉴스들이 나쁠 때 시작되는 경향이 있다.**

팔로 스루 데이가 너무나 귀중한 도구인 이유가 거기에 있다. 최신 기사에 초조해하면서 시장이 언제 반등할지 추측하려 들지 마라. 그냥 팔로 스루 데이를 찾아라. 팔로 스루 데이 없이는 절대 새로운 상승추세가 시작되지 않기 때문이다.

차트를 읽는 법은 6장, '눈을 가린 채 투자하지 마라'에서 다룰 것이다. 지금은 시장이 반등하기 시작할 때 나스닥 차트가 들려주는 '이야기'만 살펴보도록 하자.

다음은 지점 ①~③ 및 팔로 스루 데이가 새로운 시장 상승추세를 알려주는 양상에 대한 설명이다.

팔로 스루 데이 이후 13개월 동안 77퍼센트 상승

1. **신저점**: 시장이 하락추세일 때 주요 지수(S&P 500, 나스닥, 다우) 중 적어도 하나가 신저점을 찍는지 확인하라. 2009년 3월 9일에 나스닥이 신저점을 찍었다(위 차트의 지점 ①).
2. **랠리 시도**: 신저점이 찍힌 후 지수가 상승 마감하는 날을 찾아라. 이는 지수가 하락을 멈추었으며 새로운 '바닥'을 만들고 반등을 시작할 가능성이 있음을 뜻한다.

   나스닥은 3월 10일에 바로 그렇게 평소보다 많은 거래량을 수반한 채 양호하게 상승했다(지점 ②). 평균 이상의 거래량은 무엇을 의미할까? 이는 기관투자자들이 매수하고 있다는 강세 신호다. 다만 하루 상승만으로는 시장 추세가 정말로 바뀌었다고 말하기에 부족하다. 따라서 이는 랠리 시도 1일차로 본다.
3. **팔로 스루 데이**: 랠리 시도가 나오면 새로운 상승추세가 시작되었음을 확증할 팔로 스루 데이를 찾아라. 기본 요건은 다음과 같다.
   - 대개 랠리 시도 3일차 이후에 발생한다. 많은 경우 4일차와 7일차 사이에 발생하지만 그보다 나중에 나올 수도 있다. 2009년 3월 12일에는 3일차에 팔로 스루가 이뤄졌으며(지점 ③), 이는 상당히 드문 경우다.
   - 지수가 전날보다 많은 거래량을 수반한 채 하루 동안 1.5퍼센트 이상 크게 상승해야 한다.

팔로 스루 데이 이후 점진적으로 복귀하라

모든 팔로 스루 데이가 지속적인 대규모 상승추세로 이어지는 것은 아니다. 약 3분의 1은 반등에 실패한다. 이 경우 시장은 빠르게 조정으로 되돌아간다. 그래서 팔로 스루 데이가 나오고 '마켓 펄스'가 '조정 중인 시장'에서 '확실한 상승추세'로 바뀔 때 점진적으로 시장에 복귀해야 한다.

상승추세가 자리 잡고 캔 슬림 선도 종목들이 기관투자자들의 대량 매수로 상승하기 시작하면 보다 공격적으로 진입해도 된다. 반면 상승추세가 무너지면 매도 체크리스트를 활용하여 안전하게 발을 빼라.

새로운 상승추세가 시작될 때 해야 할 일

▶ www.investors.com/GettingStartedBook의 '팔로 스루 데이 이후 해야 하는 일What to Do After a Follow-Through Day'에 나오는 '2분 팁' 동영상을 시청하라.

'분산일'은 시장의 약세를 알려준다

우리는 시장이 상승추세일 때 일정한 시점이 되면 흐름이 바뀌고 새로운 하락추세가 시작된다는 사실을 안다. 소위 '분산일', 즉 주요 지수에서 대량 매도가 나오는 날을 통해 이런 전환을 감지할 수 있다('분산'은 매도를 나타내는 또 다른 단어일 뿐이다).

분산일은 주요 지수 중 하나가 전날보다 많은 거래량과 함께 최소 0.2퍼센트 하락 마감하는 날이다(거래량이 늘어나지만 종가는 거의 움직이지 않는 정체 현상도 분산으로 볼 수 있다).

나중에 매도 체크리스트를 살필 때 시장 약세에 대처하는 방법을 다룰 것이다. 일단 요점부터 말하자면 **분산일이 늘어나는 것은 기관투자자들이 보다 공격적으로 매도하고 있음을 보여준다**. 또한 앞서 말한 대로 궁극적으로 시장 및 개별 종목을 위쪽 또는 아래쪽으로 움직이는 것은 뮤추얼펀드와 다른 대형 투자자들의 엄청난 매수(및 매도) 능력이다.

물론 펀드매니저들은 모두가 다 알 만큼 너무 공격적으로 매도하지 않으려 노력한다. 그러나 그들의 거래 규모와 거래량은 숨기기 어렵다. 분산일을 추적하는 일이 대단히 중요한 이유가 거기에 있다. 이것은 매도가 얼마나 심각한 수준인지 가늠하고, 추세에 진정한 변화가 일어나고 있는지 파악하는 데 도움을 준다.

분산일이 늘어나기 시작하면 '마켓 펄스'의 전망이 '확실한 상승추세'에서 '압박받는 상승추세'로 바뀐다. 이는 앞으로 상황이 어려워질 수 있다는 경고 신호다.

매도세가 약화되고 사라지면서 시장이 상승세를 이어갈 수도 있다. 그렇지 않고 하방 압력이 거세지면 조심하라!

4~5주 동안 6번의 분산일이 나오면 대개 상승추세가 하락추세로 뒤집힌다. '마켓 펄스'에서 현재 분산일이 몇 번 나왔는지 알 수 있다. 분산일이 충분히 많아지면 '현재 전망'이 '조정 중인 시장'으로 바뀐다.

다음 페이지에 나오는 S&P 500 차트는 분산일이 늘어남에 따라 '마켓 펄스'가 '확실한 상승추세'에서 '압박받는 상승추세'를 거쳐 마침내 '조정 중인 시장'으로 바뀌는 양상을 보여준다.

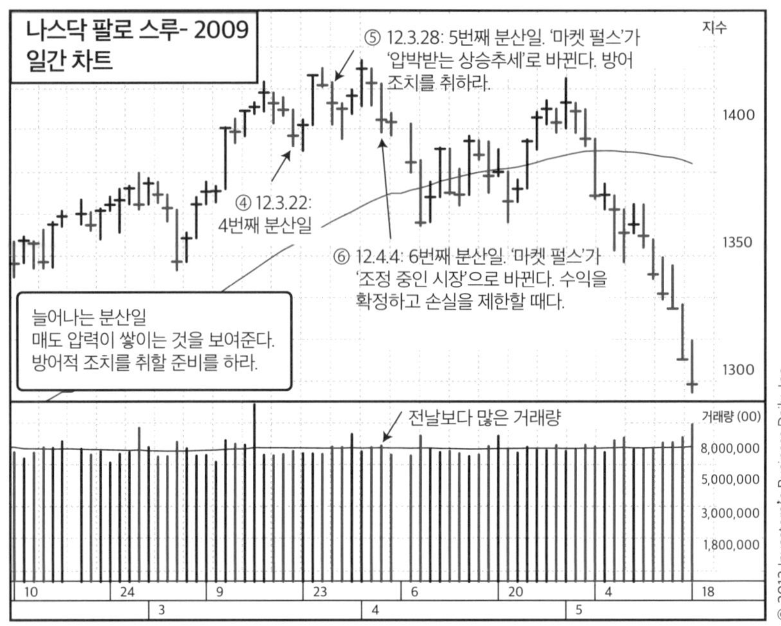
나스닥 팔로 스루- 2009
일간 차트
⑤ 12.3.28: 5번째 분산일. '마켓 펄스'가 '압박받는 상승추세'로 바뀐다. 방어 조치를 취하라.
지수
1400
④ 12.3.22: 4번째 분산일
1350
⑥ 12.4.4: 6번째 분산일. '마켓 펄스'가 '조정 중인 시장'으로 바뀐다. 수익을 확정하고 손실을 제한할 때다.
늘어나는 분산일
매도 압력이 쌓이는 것을 보여준다.
방어적 조치를 취할 준비를 하라.
1300
전날보다 많은 거래량
거래량 (00)
8,000,000
5,000,000
3,000,000
1,800,000
10
24
9
23
6
20
4
18
3
4
5
© 2013 Investor's Business Daily, Inc.

분산일이 늘어나기 시작하면 방어 조치를 취함으로써 당신의 돈을 지켜라.

약간 버거운가?

당신 탓이 아니다. 실제로 소화할 내용이 많다. 하지만 이 모든 신호를 직접 추적할 필요가 없다는 사실을 잊지 마라. '마켓 펄스'를 확인하면 시장이 현재 어느 방향으로 향하는지 바로 알 수 있다.

시장 주기에 대해 당신이 알아야 할 5가지

1. 당신의 목표는 시장이 상승추세일 때 돈을 벌고, 하락추세가 시작될 때 수익을 지키는 것이다

앞서 나는 이 교훈을 힘겹게 배웠다는 사실을 밝혔다. 나는 다른 수많은 투자자들처럼 1990년대 중후반의 강세장에서 많은 돈을 벌었다. 그러나 2000년에 닷컴 붐이 끝났을 때 수익 중 상당 부분을 내주고 말았다.

당시에도 나는 주식시장이 '주기적'임을 알았다. 그러나 그 주기가 나의 포트폴리오에 어떤 영향을 미칠지는 알지 못했다. 내가 몰랐던 것은 다음과 같다.

- 시장 추세가 언제 바뀌는지 알 수 있는 방법
- 변화가 일어날 때 취해야 할 조치

대다수 사람들도 모른다. 이는 놀라운 일이 아니다. 우리는 (a) 매매 타이밍을 잡을 수 없으며, (b) '매수 후 보유'가 안전한 접근법이라는 말을 줄곧 듣기 때문이다. 이 속설은 그것을 믿을 수많은 사람들에게 큰 손실을 안겼다.

하지만 이제 당신은 시장이 어떻게 돌아가는지 안다. '매수 후 보유' 투자자들은 시장이 강한 상승추세일 때는 돈을 벌지 모른다. 그러나 급격한 반락이 나오면 모든 수익(과 더 많은 돈)을 내줄 가능성이 높다.

이 책에 나오는 매수 및 매도 체크리스트를 활용하면 시장의 롤러코스터에서 빠져나올 수 있다. 기본적인 규칙을 준수하면 시장이 상승할 때 견실한 수익을 올리고, 추세가 바뀔 때 재빨리 대부분의 수익을 확정하는 데 도움이 된다.

2. 시장 주기의 어느 위치에 있는지 파악하라

'강세장'은 주가가 오르는 때이고, '약세장'은 주가가 내리는 때라는 사실은 모두가 안다. 그러나 강세장 안에서도 소위 '중간 조정'이 일어난다는 사실을 아는 것이 중요하다. 이때 주요 지수는 몇 주 또는 몇 달 동안 휴식을 취하면서 물러선 다음 상승을 재개한다.

중간 조정의 깊이는 다양하다. 나스닥이나 S&P 500의 경우 10~15퍼센트 정도 하락할 수 있다. 이는 상당히 가벼운 하락으로 이면의 강세장 상승추세를 바꾸기에는 불충분하다.

일반적으로 20퍼센트 미만의 하락은 중간 조정에 해당한다. 20퍼센트 이상의 하락은 약세장에 해당한다.

다음 페이지의 그림은 그 양상을 보여준다.

강세장과 약세장은 대개 얼마나 오래 지속될까?

기간은 다양하다. 다만 일반적인 지침은 다음과 같다.

- 강세장은 대개 2~4년 동안 지속된다.
- 약세장은 대개 8~9개월 동안 지속된다.

왜 강세 주기의 어느 '단계'인지 관심을 가져야 할까?

대개 강세장의 첫 2년 안에 정말로 큰 수익이 발생하기 때문이다. 강세

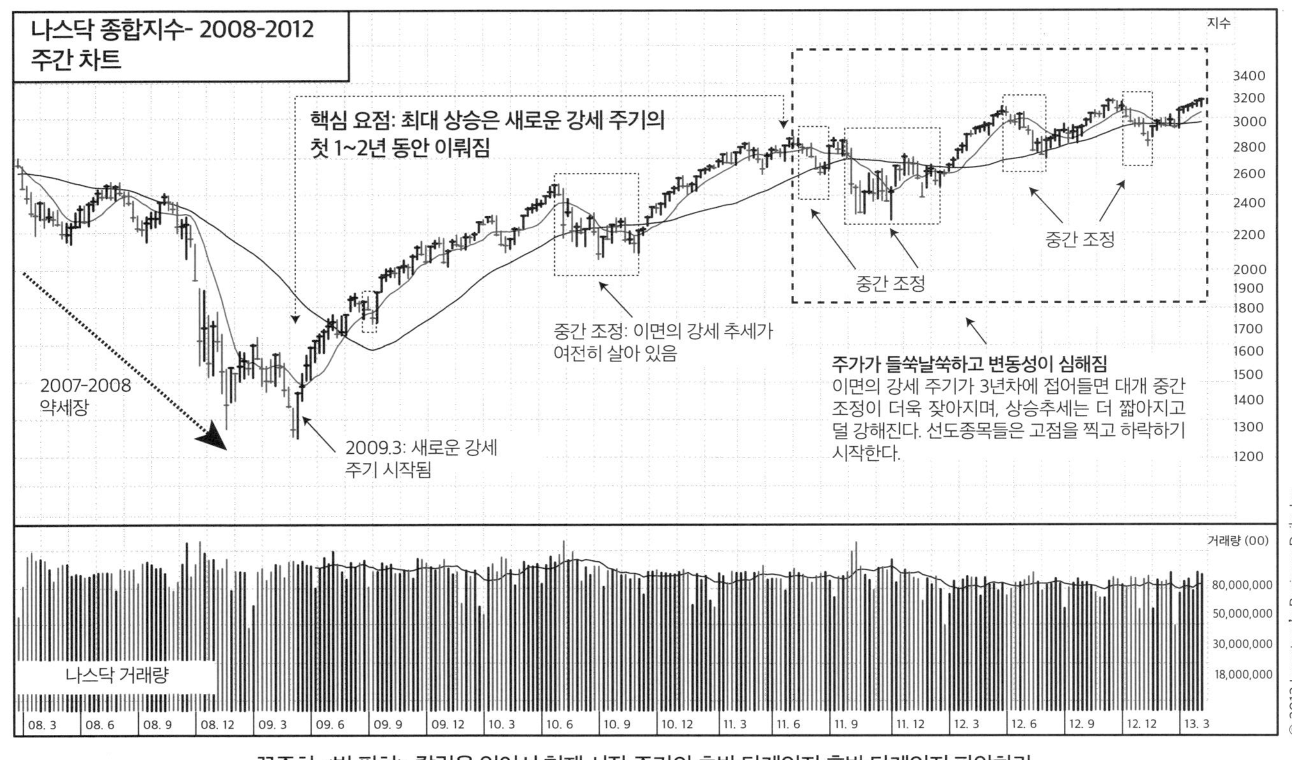
나스닥 종합지수- 2008-2012
주간 차트
핵심 요점: 최대 상승은 새로운 강세 주기의
첫 1~2년 동안 이뤄짐
2007-2008
약세장
2009.3: 새로운 강세
주기 시작됨
중간 조정: 이면의 강세 추세가
여전히 살아 있음
중간 조정
중간 조정
주가가 들쑥날쑥하고 변동성이 심해짐
이면의 강세 주기가 3년차에 접어들면 대개 중간
조정이 더욱 잦아지며, 상승추세는 더 짧아지고
덜 강해진다. 선도종목들은 고점을 찍고 하락하기
시작한다.
지수
3400
3200
3000
2800
2600
2400
2200
2000
1900
1800
1700
1600
1500
1400
1300
1200
거래량 (00)
80,000,000
50,000,000
30,000,000
18,000,000
나스닥 거래량
08. 3
08. 6
08. 9
08. 12
09. 3
09. 6
09. 9
09. 12
10. 3
10. 6
10. 9
10. 12
11. 3
11. 6
11. 9
11. 12
12. 3
12. 6
12. 9
12. 12
13. 3

꾸준히 <빅 픽처> 칼럼을 읽어서 현재 시장 주기의 초반 단계인지 후반 단계인지 파악하라.

주기의 3년차에 접어들면 다음과 같은 일이 일어나는 경향이 있다.

- **주가가 들쑥날쑥하면서 변동성이 심해진다.** 이는 황소가 지쳐가고 있으며, 초반의 열기가 식어간다는 신호다. 중간 조정은 보다 잦아지고 깊어진다. 그래도 강세장 상승추세가 살아 있는 한 여전히 돈을 벌 기회는 충분하다. 다만 조심스런 태도를 취하고 매수 및 매도 체크리스트를 따르라. 조만간 분명히 약세장이 시작될 것이기 때문이다.
- **선도종목이 고점을 찍고 미끄러지기 시작한다.** 영원히 오르는 것은 없다. 강세장의 후반이 되면 기관투자자들은 대형 선도종목들을 매도해 현금화에 나선다. 그에 따라 해당 종목의 주가가 떨어지기 시작한다.

이런 일이 일어나면 해당 기업의 영업이익 증가율과 제품이 아무리 뛰어나더라도 소용없다. 이때는 힘들게 낸 수익을 지켜야 할 시기다. 애플이든, 구글이든, 넷플릭스든, 치폴레 멕시칸 그릴이든, 또는 강세장을 이끈 다른 선도종목이든 간에 때가 되면 수익을 확정해야 한다. 이는 약세장이 시작될 때 특히 중요하다(이 내용은 5장, '매도 체크리스트'에서 더 자세히 다룰 것이다).

〈빅 픽처〉 칼럼에서 시장이 어느 단계인지 확인하라

꾸준히 <빅 픽처> 칼럼을 읽으면 현재 시장 주기의 어느 위치에 있는지 그리고 거기에 대응하기 위해 어떤 단계를 밟아야 할지 잘 파악할 수 있다.

---

3. 하락장에서도 항상 시장을 주시하라

흔히 하는 가장 큰 실수 중 하나는 현재 조정이 일어나고 있다는 이유로 루틴을 중단하고 시장을 보지 않는 것이다.

심각한 하락추세가 진행되는 중이라도 잠재적인 새로운 랠리가 시작되기까지 4일 이상 걸리지 않는다. 그 안에 충분히 팔로 스루 데이가 나오고 '마켓 펄스' 전망이 '조정 중인 시장'에서 '확실한 상승추세'로 바뀔 수 있다.

5번에서 언급하겠지만 시장이 하락할 때에도 관심종목을 계속 갱신해야 한다. 그렇지 않으면 다음 상승추세에서 돈을 벌 기회를 놓칠 가능성이 높다.

하락추세를 야구의 비시즌으로 생각하라. 야구선수가 새 시즌이 시작될 때 탁월한 성적을 내고 싶다면 비시즌 동안 충실하게 훈련해야 한다. 새로운 상승추세가 시작되는 '개막일'에 몸 상태가 준비되어 있지 않다면 좋은 성적을 낼 수 없다.

4. 새로운 강세장의 새로운 선도종목을 찾아라.

모든 강세 주기에서 최상위 캔 슬림 종목으로 구성된 새로운 종목군이 부상하여 시장을 이끈다. 그들은 종종 단 1~2년 만에 2배에서 3배씩 상승한다. 일부는 그보다 더 오르기도 한다.

그들은 특정한 강세장을 이끄는 새로운 발명 또는 산업의 혁신적인 선도기업이다. 1990년대에는 인터넷 혁명이 시장을 주도했으며, 휴대폰과 개인용 컴퓨터의 부상이 주가를 밀어올렸다. AOL, 퀄컴, 야후, 아마존, 시스코 등 혁신을 이끈 기업의 주식들이 대박 종목이 된 것은 놀랄 일이 아니다.

다만, 선도종목에 대해 알아야 할 사실이 있다.

- 선도종목은 고점을 찍고 하락하기 시작하면 평균적으로 72퍼센트 하락한다.
- 이전 강세장을 이끈 8종목 중 1종목만이 다음 강세장을 이끈다.

보다 자세한 내용은 5장, '매도 체크리스트'에서 다룰 것이다. 요점은 **새로운 강세장이 시작될 때 과거의 승자들에만 초점을 맞추지 마라. 새로운 선도종목을 찾아야 한다**.

그래야 큰 수익을 확보할 수 있다. 또한 꾸준히 '간단한 주말 루틴'을 따르면 다음 대박 종목들을 어렵지 않게 찾을 수 있다. 특히 시장이 여전히 조정 중일 때 더욱 그렇다.

5. 큰 수익은 새로운 상승추세의 초기 단계에서 나온다

시장 조정을 산불이라고 생각하자. 즉, 보기 좋지는 않지만 필요한 자연 주기의 일부다. 산불은 오래된 나무를 태워서 새로운 나무가 성장할 여지를 만든다. 또한 산불의 열기는 씨앗을 터트려서 새로운 나무가 뿌리를 내리게 해준다.

시장의 경우도 마찬가지다. 조정이 이뤄지는 동안 대다수 지난 선도종목은 하락하고 새로운 캔 슬림 혁신 기업, 새로운 성장주가 부상한다.

다만, 여전히 산불이 타고 있을 때는 새로운 나무가 자랄 수 없는 것처럼 시장이 여전히 조정받고 있을 때는 새로운 선도종목이 상승할 수 없다. 그러나 시장의 '불길'이 잦아들고 새로운 상승추세가 시작되는 순간 차기 선도종목들이 날아오른다. 이 경우 실제로 다음과 같은 사실을 알게 될 것이다.

대박 종목은 종종 팔로 스루 데이 당일 또는 그 직후에 대규모 상승을 시작한다.

모든 강력한 새로운 상승추세의 초기에 이런 일이 일어난다. 다음 페이지의 차트는 2003년, 2010년, 2011년에 팔로 스루 데이가 나온 그날 최고 종목들이 날아오른 사례들이다. 차트를 볼 때 이 새로운 선도종목들이 '마켓 펄스'가 '조정 중인 시장'에서 '확실한 상승추세'로 바뀐 지 며칠 또는 몇 주 안에 상승을 시작했다는 점에 주목하라.

또한 해당 종목들이 대규모 상승을 시작하기 전에 대개 〈IBD 50〉이나 〈당신의 주말 리뷰〉에 소개된다는 사실을 기억하라. '간단한 주말 루틴'을 활용하면 이런 종목들이 대규모 상승을 시작할 때 곧바로 관심종목에 넣을 수 있다.

새로운 시장 상승추세가 시작되는 시점에 최고 종목들이 새롭게 상승하는 양상

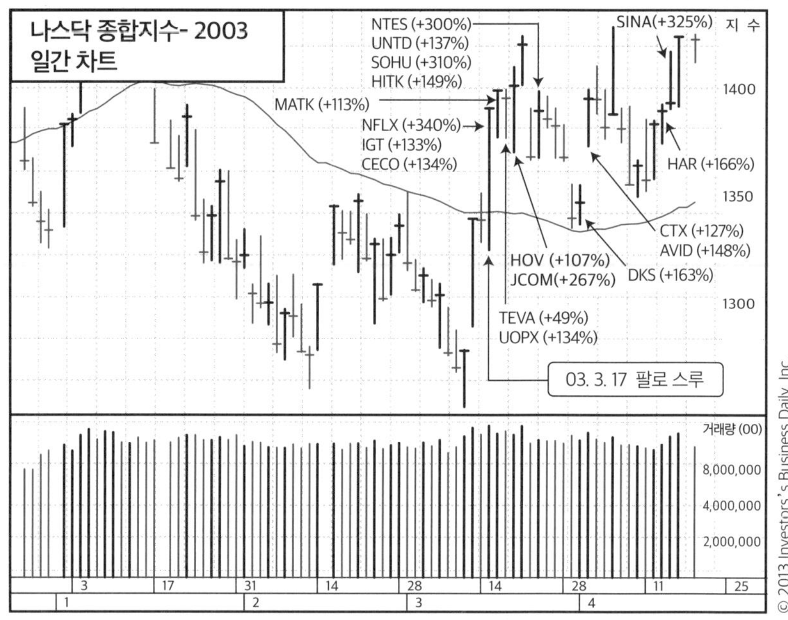

AVID: 애비드 테크놀로지(Avid Technology) / CECO: 커리어 에듀케이션(Career Education) / CTX: 센텍스(Centex) / DKS: 딕스 스포팅 굿즈(Dick's Sporting Goods) / HAR: 하만 인터내셔널 인더스트리스(Harman Int'l Industries) / HITK: 하이테크 파마컬(Hi-Tech Pharmacal) / HOV: 호브내니언 엔터프라이시스(Hovnanian Enterprises) / IGT: 인터내셔널 게임 테크놀로지(International Game Technology) / JCOM: 제이투 글로벌(J2 Global) / MATK: 마텍 바이오사이언시스(Martek Biosciences) / NFLK: 넷플릭스 / NTES: 넷이즈(Netease) / SINA: 시나(Sina) / SOHU: 소후닷컴(Sohu.com) / TEVA: 테바 파마슈티컬(Teva Pharmaceutical) / UNTD: 유나이티드 온라인(United Online) / UOPX: 유니버시티 오브 피닉스(University of Phoenix)

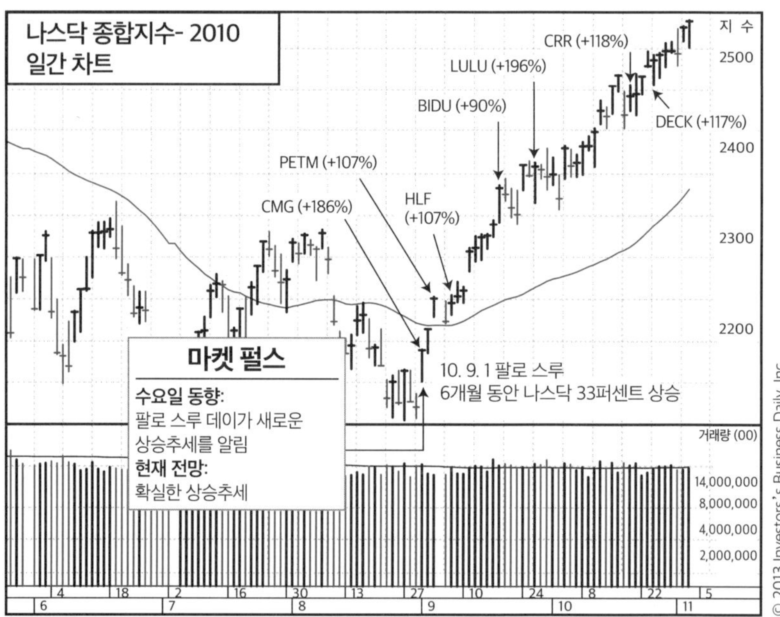

BIDU: 바이두(Baidu) / CMG: 치폴레 멕시칸 그릴 / CRR: 카보 세라믹스(Carbo Ceramics) / DECK: 데커스 아웃도어(Deckers Outdoor) / HLF: 허벌라이프(Herbalife) / LULU: 룰루레몬 애슬레티카(Lululemon Athletica) / PETM: 펫스마트(Petsmart)

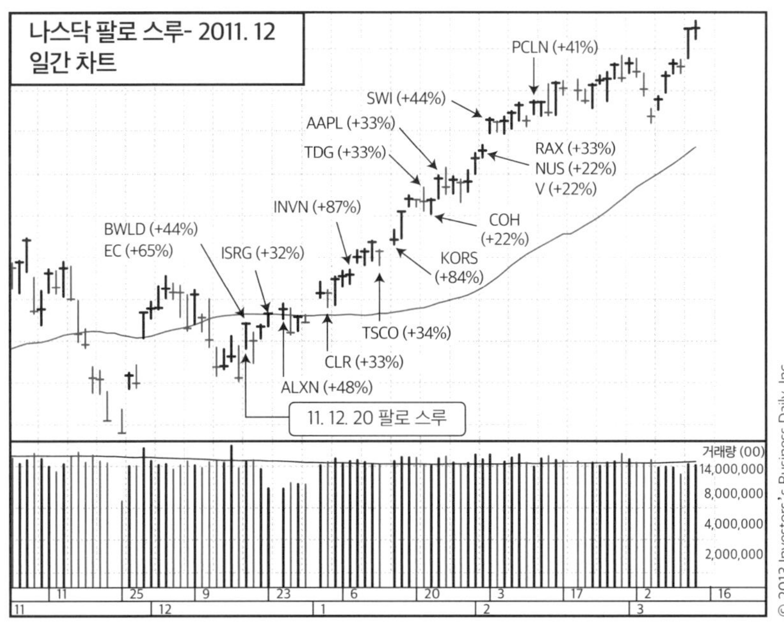

AAPL: 애플 / ALXN: 알렉시온 파마슈티컬스(Alexion Pharmaceuticals) / BWLD: 버팔로 와일드 윙스(Buffalo Wild Wings) / CLR: 콘티넨탈 리소시즈(Continental Resources) / COH: 코치(Coach) / EC: 에코페트롤(Ecopetrol) / ISRG: 인튜이티브 서지컬(Intuitive Surgical) / INVN: 인벤센스(Invensense) / KORS: 마이클 코어스 / NUS: 누스킨(NuSkin) / PCLN: 프라이스라인 / RAX: 랙스페이스 호스팅 / SWI: 솔라윈즈 / TDG: 트랜스다임 그룹(Transdigm Group) / TSCO: 트랙터 서플라이(Tractor Supply) / V: 비자

시장 주기와 관련된 모든 조각이 맞춰지는 양상이 보이는가?

- 상승추세일 때 돈을 벌고, 하락추세가 시작될 때 수익을 지켜라.
- 과거의 선도종목이 아니라 '새로운 성장주'에 초점을 맞춰라.
- 하락추세가 이어지는 동안에도 계속 일간 및 주간 루틴을 따르고 관심종목을 구성하라.
- 시장이 하락할 때 계속 주시하지 않으면 새로운 상승추세가 시작될 때 바로 급등하는 다음 대박 종목을 놓치기 쉽다.

시장 주기가 돌아가는 방식을 반드시 이해해야 하는 이유 그리고 추세와 보조를 맞추는 일이 매우 쉽다는 사실이 이제는 분명해졌기를 바란다. '마켓 펄스'를 확인하고 〈빅 픽처〉를 꾸준히 읽기만 하면 되니 말이다.

'간단한 주말 루틴'을 다룰 때 알게 되겠지만 〈IBD 50〉과 〈당신의 주말 리뷰〉 그리고 오늘의 캔 슬림 종목을 소개하는 다른 목록을 꾸준히 확인하면 다음 잠재적 대박 종목들을 포착할 수 있다.

추세는 당신의 친구

'추세는 당신의 친구'라는 말은 주식시장의 오랜 격언이다. 오랫동안 언급되는 데에는 이유가 있다. 맞는 말이기 때문이다!

그저 시장이 상승할 때 매수하고, 하락하기 시작할 때 자신을 보호하기만 해도 주식으로 돈을 벌 수 있는 탄탄한 토대를 놓을 수 있다.

모든 것은 시장 주기와 현재의 시장 동향을 이해하는 일에서 시작된다. 강한 상승추세에서 최상위 캔 슬림 종목들은 상당한 수익을 낼 복수의 기회를 제공한다. 또한 나머지 매수 체크리스트와 '간단한 주말 루틴'을 따르면 해당 종목들을 관심종목에 넣어두고 기회가 왔을 때 행동할 준비를 갖출 수 있다.

다음 주제: 차기 대박 종목을 찾을 때 어떤 구체적인 속성을 확인해야 하는지 살펴보자.

실천사항

시장 주기가 돌아가는 양상에 대해 더 많은 것을 배우고, 지금 시장이 어떤 추세인지 파악하기 위한 간단한 과제들이다. 이 단계들을 밟기 위해 www.investors.com/GettingStartedBook을 방문하라.

1. IBD나 인베스터스닷컴에서 〈빅 픽처〉 칼럼을 읽어라.
   - 현재 시장이 상승추세인가 아니면 조정 중인가?
   - 현재 시장 여건과 선도종목의 동향에 대해 어떤 것을 읽었는가?
2. 인베스터스닷컴의 〈IBD TV〉 탭에 있는 최신 '마켓 랩Market Wrap' 동영상을 시청하라.

기본 요건 2:

영업이익 증가율이 클 뿐 아니라 새롭고 혁신적인 제품이나 서비스를 갖춘 기업에 초점을 맞춰라.

종목 선정의 제1 요소, 영업이익 증가율

이것은 대규모 주가 상승에 필요한 연료를 제공하는 주요 투자자, 즉 펀드매니저와 다른 기관투자자들을 끌어들이는 주된 속성이다.

그러면 폭발적인 실적 성장을 이끄는 것은 무엇일까? 대개 판도를 바꾸는 제품이나 서비스, 새로운 경영진, 새로운 주요 산업 추세 또는 이 모든 것들의 조합이다.

지난 100여 년 동안 최대 상승률을 기록한 종목들을 생각해 보라.

IBM: IBM의 천공카드 기계는 1920년대에 대규모 조직의 기록 관리 방식을 혁신했다. IBM의 주가는 1926년부터 시작하여 168주 동안 1,992퍼센트 상승했다.

브룬스윅Brunswick**:** 볼링은 1950년대에 대단히 인기가 많았다. 브룬스윅은 볼링장용 자동 핀 정렬기라는 혁신적인 제품을 들고 나왔다.

그 결과 영업이익이 급증했으며, 주가는 162주 동안 1,500퍼센트 상승했다.

홈디포: 이 새로운 '창고형 매장'은 공구 및 자가 수리 산업을 완전히 바꿔놓았다. 1982년에 홈디포의 주가는 64주 동안 892퍼센트 상승했다.

AOL: 1990년대 초반까지 사이버 공간은 컴퓨터를 잘 다루는 덕후들만의 영역이었다. AOL은 모두가 온라인에 접속할 수 있는 재미있고 쉬운 수단을 만들었다. AOL의 주가는 1994년부터 75주 동안 570퍼센트 상승했다.

크록스: 2006년에 이 신발 제조업체의 주가를 59주 만에 431퍼센트나 상승시킨 요인은 무엇일까? '크록스 열풍'을 초래한 것은 독자적인 레진 소재로 만든 특유의(그리고 어디에서나 눈에 띄는) 새로운 캐주얼 신발 라인이었다.

이밖에 구글, 애플, 프라이스라인, 넷플릭스, 바이두, F5 네트웍스, 인튜이티브 서지컬, 클라우드 컴퓨팅 선도기업인 랙스페이스 호스팅, 솔라윈즈, 3D 프린팅 혁신기업인 3D 시스템스, 스트라타시스도 큰 폭으로 상승했다.

대규모 주가 상승을 이룬 기업들의 공통점은 무엇일까? 바로 인기 신제품이나 산업 추세가 이끈 대규모 실적 성장이다.

당신이 매수하는 모든 종목이 대박으로 이어지지는 않을 것이다. 그러나 모든 새로운 강세 주기마다 새로운 혁신기업들이 부상할 것이고, 그들은 100퍼센트나 300퍼센트, 500퍼센트, 또는 그 이상 상승할 잠재력을 지닌 진정한 시상 선도기업들이다. 또한 그들은 동일한 캔 슬림 속성을 공유한다. 그래서 〈IBD 50〉, 〈업종 선도종목〉, 〈당신의 주말 리뷰〉에 소개된다.

다음 대규모 상승추세에서 이런 종목 중 한두 개를 잡아내기만 해도 당신의 포트폴리오에는 엄청난 변화가 생긴다.

매수 체크리스트를 활용하여 그런 일이 일어나게 하는 방법을 살펴보자.

기본 요건 2에 따른 매수 체크리스트

기본 요건 2: 영업이익 증가율이 클 뿐 아니라 새롭고 혁신적인 제품이나 서비스를 갖춘 기업에 초점을 맞춰라.

- ❑ 종합 점수 95점 이상
- ❑ EPS 점수 80점 이상
- ❑ 근래 분기에 EPS 증가율 25% 이상
- ❑ 영업이익 증가율 상승
- ❑ 지난 3년간 연평균 EPS 증가율 25% 이상
- ❑ 최근 분기 매출 증가율 20~25% 이상
- ❑ 자기자본이익률(ROE) 17% 이상
- ❑ SMR(매출Sales+마진Margins+자기자본이익률) 점수 A 또는 B
- ❑ 새로운 제품이나 서비스 또는 경영진
- ❑ 해당 산업군에서 최상위
- ❑ IBD의 197개 산업군 중에서 상위 40~50위

IBD 스마트셀렉트 점수

매수 체크리스트의 요건들 대부분은 'IBD 스마트셀렉트' 점수에서 합격점을 받았는지 확인하면 알 수 있다. 이 점수는 해당 기업이 캔 슬림 프로필에 얼마나 잘 부합하는지 말해준다. 인베스터스닷컴의 〈종목 점검〉과 IBD의 〈메이킹 머니Making Money〉 섹션에 실리는 'IBD 스마트 NYSE+NASDAQ 테이블IBD Smart NYSE+NASDAQ Tables'(7장)에서 이 고유한 점수를 볼 수 있다.

모든 것은 상대적이다

매집/분산 점수를 제외한 모든 점수는 상대적이다. 다시 말해서 당신의 종목이 시장에 나온 다른 모든 종목과 비교하여 어떤 수준인지 말해준다. 이는 상당한 장점으로서 선도종목과 부진종목을 바로 나눠준다.

가령 주당순이익EPS 점수는 1점(최하)부터 99점(최고)까지다. 95점은 해당 기업이 현 분기 및 연 영업이익 증가율 측면에서 다른 모든 주식의 95퍼센트보다 우월하다는 의미다. 종합 점수 99점은 해당 기업의 전반적인 강세가 전체 주식의 상위 1퍼센트에 속한다는 것을 의미한다.

이것이 얼마나 간단하고, 많은 시간을 아껴주는지 생각해 보라.

가령 앞서 대규모 실적 성장이 종목 선정의 제1 요소라고 말했다. EPS 점수만 보면 해당 종목의 영업이익 증가율이 시장에 있는 다른 모든 종목과 비교하여 어느 정도인지 알 수 있다.

지금부터 체크리스트를 하나씩 살피면서 각 점수가 무엇을 측정하고, 최소 몇 점이 되어야 하는지 알려줄 것이다. 단지 점수가 높다는 이유만으로 주식을 매수해서는 안 되지만 이 점수들은 캔 슬림 속성을 지닌, 또는 지니지 않은 종목을 파악하기 위한 시간을 엄청나게 줄여줄 것이다.

별도 언급이 없는 한 모든 점수는 1점(최하)부터 99점(최고)까지다.

전반적인 강세

☑ 종합 점수 95점 이상

종합 점수는 모든 'IBD 스마트셀렉트' 점수를 하나로 합친 것이다. 이때 EPS 점수와 상대강도RS 점수에 더 많은 비중이 부여된다.

95점 이상은 전반적인 기본적·기술적 강세 측면에서 다른 모든 주식의 95퍼센트보다 우월함을 말해준다. 진정한 시장 선도종목은 대개 종합 점수가 95점보다 높으며, 최고점인 99점인 경우도 많다.

영업이익 증가율

☑ EPS 점수 80점 이상

앞서 현 분기 영업이익 증가율(캔 슬림의 'C')과 연 영업이익 증가율('A')을 확인해야 한다고 말했다. EPS 점수는 이 두 가지를 모두 측정한다.

80점은 해당 기업의 EPS 증가율이 전체 주식 중 상위 20퍼센트에 속한다는 것을 말해준다. 초대박 종목은 대규모 상승을 시작하기 전에 95점 이상의 EPS 점수를 기록하는 경우가 많다.

☑ 근래 분기 EPS 증가율 25% 이상

근래 분기에 EPS 증가율이 최소한 25퍼센트 이상이어야 한다. 최고 상승종목은 대규모 상승을 시작하기 전에 더 인상적인 수치를 기록하는 경우가 많다.

가령 구글은 2004년부터 3년 동안 558퍼센트 상승했는데, 이에 앞서 2분기 동안 각각 155퍼센트와 143퍼센트의 EPS 증가율을 기록했다. 또한 신발 제조업체인 크록스는 2006년에 2분기 동안 각각 122퍼센트와 330퍼센트라는 폭발적인 EPS 증가율을 보여주었다. 이후 주가는 1년여 만에 431퍼센트나 폭등했다.

☑ 영업이익 증가율 상승

EPS 증가율이 큰 동시에 상승하는 것(즉, 분기마다 늘어나는 것)이 이상적이다. 이는 영업이익이 계속 늘어나고 있음을 말해준다.

EPS 증가율이 하락하면서 잘못된 방향으로 향하는 것은 위험 신호다. 주식시장은 미래를 내다보며, 기관투자자들은 증가율이 하락하는 것이 아니라 상승하기를 바란다.

이 요건에 해당하는 사례로는 앞선 캔 슬림 사례 연구에서 살핀 울타 뷰티가 있다. 울타 뷰티의 주가는 2010년 9월부터 2011년 7월까지 165퍼센트 상승하기 전 3분기 동안 각각 56퍼센트, 62퍼센트, 188퍼센트의 EPS 증가율을 기록했다.

☑ 지난 3년간 연평균 EPS 증가율 25% 이상

기업은 비용을 삭감하거나 다른 조치를 취하여 한두 분기의 EPS를 늘릴 수 있다. 이는 제품에 대한 수요 감소나 마진 감소 또는 부정적인 산업 추세 같은 기업이 직면한 심각한 문제를 가릴 수 있다.

연 EPS 증가율도 탄탄한지 확인해야 하는 이유가 거기에 있다. 이 경우에도 3년 동안 증가율이 최소 25퍼센트 이상이어야 한다. 최고 종목들은 이보다 높은 수치를 달성하는 경우도 많다. 구글은 2004년에 5배 상승을 시작하기 전에 3년 동안 293퍼센트의 연평균 EPS 증가율을 기록했다.

매출 성장 및 자기자본이익률

당신의 종목이 실적 성장을 이끄는 핵심 요소를 지니고 있는가?

상승폭이 크고, 점증하는 영업이익 증가율이 우리가 찾아야 할 제1 요소다. 따라서 해당 기업이 이런 실적 성과를 창출할 수 있는 기본 요인을 갖췄는지 확인해야 한다. 거기에는 탁월한 매출, 높은 자기자본이익률, 업계를 선도하는 마진이 포함된다.

매출 증가율은 해당 기업의 제품이나 서비스에 대한 수요가 얼마나 많은지 보여준다. 마진과 자기자본이익률은 해당 기업이 매출을 얼마나 효율적으로 창출하는지 측정한다. 이 3가지 요소가 모두 영업이익 증가율에 궁극적인 영향을 미친다.

☑ SMR(매출Sales+마진Margins+자기자본이익률) 점수 A 또는 B

어떤 종목이 영업이익을 늘리기 위한 요소를 갖췄는지 알아보는 가장 빠른 방법은 SMR 점수를 확인하는 것이다. 이 점수는 매출 증가율Sales growth, 마진profit Margins(세전 및 세후), 자기자본이익률Return on equity을 측정한다. 그리고 이를 다른 모든 주식의 실적과 비교하여 A(최고)부터 E(최하)까지 점수를 부여한다.

A 점수는 매출, 마진, 자기자본이익률 측면에서 전체 주식 중 상위 20퍼센트에 속한다는 뜻이다.

또한 SMR 점수는 이 세 가지 요소를 따로 놓고 볼 때보다 정확한 척도라는 점을 기억하라. 가령 매출이 증가해도 마진이 감소할 수 있다. 이는 향후 EPS 증가율에 부정적인 영향을 미칠 수 있다. 포괄적인 SMR 점수를 참고하면 전체 그림을 볼 수 있다.

영업이익 증가율은 좋지만 매출, 마진, ROE가 나쁘다면 조심하라!

2012년 1분기 상승추세 동안 선도종목의 SMR 점수

이 종목들은 2011년 12월 20일에 시작되어 4개월에 걸쳐 지속된 상승추세 동안 바닥을 돌파했다. 각 점수는 바닥 돌파가 나온 날을 기준으로 삼는다.

기업	상승 시작 시 SMR 점수	이후 상승률
인벤센스	A	11주 동안 87%
마이클 코어스	A	8주 동안 84%
몬스터 베버리지	A	22주 동안 60%
스텀 루거	A	18주 동안 58%
트랙터 서플라이	A	15주 동안 34%

EPS 증가율이 보기보다 인상적이지 않고 오래가지 못할 수 있다.

일반적인 기준으로 SMR 점수가 A나 B인 종목을 매수하고 D나 E인 종목을 피하라. 다음 표는 그것이 중요한 이유를 보여준다.

☑ 최근 분기 매출 증가율 20~25% 이상

매출 증가율이 20~25퍼센트 미만이라면 적어도 지난 3분기 동안 증가율이 상승해야 한다.

가령 2009년 3월부터 2011년 7월까지 683퍼센트 급등하기 직전의 넷플릭스 매출 증가율을 보라. 우리가 원하는 20~25퍼센트에는 못 미치지만 매분기 증가율이 상승했다.

683퍼센트 상승을 시작하기 전에 매출 증가율이 상승한 넷플릭스

분기	매출 증가율
2008년 6월	11%
2008년 8월	16%
2008년 12월	19%

매출 증가율 그리고 영업이익 증가율이 3분기 동안 상승하는 것이 이상적이다.

☑ 자기자본이익률ROE 17% 이상

자기자본이익률 지표는 최고의 경영과 부실한 경영을 가른다.

오랫동안 투자자들과 수많은 대화를 나눠본 결과 자기자본이익률은 투자 시 가장 간과되는 요소 중 하나였다(IBD는 지난 2년 동안의 순이익을 평균 자기자본으로 나눠서 ROE를 구한다). 그러나 자기자본이익률은 종목을 선정할 때 필수적인 단서다. 높은 자기자본이익률은 해당 기업이 경영을 잘하고 자본을 효율적으로 활용한다는 것을 말해준다. 이는 궁극적으로 더 높은 수익성과 영업이익 증가율로 이어진다.

17퍼센트의 자기자본이익률은 최소 기준이다. 엄청나게 상승하는 종목들은 25퍼센트나 35퍼센트 또는 그 이상의 ROE를 기록하는 경우가 많다. ROE는 높을수록 좋다. 다음 표가 그 이유를 말해준다.

2009~2012년 강세 주기 선도종목의 ROE

기업	대규모 상승 시작 시 ROE	상승 시작 연도	이후 상승률
그린 마운틴 커피 로스터스	21%	2009	30개월 동안 1,104%
애플	27%	2009	38개월 동안 381%
룰루레몬 애슬레티카	30%	2010	10개월 동안 196%
프라이스라인닷컴	42%	2010	21개월 동안 182%
허벌라이프	69%	2010	21개월 동안 173%
치폴레 멕시칸 그릴	19%	2010	20개월 동안 186%
솔라윈즈	43%	2011	11개월 동안 137%

☑ 새로운 제품이나 서비스 또는 경영진

'낡은 것은 가고, 새로운 것이 온다.' 이는 주식시장을 위한 공식 구호나 다름없다. 주식시장은 언제나 패러다임을 바꾸는 새로운 제품과 서비스를 갖춘 기업들을 찾아낸다.

이런 선도종목들은 자연스럽게 강세 주기에 빠르게 부상한다. 다음은 당신의 종목이 캔 슬림의 'N' 요소를 갖췄는지 파악하는 방법이다.

- 해당 기업의 웹사이트와 보도자료를 살펴라.
- 인베스터스닷컴에서 해당 종목을 다룬 IBD의 기사를 읽어라. 매일 혁신적인 기업을 소개하는 〈뉴 아메리카〉 섹션(7장)에 특히 주의를 기울여라.
- IBD 목록에 오른 기업들이 실제로 어떤 사업을 하는지 파악하라. 〈IBD 50〉과 〈섹터 리더〉 목록에 오른 종목에 특히 주의를 기울여라.

앞선 캔 슬림 사례 연구에서 본 대로 애플은 기성 기업이 새롭고 혁신적인 제품으로 자사와 주가에 활력을 다시 불어넣은 사례다.

젊고 진취적인 기업이 획기적인 혁신을 일으키는 경우는 더 많다. 그런 기업들은 대개 상장한 지 15년이 안 됐으며, 다수는 상장한 지 7~8년 정도다.

이런 게임 체인저game-changer들은 모든 주요 상승추세에서 떠오르며 시장의 상승을 이끈다. 그들은 우리가 일하거나 생활하는 방식을 혁신하는 제품이나 서비스를 제공한다.

이 시점에서 당신은 해당 기업의 이름을 들어본 적이 없을지도 모른다. 그러나 캔 슬림 속성을 지닌 종목을 찾다 보면 그들이 화면에 나타나기 시작할 것이고 자연스럽게 눈에 익을 것이다.

나는 IBD 종목 목록에 오르기 전까지는 알렉시온 파마슈티컬스, F5 네트웍스, 스트라타시스, 룰루레몬 애슬레티카, 솔라윈즈, 멜라녹스 테크놀로지스Mellanox Technologies, 트랜스다임, 트랙터 서플라이의 이름을 들어본 적이 없었다. 그들은 모두 새로운 것을 갖추고 있었으며, 그 새로운 것이 탁월한 영업이익 및 매출 증가율을 이끌고 있었다. 그들이 일찍이 우리의 화면에 나타난 이유가 거기에 있었다. 또한 2009년에 시작된 강세장 동안 인상적인 상승률을 기록한 이유도 거기에 있었다.

이름을 들어본 적이 없다고 해서 무시하지 마라

해당 기업이 'N' 그리고 다른 캔 슬림 속성을 지녔다면 더 자세히 알아봐야 한다. 그들의 웹사이트에 들어가고, IBD와 다른 매체에 실린 기사와 프로필을 읽어라. 주가가 2~3배 오를 종목일지도 모른다.

2009년에 바이두라는 이름을 들어본 미국인은 많지 않았다. 아마 지금도 모르는 사람이 많을 것이다.

'중국판 구글'로 불리는 바이두는 수백만 명의 신규 인터넷 사용자들이 온라인으로 접속하는 가운데 중국의 지배적인 검색엔진으로 부상했다. 바이두는 빠르게 성장하는 새로운 산업의 새롭고 강력한 선도기업이었다. 바이두의 주가는 2009년 9월부터 2011년 4월까지 401퍼센트 상승했다('간단한 주말 루틴'을 따랐다면 바이두가 크게 상승하는 동안 〈IBD 50〉과 〈당신의 주말 리뷰〉 그리고 다른 IBD 코너에 여러 번 소개되는 것을 볼 수 있었다).

새로운 산업 추세

캔 슬림의 'N'은 또한 새로운 산업 추세를 가리키기도 한다. 이 추세는 해당 분야에 속한 기업, 특히 변화를 이끄는 혁신기업에게 큰 도움이 될 수 있다.

클라우드 컴퓨팅의 부상이 좋은 사례다. 로컬 컴퓨터에서 프로그램을 구동하고 데이터를 저장하는 방식에서 온라인 클라우드로 기능성을 옮겨가는 중대한 변화가 일어났다. 이 변화는 랙스페이스 호스팅, 솔라윈즈, 아마존 같은 업계 리더들에게 거대한 사업 기회와 양호한 주가 상승을 제공했다.

이는 하나의 사례에 불과하다. 선도기업과 산업 추세는 항상 바뀐다. 그러니 이 책을 읽는 현재 최신 기술이나 혁신이 무엇이든 간에 다음 핵심 질문을 제기하라. 검토 중인 종목이 새롭고 중대한 산업 추세의 혜택을 얻는가? 또한 그 변화를 이끄는 기업들 중 하나인가?

신고가

최고의 종목에 대해 당신이 알아야 할 '새로운' 사실이 있다. 그들은 신고가(52주 동안 기록한 가장 높은 가격)나 그 근처까지 오르면서 대규모 상승을 시작한다.

이 내용은 6장, '눈을 가린 채 투자하지 마라'에서 차트를 다루면서 보다 자세히 설명할 것이다. 다만, 신저점을 찍는 종목은 더 하락하고 신고점을 찍는 종목은 더 상승하는 경향이 있다는 점을 명심하라.

따라서 주가가 무너진 종목을 '헐값'에 매수하려 들지 마라. 주가가 더 떨어질 가능성이 높다. 대신 신고가를 향해 상승하면서 강세를 보이는 종목에 초점을 맞춰라.

새롭다고 해서 검증되지 않은 것은 아니다

혁신적인 새로운 제품이나 서비스를 약속하는 기업들을 찾지 마라. 약속이 지켜질 수도 있고, 아닐 수도 있다.

이미 신제품이 시장에 나와서 강력한 수요를 보이는 기업들을 찾아야 한다. 수요는 앞서 언급한 기업의 펀더멘털에 반영된다. 그래서 매출과 마진이 증가하고 영업이익 증가율이 상승한다.

곧 상장될 신생 기업이든 신제품을 내놓은 기성 기업이든 간에 매수하기 전에 캔 슬림 속성을 통해 자신을 증명하게 하라.

페이스북 주식의 낭패

페이스북이 2012년에 데뷔했을 때 어떤 일이 생겼는지 기억하는가? 페이스북은 소셜 미디어라는 새로운 성장산업에 속한 신규 상장기업이었다. 또한 해당 산업을 지배하는 기업이기도 했다. 그래서 '새로움' 측면에서 높은 점수를 받았지만 나머지 매수 체크리스트 요건을 통과하지 못했다.

크게 상승하는 영업이익 증가율이 우리가 찾아야 할 제1 요소임을 기억하는가? 또한 지난 3분기 동안 EPS 증가율이 아주 높아야 한다는 사실을 기억하는가?

페이스북은 정반대의 실적을 보였다. 상장 이전 3분기 동안의 영업이익 증가율은 83퍼센트에서 17퍼센트, 9퍼센트로 오히려 하락했다. 매출 증가율도 하락세였다.

2012년 상장 당시 페이스북의 영업이익 증가율 및 매출 증가율

분기	영업이익	매출
2011년 9월	100%	104%
2011년 12월	25%	55%
2012년 3월	9%	45%

그래서 온갖 소문과 상장 직전의 호들갑에도 불구하고 페이스북을 객관적으로 살피면 팩트를 확인할 수 있었다. 바로 매출과 영업이익이 모두 잘못된 방향으로 가고 있다는 사실이었다. 이후 어떤 일이 일어났을까? 페이스북은 2021년 5월에 상장된 후 8월까지 주가가 50퍼센트나 빠졌다.

앞으로의 페이스북은 모든 퍼즐 조각을 갖출지도 모른다. 그러나 매수 체크리스트를 적용했다면 상장 전에도 합격점을 받지 못한다는 사실을 분명하게 알 수 있었을 것이다. 페이스북은 상장 후 첫 2번의 실적 발표에서 0%의 영업이익 증가율을 알렸다.

명심하라. 단지 누가 추천했다거나, 온갖 소문 때문에 주가가 '분명' 오를 것이라는 생각만으로 주식을 매수하면 안 된다. 규칙에 따라 종목을 선정하라. 모든 주식이 매수 체크리스트를 통과하여 자신의 가치를 증명하게 한다는 규칙 말이다.

☑ 해당 산업군에서 최상위

다음은 성공적인 투자를 위한 간단한 경험칙이다. **최고 순위 산업군에서 최상위 종목에 초점을 맞춰라**. 체크리스트의 이 부분은 당신의 종목이 해당 요건을 충족하는지 살피도록 한다.

<종목 점검>은 'IBD 스마트셀렉트' 점수를 토대로 각 산업군에 속한 상위 5개 종목을 보여준다. 일반적으로 종합 점수에서 각 산업군의 1위 또는 2위 종목에 초점을 맞춰야 한다.

'최상위' 종목이 반드시 '가장 유명한' 종목을 뜻하는 것은 아님을 명심하라.

다음은 하나의 극단적인 사례다. 모두가 주택대출 부문의 대기업인 패니 메이Fannie Mae를 안다. 그러나 패니 메이 주식은 2008년 부동산 위기에 완전히 무너졌다. 결국 2012년 8월에 나스닥에서 상폐당했으며, 주당 25센트 정도에 거래되었다. 그래도 해당 산업군은 IBD가 관리하는 197개 산업군에서 1위로 기록되었다.

그렇다면 패니 메이가 속한 융자·주택대출 및 기타 서비스 산업군에서 '최상위' 종목은 무엇이었을까?

바로 패니 메이보다 훨씬 덜 알려졌지만 수익성은 훨씬 좋은 네이션스타 모기지 홀딩스Nationstar Mortgage Holdings였다. 이곳은 패니 메이 같은 유명 기업은 아니었으나 2012년 3월에 상장된 후 2분기 동안 각각 600퍼센트와 999퍼센트라는 폭발적인 영업이익 증가세를 기록했다. 또한 주가는 2012년 5월부터 8월까지 단 14주 만에 88퍼센트나 급등했다.

당신의 종목은 해당 산업군 내에서 선도종목인가?

네이션스타 모기지 vs. 패니 메이

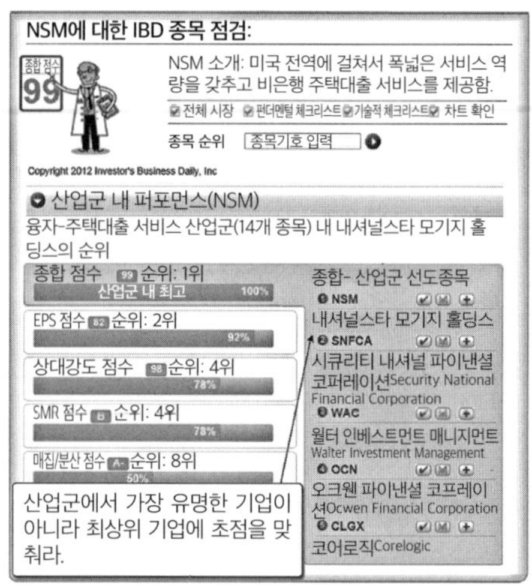

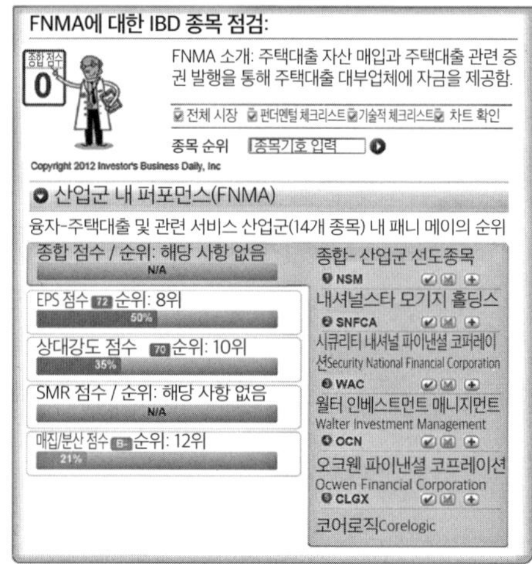

네이션스타 모기지의 '산업군 내 최고' 순위와 99점이라는 종합 점수는 진정한 산업군 선도종목임을 보여준다.

☑ IBD의 197개 산업군 중에서 상위 40~50위

IBD의 창립자인 윌리엄 오닐이 말한 대로 "새로운 산업군의 동향을 아는 일은 아무리 강조해도 지나치지 않다".

개별 종목 주가 변동의 약 절반은 해당 산업군과 업종의 강세에 영향을 받는다.

업종	=	12%
산업군	=	37%
합계	=	49%

이는 해당 산업이 강세라면 개별 종목이 상승할 가능성이 높다는 의미다. 그 이유는 다음과 같다.

나중에 자세히 살피겠지만 궁극적으로 전체 시장과 개별 종목을 위쪽 또는 아래쪽으로 움직이는 것은 기관투자자의 매수 및 매도 능력이다. 그들이 특정 업종 또는 산업군으로 자금을 옮기면 해당 업종 또는 산업군은 순위가 올라간다. 그들을 따라가서 같은 산업에 자금을 넣어야 한다(반대로 업종이나 산업군의 순위가 떨어지기 시작하면 조심하라! 이 경우 방어 조치를 취할 준비를 해야 한다. 대형 투자자들이 보유 물량을 팔고 다른 곳으로 자금을 옮기면서 해당 산업군에 속한 종목의 주가가 하락할 가능성이 높기 때문이다).

업종 → 산업군 → 선도종목 순서로 추종하는 방법

33개 업종과 197개 산업군에 대한 IBD의 순위를 꾸준히 확인하면 기관투자자들이 어디에 자금을 넣고 있는지 알 수 있다. 또한 앞서 살핀 대로 〈종목 점검〉에서 상위 5개 종목을 확인하면 각 산업군에서 어느 종목이 선도하는지를 알 수 있다. 아래의 그림은 그 절차를 보여준다.

우리는 업종부터 살핀다. 전체 종목을 유통, 건설, 컴퓨터, 에너지, 의료 같은 폭넓은 범주로 분류한다. 뒤이어 업종 내 종목의 주가 상승률을 토대로 매일 33개 업종의 순위를 매긴다.

이는 중요한 첫 단계지만 이것이 전부는 아니다. 기관투자자들이 어디에 자금을 넣고 있는지 보다 분명하게 집어내려면 산업군 순위를 확인해야 한다.

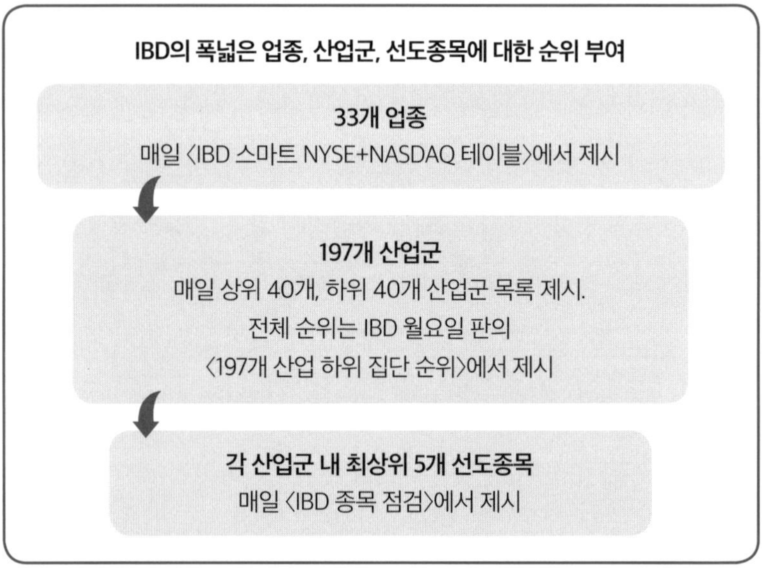

IBD의 폭넓은 업종, 산업군, 선도종목에 대한 순위 부여

33개 업종
매일 〈IBD 스마트 NYSE+NASDAQ 테이블〉에서 제시

↓

197개 산업군
매일 상위 40개, 하위 40개 산업군 목록 제시.
전체 순위는 IBD 월요일 판의
〈197개 산업 하위 집단 순위〉에서 제시

↓

각 산업군 내 최상위 5개 선도종목
매일 〈IBD 종목 점검〉에서 제시

그래서 IBD는 업종을 보다 작은 197개의 산업군으로 나눈다. 각 산업군은 특정 비즈니스 측면에서 명확하게 연관되는 종목들로 구성된다.

이런 구분은 중요하다. 가령 유통이 1위 업종이라고 해도 어떤 구체적인 산업군이 성장을 이끄는지 알 수 없기 때문이다. 또한 어떤 산업군이 부진한지도 알아야 한다.

예를 들면 유통 업종에는 18개 산업군이 있다. 거기에는 소비자 가전, 할인 및 잡화, 인터넷, 레저 제품, 레스토랑 등이 포함된다. 그중에서 어떤 산업군이 가장 강세를 보이면서 순위를 끌어올리고 있는지 알아야 한다. 그래야 기관투자자들이 어디에 자금을 넣고 있는지 알 수 있다.

할인업체의 부상

다음은 산업군 순위를 확인하는 것이 종목 선정 절차의 중요한 부분인 이유를 말해주는 하나의 사례다.

2010년 2월과 3월에 유통 업종은 꾸준히 상위 5대 업종에 들었다. 유통 업종 내에서는 할인 및 잡화 산업군이 빠르게 순위를 높이고 있었다. 구체적으로는 7개월 전에는 197개 산업군 중 176위였으나 3월 중순에는 25위까지 올랐다.

당시 경기가 부진했다는 사실을 기억하라. 호주머니 사정이 빠듯한 사람들은 할인점을 더 자주 찾았다. 그래서 기관투자자들은 할인 및 잡화 산업군에 속한 종목으로 자금을 옮기기 시작했다.

당시 해당 산업군에 속한 최상위 종목들이 인상적인 상승폭을 기록한 것은 우연이 아니었다. 해당 산업으로 이동한 기관의 자금이 그런 상승을 촉발했다.

달러 제너럴Dollar General	29개월 동안 124퍼센트 상승
달러 트리Dollar Tree	30개월 동안 225퍼센트 상승

순위를 확인하면 유통 업종에 속한 다른 산업군인 의류/신발/액세서리 산업군도 빠르게 순위가 상승했다는 사실을 알 수 있다. 2010년 2월 24일 기준으로 해당 산업군은 지난 7개월 동안 117위에서 19위로 뛰어올랐다.

해당 산업군의 선도종목 역시 할인 유통업체인 로스 스토어스Ross Stores 그리고 T. J. 맥스T. J. Maxx 및 마셜스Marshalls를 보유한 TJX 컴퍼니스TJX Companies였다. 이 점은 대규모 기관 자금이 할인매장 운영업체의 주식으로 흘러간다는 사실을 추가로 확증했다. TJX와 로스는 일주일이 채 못 되어 바닥을 돌파했으며, 이후 2년 동안 투자자들에게 견실한 수익을 안겼다.

로스 스토어스	29개월 동안 176퍼센트 상승
TJX 컴퍼니스	30개월 동안 125퍼센트 상승

이것이 우연일까? 전혀 아니다. 해마다 수많은 사례들이 **최고 순위 산업군에 속한 최상위 종목에 초점을 맞춘다**는 단순한 전략을 뒷받침한

다. 그런데도 군이 낮은 순위의 산업군에서 낮은 점수의 종목을 매수하여 불리한 입장에 설 필요가 있을까?

산업군 순위를 확인할 수 있는 곳

〈종목 점검〉에서 당신의 종목이 속한 산업군의 현재 순위를 확인할 수 있다.

상위 40개 산업군에 주의를 기울이고 하위 40개 산업군은 피하라.

매일 IBD의 인쇄판과 인터넷판에서 상위 40개 산업군과 하위 40개 산업군의 목록을 볼 수 있다. 전체 '197개 산업 하위 그룹 순위'는 매주 월요일에 게시된다(참고: '하위 그룹'과 '그룹'은 종종 혼용된다).

Top 40 Groups (6 mos.)

Day's best bolded, worst underlined. Full Group List in Monday's issue.

This Wk	Rank 3 Wks Ago	Rank 6 Wks Ago	Industry Name	Group Composite Rating	YTD %Chg.	Days % Chg
1	1	88	Energy Solar	..	+4.1	−2.8
2	8	18	Media-Radio/Tv	..	+31.6	+0.5
3	28	48	Medcal-Hospitals	90	+15.5	−1.7
4	2	2	Mchnry-Mtl Hdlg	89	+7.9	+1.1
5	67	65	Leisre-Mvies&Rel	90	+19.3	+0.8
6	3	1	Fin-Mrtg&Rel Svc	90	+4.2	−0.1
7	**4**	**3**	**Bldg-Cment/Cncrt**	**87**	**+9.8**	**+2.0**
8	19	9	Bldg-Rsidnt/Comml	90	+12.4	+1.3
9	10	4	Bldg-Cnstr Prds/Msc	86	+8.7	+0.9
10	9	15	Comml Svcs-Stffng	90	+7.7	−0.2
11	**17**	**17**	**Metal Prds-Distribtr**	**..**	**+7.6**	**+1.8**
12	5	16	Mchinry-Cnstr/Mng	78	+7.9	+0.3
13	54	37	Rtail Whlsle Offc Sup	..	+12.5	+0.4
14	12	8	Comml Svcs-Leasing	91	+9.5	+0.1
15	7	5	Chemicals-Plastics	88	+6.7	−0.9
16	**27**	**14**	**Oil&Gas-Rfing/Mkt**	**78**	**+12.7**	**+2.3**
17	6	6	Auto/Trck-Rplc Prts	..	+4.9	−1.1
18	21	30	Fin-Invest Bnk/Bkrs	87	+10.5	+0.8
19	24	87	Trnsprttin-Airlne	91	+8.2	0.0
20	11	26	Banks-Money Cntr	83	+6.2	+0.8

Worst 40 Groups (6 mos.)

This Wk	Rank 3 Wks Ago	Rank 6 Wks Ago	Industry Name	Group Composite Rating	YTD %Chg.	Days % Chg
158	159	151	Cmp Sftwr-Spc-Entr	66	+2.9	−5.3
159	151		Cosmetics/Persnl Cre	64	+7.1	+0.4
160						−0.3
161						+0.7
162						−0.5
163						**+1.9**
164						−0.9
165	161	142	Utility-Water Supply	67	+4.1	+1.1
166	185	163	Retail-Spr/Mini Mkts	61	+6.3	+0.4
167	166	161	Banks-Midwest	51	+4.5	+0.5
168	181	193	Comptr Sftwr-Mdcl	78	+11.5	+0.1
169	167	166	Financ-Pbl Inv Fdeqt	..	+6.9	+0.2
170	160	168	Leisre-Trvl Bking	..	+11.9	−0.5
171	158	115	Retail-Dprtmnt Strs	..	+2.2	+1.3
172	176	160	Soap & Clng Preparat	..	+4.7	+0.7
173	168	134	Energy Coal	36	+5.2	+0.7
174	193	179	Retail/Wsl-Auto Prt	..	+3.8	−1.2
175	179	152	Food-Confectionery	..	+8.0	+0.3
176	172	158	Medical-Generc Drgs	61	+0.6	−0.1
177	186	175	Retail-Specialty	73	+2.6	−0.4

산업군의 순위가 올랐는가, 떨어졌는가?
3주 전과 6주 전 순위를 확인하라.

이 목록을 보면 산업군의 순위가 올랐는지 또는 떨어졌는지 확인할 수 있다. 현재 순위와 함께 3주 전, 6주 전 순위도 게시되기 때문이다.

3가지 요점

지금까지 많은 세부적인 내용을 살폈다. 이 장의 3가지 주요 체크 사항을 정리해 보자.

- 영업이익 증가율이 크고 판도를 바꿀 새로운 제품이나 서비스를 가진 기업에 초점을 맞춰라.
- 물고기가 많은 곳에서 낚시하라. 최고 순위 산업군에 속한 최상위 종목을 주목하라.
- <종목 점검>을 활용하여 당신의 종목이 체크리스트의 해당 요건에 대해 합격인지 불합격인지 빠르게 확인하라.

다음의 실천사항을 참고하여 매수 체크리스트를 활용하고, 요점들을 제대로 숙지하라.

또한 '간단한 주말 루틴'(4장)을 따르면 오늘의 최상위 캔 슬림 종목을 찾을 수 있다는 사실을 기억하라.

다음 과제: 기관투자자들이 당신의 종목을 대량 매수 또는 매도하는지 확인해 보도록 하자.

실천사항

다음은 지금까지 배운 종목 선정 기술을 강화하기 위한 과제들이다. 이 단계들을 밟고 매수 체크리스트를 활용할 수 있도록 www.investors.com/GettingStartedBook을 방문하라.

1. 짧은 동영상을 보고 체크리스트를 따르는 방법을 살펴라: '당신의 종목은 합격인가 불합격인가Does Your Stock Pass or Fail?' <종목 점검>으로 그 여부를 확인하라.
2. IBD의 산업군 순위를 보고 현재 어느 산업군이 상위 40개 목록에 있는지 확인하라.
   - 매일 인베스터스 비즈니스 데일리의 <메이킹 머니> 섹션에서 순위를 확인할 수 있다.
3. 오늘의 <업종 선도종목>에서 '새롭고' 혁신적인 기업을 확인하라.
   - 어느 종목이 IBD의 <메이킹 머니> 섹션에 있는 <업종 선도종목>(7장) 목록에 들었는지 보고 해당 종목에 대한 IBD의 기사를 읽어라.
   - 업종 선도종목들의 최신 동향을 다루는 '스마트 테이블 리뷰'를 읽어라. 인베스터스닷컴과 IBD의 <메이킹 머니> 섹션에서 볼 수 있다.

기본 요건 3:

기관투자자들이 대량 매수하는 종목을 사고, 대량 매도하는 종목을 피하라.

어떤 종목의 주가가 50퍼센트나 100퍼센트 또는 그 이상 오르려면 누군가가 계속 더 높은 가격에 매수하면서 상승을 뒷받침해야 한다. 그것도 수십만 주, 심지어 수백만 주씩 대량으로 매수해야 한다. 그만한 매수 능력을 갖춘 것은 주로 뮤추얼펀드 매니저인 기관투자자뿐이다.

따라서 주가가 2배, 3배로 뛸 잠재력을 지닌 종목을 찾고 싶다면 전문 투자자들이 대량 매수하는 종목에 초점을 맞춰야 한다. 그래도 성공이 보장되는 것은 아니다. 다만 그 연료가 없으면 주가가 장기간 상승할 수 없다.

반대로 기관투자자들이 매도하기 시작하면 조심하라! 대규모 매도 압력은 주가를 급락시킬 가능성이 높다. 이런 매도 공세에 맞서는 것은 폭포를 거슬러 헤엄치려는 것과 같아서 타격을 입을 수밖에 없다. 따라서 옆으로 물러나 대형 투자자들이 다시 매수하기 시작할 때까지 기다려라. 물살을 맞서지 않고 따라가면 헤엄치기가 한결 수월할 것이다(자세한 내용은 5장, '매도 체크리스트'와 6장 '눈을 가린 채 투자하지 마라'에서 살필 것이다).

대형 투자자들이 무엇을 하려는지 알아낼 수 있다

엄청난 매수 능력은 기관투자자들에게 이점을 제공하지만 단점도 있다. 이 단점은 우리에게 유리하게 작용한다. 기관투자자들의 덩치가 너무 커서 무엇을 하는지 숨길 수 없다는 것이다.

그들이 무엇을 하려는지 보고 싶다면 차트를 활용하면 된다. 당신이 아직 차트를 활용한 적이 없다면 차트가 드러내는 '이면의 이야기'에 놀라게 될 것이다. 차트는 장막을 걷어서 펀드 매니저들이 어떤 종목을 대량 매수 또는 매도하는지, 아니면 관망하면서 조용히 조금씩 물량을 늘리고 있는지 보여준다.

그래프에 그려진 두어 개의 간단한 선들이 실제로 어떤 일이 일어나고 있는지에 대해 많은 것을 말해준다는 사실이 개인적으로 놀랍게 느껴진다. 차트는 말해줄 수 있다. 무엇을 살펴야 할지 파악하고 나면 그 사실을 알게 될 것이다. 또한 그것이 그렇게 어려운 일도 아니다. 오히려 많은 경우에 차트가 들려주는 이야기를 놓치기가 어려울 정도다. 차트를 통해 주식이 크게 상승하기 직전에 형성하는 예고적 패턴을 보게 될 것이다. 또한 수익을 확정할 때가 되었음을 알려주는 이른 경고 신호도 보게 될 것이다.

차트에 대한 자세한 내용 그리고 차트가 기관투자자들의 매매에 대해 무엇을 드러내는지는 6장, '눈을 가린 채 투자하지 마라'에서 살필 것이다(궁금하다면 먼저 읽어도 된다).

지금은 아주 중요한 펀드 매니저와 다른 기관투자자들이 무엇을 하는지 알 수 있는 간단한 방식에 초점을 맞추겠다.

기본 요건 3에 따른 매수 체크리스트

기본 요건 3: 기관투자자들이 대량 매수하는 종목을 사고, 대량 매도하는 종목을 피하라.

- ❏ 근래 분기에 해당 종목을 보유한 펀드 증가
- ❏ 매집/분산 점수 A나 B 또는 C
- ❏ 상대강도 점수 80점 이상
- ❏ 주가 15달러 이상
- ❏ 일 평균 거래량 40만 주 이상

각 항목에 대한 합격 또는 불합격 여부를 확인하라

인베스터스닷컴의 〈종목 점검〉을 통해 당신의 종목이 체크리스트의 이 부분에 속한 각 항목에 대해 합격, 중간, 불합격 중 어디에 해당하는지 바로 알 수 있다. 아래 설명을 읽는 동안 컴퓨터로 인베스터스닷컴에 접속해 〈종목 점검〉의 점수를 확인하라.

☑ 근래 분기에 해당 종목을 보유한 펀드 증가

기관투자자들이 당신의 종목을 사들이는지 파악하기 위해 최근 분기에 해당 종목을 보유한 펀드의 수가 늘었는지 확인하라. 펀드의 수가 지난 3~4분기 동안 늘어나는 것이 이상적이다.

또한 최근 분기에 그 수가 확연히 늘었는지 확인하라.

그 수가 늘지 않았거나, 오히려 줄었다면 그것은 무엇을 의미할까? 이는 펀드 매니저들이 해당 종목에 관심이 없다는 의미일 수 있다. 그들이 들어오기 시작할 때까지 해당 종목은 의미 있는 상승을 이루지 못할 것이다.

펀드의 보유 비중이 증가하는지 감소하는지 어떻게 알 수 있을까?

〈종목 점검〉을 보면 당신의 종목이 기관의 후원 항목에서 합격, 중간, 불합격 중 어디에 해당하는지 알 수 있다. 또한 몇 분기 동안 펀드의 보

IBD 종목 체크리스트		
공급과 수요		
시가총액	3.70B	●
매집/분산 점수	C+	●
거래량 증감	1.3	●
주식 보유 펀드 증감률	18%	●
보유 펀드 증가 분기 수	3	●

합격

유 비중이 늘었는지도 알 수 있다.

가장 먼저 파티장에 도착하지 마라!

주식시장이 돌아가는 방식과 관련하여 많은 오해가 있는데 그중 하나가 대형 투자자들보다 먼저 종목에 들어가야 한다는 말이다. 사실은 그 반대가 맞다. 최고의 종목은 급등하기 전에 기관의 보유가 늘어난다.

피델리티Fidelity, 뱅가드Vanguard, 야누스Janus, 드레이퍼스Dreyfus, CGM을 비롯한 뮤추얼펀드는 모두 리서치 팀을 갖추고 있다. 리서치 팀은 수천 개 상장사의 현재 실적과 향후 전망을 분석한다.

어떤 종목을 상당수(가령 50개 이상) 펀드가 보유하고 있지 않다면, 그것은 1만 개의 기관 중 적어도 일부는 해당 종목을 분석한 후 매수하지 않기로 결정했음을 뜻한다.

이는 숨겨진 보석을 우연히 발견했다며 기뻐할 일이 아니다. 오히려 걱정할 일이다.

펀드들이 매수하기 시작할 때까지 기다려도 늦지 않다. 그 이유를 알려면 대형 기관들이 포지션을 구축하기까지 몇 주, 심지어 몇 달이 걸린다는 사실을 이해해야 한다.

20억 달러 규모의 펀드를 운용하는 매니저가 1퍼센트의 자금을 특정 종목에 넣고 싶어한다고 가정하자. 그 종목의 주가가 20달러라면 100만 주를 매수해야 한다.

이 매니저가 한 번에 모든 물량을 매수하려 들면 주가가 금세 원하는 수준을 넘어서고 말 것이다. 그래서 해당 펀드의 트레이더들은 몇 주 또는 몇 달에 걸쳐서 조용히 해당 종목을 사들인다. 이런 매수 작업은 목표로 설정한 평균 매수단가 근처에서 2,000만 달러 규모의 포지션을 구축할 때까지 점진적으로 이뤄진다.

이는 단 하나의 펀드를 예로 든 것이다. 수십, 수백, 심지어 수천 개의 펀드가 같은 종목을 매수하면 어떻게 될지 계산해 보라! 애플이 2012년에 고점을 찍을 무렵 무려 4,300여 개의 펀드가 애플 주식을 보유하고 있었다.

이런 일은 하룻밤 사이에 일어나지 않는다. 이 모든 전문 투자자들이 포지션을 구축하려면 여러 달에 걸친 지속적인 매수가 필요하다.

즉, 당신이 따라 들어가더라도 상승을 맛볼 시간은 충분하다.

좋은 수익은 확증을 기다리는 사람에게 찾아온다

아래의 표는 해당 종목에 포지션을 가진 펀드의 수가 증가하는 것을 참을성 있게 확인한 후에 뛰어드는 것이 어떤 보상을 안기는지 보여준다.

대규모 상승 이전에 보유 펀드의 수가 증가한 사례

기업	상승 시작 연도	주가 상승 이전 4분기 동안 보유 펀드의 수	이후 상승률
그린 마운틴 커피 로스터스	2009	148 → 187 → 201 → 227	30개월 동안 1,104%
왓슨 파마슈티컬스	2009	606 → 586 → 619 → 669	26개월 동안 154%
넷플릭스	2009	300 → 375 → 395 → 436	28개월 동안 683%

울타 뷰티	2010	149 → 149 → 152 → 169	11개월 동안 165%
치폴레 멕시칸 그릴윈즈	2010	327 → 360 → 436 → 463	19개월 동안 186%

위의 표에서 왓슨 파마슈티컬스와 울타 뷰티 종목을 보유한 펀드의 수가 4개 분기 동안 어떻게 변했는지 보라. 첫 두 분기 동안 왓슨 파마슈티컬스 종목을 보유한 펀드의 수는 줄었다. 울타 뷰티의 경우는 그 수가 변하지 않았다. 그러나 두 종목이 대규모 상승을 시작하기 전 최근 분기에는 그 수가 크게 늘었다. 이것이 우리가 확인해야 하는 '확연한 증가' 수준이다. 이는 기관투자자들이 들어와 주식을 담고 있다는 의미다.

☑ 매집/분산 점수 A나 B 또는 C

기관투자자들의 매수 또는 매도 여부를 확인하는 또 다른 방법은 매집/분산 점수(ACC/DIS RTG)를 확인하는 것이다.

매집은 매수를 유식하게 표현하는 용어다. 분산은 매도를 가리킨다. A(최고)부터 E(최하)에 걸친 매집/분산 점수는 지난 13주 동안(약 3개월) 기관의 매매 동향을 추적한다. 그 방법은 전문 투자자들만 하는 대량 거래에 초점을 맞추는 것이다.

다음의 표는 A부터 E에 걸친 점수가 무엇을 뜻하는지 보여준다. 일반적으로 매집/분산 점수가 A나 B 또는 최소한 C인 종목만 매수하고, D나 E인 종목은 피해야 한다.

매집/분산 점수

지난 13주 동안 기관투자자들의 매수 및 매매 수준

A = 대량 매수

B = 중간 정도의 매수

C = 매수 물량과 매도 물량이 동일

D = 중간 정도의 매도

E = 대량 매도

아래에 나오는 넷플릭스에 대한 정보는 기관의 후원 요건과 매수 체크리스트의 다른 영역에서 합격한 종목이 얼마나 상승할 수 있는지 보여준다.

넷플릭스는 683퍼센트 상승하기 직전에 기관의 집중 매집을 받음

2009년 3월~2011년 7월

바닥 돌파 시 매집/분산 점수: A-

대규모 상승 전 네 분기 동안 보유 펀드 수: 300 → 375 → 395 → 436

☑ 상대강도 점수 80점 이상

단순히 좋은 주식을 찾는 것만으로는 안 된다. 명확하게 다른 종목들보다 우월한 최고의 주식을 찾아야 한다. 상대강도(RS) 점수는 알곡과 쭉정이를 구분하는 또 다른 수단이다.

지난 52주 동안의 상승률을 추적하고, 이를 전체 시장의 풍향계로 활용되는 S&P 500의 상승률과 비교하여 RS 점수를 얻는다. 다른 모든 종목과 비교되는 정도에 따라 1점(최하)에서 99점(최고)까지 점수가 매겨진다. 80점은 해당 종목의 상승률이 다른 모든 종목 중 80퍼센트보다 우월하다는 뜻이다.

상대강도 점수 및 EPS 점수가 높은 종목을 찾아라

RS 점수는 시장이 평가하는 종목의 힘에 초점을 맞춘다(즉, '기술적' 지표). EPS 점수는 기업의 힘에 초점을 맞춘다(즉, '기본적 지표').

이를 투자의 음과 양으로 이해하라. 두 지표 모두 점수가 높은지 확인하면 그림의 반쪽이 아니라 전부를 보게 된다.

윌리엄 오닐은 지난 수십 년 동안 엄청난 상승을 기록한 종목들을 살핀 후 이렇게 지적했다. **'우월한 종목 중 대다수는 대규모 상승을 이루기 전에 EPS 점수와 RS 점수가 모두 80점 이상이었다.'**

80점은 최소 기준이다. 최고 종목들은 대부분 EPS와 RS 점수가 훨씬 높다.

85-85: 수익을 안기는 조합

'IBD 85-85 지수Index'는 EPS 점수와 RS 점수가 모두 85점 이상인 종목들의 상승률을 추적한다. 이 종목들은 IBD의 〈당신의 주말 리뷰〉에 포함된다.

과거를 돌아보는 시각이 20-20이라면 미래를 내다보는 시각은 85-85

다. 'IBD 85-85 지수'는 2000년 11월 13일에 도입된 이래 2013년 2월 5일까지 275퍼센트 상승했다. 반면 S&P 500의 상승률은 12퍼센트에 불과했다. 그렇다고 해서 EPS 점수와 RS 점수가 85점 이상인 모든 주식이 무조건 크게 상승한다는 말은 아니다. 그래도 견실한 영업이익 증가율과 상대강도 강세의 강력한 조합이 상당한 수익으로 이어질 수 있음을 보여준다. 또한 비슷한 점수대에 있는 다른 종목들에도 초점을 맞춰야 하는 이유를 말해준다.

☑ 주가 15달러 이상

우리는 인간이기에 누구나 저가 종목을 쫓아가고 싶은 마음이 생길 수 있다. 상승 잠재력이 가장 큰 것처럼 보이기 때문이다. 그러나 주가가 싼 데는 대개 이유가 있다. 낮은(또는 0인) 영업이익 증가율, 부진한 매출, 새롭고 흥미로운 제품의 부재 등이 그 이유다. 이런 종목은 기관투자자들을 끌어들이기 어렵다. 기관의 자금이 들어오는 것이 얼마나 중요한지는 이미 확인한 바 있다.

여기서 알아갈 수 있는 요점은 다음과 같다.

1. 싸구려 저가 종목을 피하라.
2. 주가가 50달러나 100달러, 또는 그 이상인 '비싸게' 보이는 종목들을 매수하는 일을 두려워하지 마라.

'높은' 주가가 아니라 캔 슬림 속성에 초점을 맞춰라. 프라이스라인은 2010년에 182퍼센트의 상승을 시작할 때 이미 주당 270달러에 거래되고 있었다. 또한 애플은 2009년 7월에 주가가 150달러에 이르렀을 때 비싸게 보였다. 그러나 그로부터 3년이 채 못 되어 644달러까지 올랐다.

모든 캔 슬림 종목의 주가가 세 자릿수인 것은 아니다. 솔라윈즈는 2011년에 약 25달러에서 출발하여 137퍼센트 상승했다. 프라이스라인, 애플, 솔라윈즈의 주가 상승률은 달랐지만 성공의 프로필은 같았다. 즉, 그들은 모두 캔 슬림 특성을 지니고 있었다.

원래 캔 슬림 종목은 시장에서 가장 빠르게 성장하고 가장 수익성이 좋은 기업이다. 쉐보레 가격으로 벤츠를 살 수 없듯이 캔 슬림 선도종목들은 대체로 열등한 종목보다 주가와 PER이 높다(2장).

그러니 캔 슬림 속성에 초점을 맞춰라. 싸구려 종목을 쫓아다니지 마라. 다른 모든 체크리스트 항목이 충족되었다면 주가가 높아 보이더라도 걱정하지 마라.

☑ 일 평균 거래량 40만 주 이상

'거래량'은 주어진 기간(가령 하루 또는 일주일)에 거래된 주식의 양을 말한다. 일평균 거래량이 적으면 '빈약하다'고 한다.

저가 종목을 피하는 것과 같은 이유로 거래량이 빈약한 종목도 피해야 한다. 기관투자자들은 이런 종목을 피한다. 당신도 피해야 한다. 이런 종목은 변동성도 심하다.

일평균 거래량은 차이가 크고, 같은 종목이라도 시간이 지나면서 변할 수 있다. 가령 현재 구글은 매일 평균 250만 주 정도가 거래된다. 반면 플리트코어 테크놀로지스Fleetcor Technologies의 거래량은 그보다 훨씬 적은 67만 주 정도다.

뮤추얼펀드 매니저들은 대체로 수만 주 또는 심지어 수백만 주를 매수하여 대규모 포지션을 구축한다. 하루에 5만 주만 거래되는 종목에서 그렇게 하기는 어렵다. 반면 평균 수백만 주가 거래되는 종목의 경우 주가를 너무 올리지 않고도 의미 있는 포지션을 구축하기가 더 쉽다.

또한 매도할 때도 '유동적' 종목은 기관투자자들이 보유 물량을 처분하기가 더 쉽다. 유동적 종목은 매수자와 매도자의 풀pool이 크고 대량으로 거래되는 종목을 말한다. 거래량이 빈약하면 펀드 매니저들이 빠르게 빠져나오기가 훨씬 어렵다. 그들의 대량 매도는 주가를 빠르게 떨어트릴 수 있다. 그에 따라 수익이 줄거나 손실이 늘어난다.

모든 종목은 갑작스런 가격 변동을 겪을 수 있지만 거래량이 빈약한 종목일수록 더욱 변동성이 심하다는 점을 명심하라. 하루에 300만 주가 거래되는 종목보다 5만 주가 거래되는 종목은 훨씬 적은 거래량으로도 주가가 크게 출렁인다.

하루에 최소한 40만 주 이상 거래되는 종목에 초점을 맞춰라. 변동성 리스크를 더 줄이고자 하는 보수적인 투자자는 기준을 100만 주로 높일 수 있다. 이런 종목을 찾을 수 있는 곳 중 하나가 〈IBD 빅 캡 20Big Cap 20〉(7장)이다.

펀드가 당신이 보유한 종목의 운명을 결정한다

이제 당신은 뮤추얼펀드와 다른 기관투자자들이 전체 거래의 상당 부분을 차지하며, 따라서 궁극적으로 종목의 운명을 결정한다는 사실을 안다. 그들이 대량 매수하면 주가가 오르고, 대량 매도하면 주가가 떨어진다.

전체 시장의 경우도 마찬가지다. 대형 투자자들이 공격적으로 매수하기 시작할 때 새로운 상승추세가 시작된다. 또한 그들이 매도하기 시작할 때 상승추세가 끝난다.

사람들은 온갖 화려한 기술적 지표에 대해 이야기하고, 낯선 월가의 전문용어를 남발할 수 있다. 그러나 결론은 앞서 말한 것에 있다. 투자하기 전에 ① 시장이 상승추세이고, ② 당신의 종목이 매수 체크리스트(그리고 '차트 분석' 부분)를 통과하는지 확인해야 한다.

이는 어려운 일이 아니다. 그리고 약간의 노력은 뛰어난 수익을 창출하는 데 엄청난 역할을 할 것이다.

다음 과제: 매수 체크리스트의 요건을 활용하여 잠재적 캔 슬림 종목 두 개를 비교해 보도록 하자.

실천사항

다음은 매수 체크리스트를 활용하고 지금까지 다룬 내용을 보강하기 위한 간단한 과제다. 이 단계들을 밟기 위해 www.investors.com/GettingStartedBook을 방문하라.

1. 2~3개의 종목에 매수 체크리스트를 적용하라. 연습을 위해 지금은 '차트 분석' 부분을 건너뛰어도 된다. 다만 차트를 먼저 점검하기 전에는 주식을 사지 마라. 차트 분석은 6장, '눈을 가린 채 투자하지 마라'에서 다룰 것이다.
   - **시장 동향을 확인하라:** <빅 픽처> 칼럼의 '마켓 펄스'를 활용하여 현재 상승추세가 진행 중인지 또는 조정 중인지 파악하라.
   - **잠재적 캔 슬림 종목을 평가하라:** 염두에 둔 종목이 없다면 <IBD 50>이나 <당신의 주말 리뷰>, <업종 선도종목> 또는 <종목 스포트라이트Stock Spotlight>(7장)를 보고 하나를 골라라.
2. 짧은 동영상을 통해 실제로 어떻게 체크리스트를 적용하는지 보라: '당신의 종목은 합격인가 불합격인가?' <종목 점검>을 통해 확인하라.

두 종목 이야기:
프라이스라인닷컴 vs. 익스피디아

2009년 7월, 시장은 3월에 시작된 새로운 강세장이 서너 달째로 접어든 상태였다. 이 무렵 매수할 종목을 찾고 있었다면 온라인 여행 예약 부문의 두 대형 업체와 마주쳤을지도 모른다. 바로 프라이스라인닷컴과 익스피디아Expedia이다.

체크리스트에서 확인한 대로 최고 순위 산업군에 속한 최상위 종목에 특히 주의를 기울여야 한다. 7월에 레저-여행 예약 산업군(당시 레저-서비스로 알려짐)의 순위는 11위였다.

이를 염두에 두고 당시 프라이스라인과 익스피디아에 대해 알려진 주요 팩트들을 살펴보자.

아래 내용을 읽을 때 매수하기 전에 확인해야 하는 요건들에 대해 알고 있는 것들을 고려하라. 그리고 이런 질문을 던져라.

- 어느 기업이 더 강해 보이는가?
- 어느 종목의 주가가 크게 상승할 가능성이 더 높은가?

● 어느 종목에 힘들게 번 돈을 투자할 것인가?

각 기업이 앞서 논의한 '기본 요건'에 얼마나 부합하는지 생각해 보라. 아래의 모든 지표는 2009년 7월 기준이다.

기업의 영업이익 증가율이 큰가?

이전 3분기 주당순이익(EPS) 증가율

분기	프라이스라인닷컴 EPS 증가율	익스피디아 EPS 증가율
2008년 9월	51%	-31%
2008년 12월	34%	-13%
2009년 3월	43%	-5%

익스피디아는 최근 3분기 동안 마이너스 영업이익 증가율을 기록했다. 반면 프라이스라인의 EPS 증가율은 최소 25퍼센트 이상이었으며, 최근 분기에는 증가율이 더 상승했다.

최근 3년 동안의 연평균 영업이익 증가율

프라이스라인닷컴	익스피디아
74%	8%

프라이스라인의 연 영업이익 증가율은 익스피디아보다 9배 이상 높다. 익스피디아의 연 영업이익 증가율은 25퍼센트 기준을 밑돌기 때문에 낙제 점수에 해당한다.

EPS 점수

프라이스라인닷컴	익스피디아
99	63

최고 점수인 EPS 점수 99점은 프라이스라인이 근래 분기 및 연평균 성장률 측면에서 전체 주식 중 99퍼센트보다 우월하다는 것을 말해준다. 익스피디아의 점수는 겨우 63점으로서 매수 체크리스트에서 제시하는 최소 점수 80점보다 낮다.

SMR 점수

프라이스라인닷컴	익스피디아
A	B

자기자본이익률

프라이스라인닷컴	익스피디아
44%	10%

익스피디아의 SMR 점수 B는 합격점이다. 그러나 프라이스라인의 점수가 훨씬 낫다. 이는 프라이스라인이 EPS 성장을 이끄는 세 가지 주요 요소인 매출Sales, 마진Profit Margins, 자기자본이익률Return on Equity에서 우월하다는 것을 말해준다. 또한 프라이스라인의 ROE(44퍼센트)는 최소 기준(17퍼센트)조차 통과하지 못하는 익스피디아의 10퍼센트보다 4배 이상 높다.

큰 영업이익 증가율이 종목 선정 시 확인해야 할 제1 요소임을 항상 명심하라. 이 무렵에는 프라이스라인이 익스피디아보다 확연히 나은 증가율을 보였다.

새롭고 혁신적인 제품이나 서비스를 가졌는가?

프라이스라인의 혁신적이고 독자적인 '고객 가격 제시Name Your Own Price' 시스템은 이미 자리 잡은 상태였다. 그럼에도 여전히 소비자를 끌어들이는 주요하고도 고유한 요소로 작용했다. 프라이스라인은 또한 윌리엄 샤트너William Shatner가 출연하는 익살스런 광고를 비롯하여 성장을 이끄는 '새로운' 요소들을 갖추고 있었다.

프라이스라인은 매출을 늘리기 위해 앞서 예약 수수료를 인하했다. 반면 익스피디아를 비롯한 경쟁자들은 2년이 지날 때까지 같은 조치를 취하지 않았다.

프라이스라인은 또한 부킹닷컴Booking.com을 인수하면서 새로운 시장인 유럽으로 빠르게 사업을 확장하고 있었다. 이는 새로운 성장 기회를 제공했다. 유럽의 여행자들은 호텔과 비행기표를 인터넷에서 예약하고 있었기 때문이다.

익스피디아의 주된 '새로운' 변화는 서비스 정책과 수수료를 대상으로 이뤄졌다. 이는 프라이스라인이 앞서 취한 조치에 대항하기 위한 것이었다. 그들은 호텔, 렌터카, 크루즈, 대다수 비행기표에 대한 취소 수수료를 없앰으로써 더 많은 여행자들을 끌어들이기를 바랐다.

뮤추얼펀드가 대량 매수하고 있는가?

매집/분산 점수

프라이스라인닷컴	익스피디아
A	B

이전 4분기 동안 주식 보유 펀드 수

분기	프라이스라인닷컴	익스피디아
2008년 9월	654	761
2008년 12월	632	727
2009년 3월	716	740
2009년 6월	773	795

익스피디아는 매집/분산 점수가 B이고 보유 펀드의 수가 늘어나고 있었다. 따라서 매수 체크리스트에서 기관의 후원 요건을 충족한다. 그러나 이번에도 프라이스라인 주식에 대한 기관의 수요가 더 많다. 실제로 펀드 매니저들은 프라이스라인 주식을 더 대량 매수하고 있었다.

전반적인 강세는 어떤가?

종합 점수

프라이스라인닷컴	익스피디아
99	95

익스피디아의 종합 점수 95점은 강하다. 이는 전체 주식 중에서 최상

위 5퍼센트에 속한다는 것을 말해준다. 그러나 우리는 최고 중 최고, 진정한 시장 선도종목을 찾아야 한다. 프라이스라인의 종합 점수 99점은 최상위 1퍼센트에 속한다는 것을 말해준다.

PER은 어떤가?

주가수익비율PER

프라이스라인닷컴	익스피디아
21	18

매수할 종목을 정하는 일에 있어서 PER이 중요한 요소가 아닌 이유는 2장에서 이미 논의했다. 실제로 저PER 종목만 매수하고 소위 고PER 종목을 절대 매수하지 않는 투자자들은 사실상 모든 대박 종목을 놓칠 것이다.

그러니 이렇게 자문하라. 방금 두 기업과 관련된 다른 모든 지표를 살펴본 지금도 단지 PER이 낮다는 이유로 익스피디아 주식을 살 것인가?

나중에 어떻게 되었을까?

체크리스트를 적용하는 과정에서 어느 주식이 더 강한지 금세 분명해지는 것을 확인할 수 있었다. 추측하지 말고 팩트만 따져보자. 이 일은 많이 할수록 더 빨라지고 쉬워진다.

이후 드러난 상승폭의 차이는 매수 체크리스트를 활용했는지 아닌지

프라이스라인닷컴과 익스피디아의 이후 상승폭

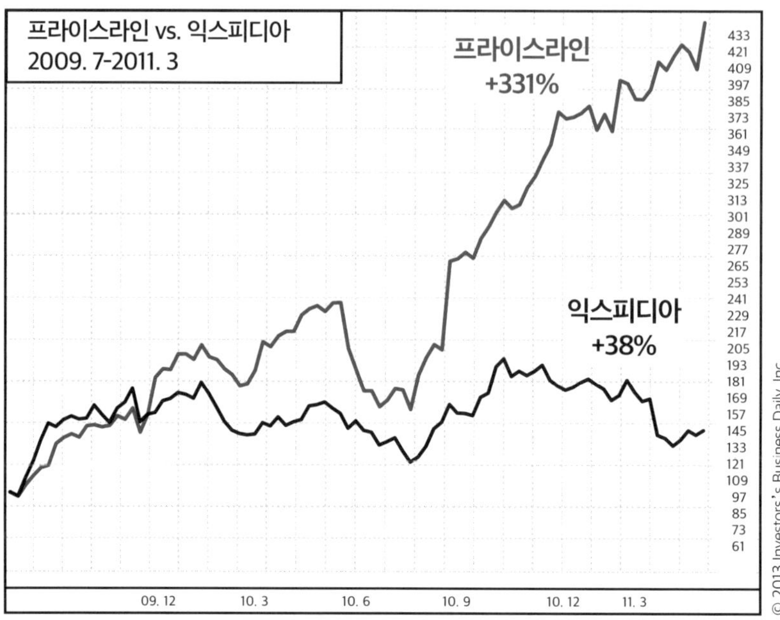

에 따른 결과가 인생을 바꿀 수 있음을 증명한다.

다음 과제: 이제 두 종목을 검토하여 어느 종목이 더 나은 잠재력을 지녔는지 판단해 보라.

어느 종목이 더 강해 보이는가?

이제 당신이 선택할 차례다.

아래는 같은 산업군에 속한 두 기업의 실제 영업이익, 점수, 기관의 후원 및 다른 주요 팩트들이다. 지금까지 살핀 내용을 토대로 두 기업을 비교해 보라. 그리고 어느 종목이 더 강해 보이는지 직접 판단하라.

두 기업의 이름과 주가 상승률은 마지막에 밝히겠다.

영업이익 증가율이 큰가?

이전 3분기 주당순이익 증가율

분기	A 기업 EPS 증가율	B 기업 EPS 증가율
12월	37%	0%
3월	47%	-15%
6월	61%	-32%

최근 3년 연평균 영업이익 증가율

A 기업	B 기업
48%	1%

EPS 점수

A 기업	B 기업
93	30

자기자본이익률

A 기업	B 기업
A	C

새롭고 혁신적인 제품이나 서비스를 갖추었는가?

A 기업	B 기업
신제품 덕분에 두 산업에서 선도기업이 됨	해당 산업에서 주요 기업이지만 근래에 판도를 바꿀 만한 혁신은 없었음

뮤추얼펀드가 대량 매수하는가?

매집/분산 점수

A 기업	B 기업
B+	C

이전 4분기 주식 보유 펀드 수

분기	A 기업	B 기업
9월	2,956	1,765
12월	3,097	1,806
3월	3,247	1,776
6월	3,512	1,808

선택의 시간: 어느 기업이 더 강해 보이는가? A인가 B인가?

2009년 7월의 애플과 델 비교

체크리스트 결과는 **애플**(A 기업)이 **델**(B 기업)보다 훨씬 강세를 드러낸다는 것을 명확하게 보여준다.

1997년에 자신이 만든 애플로 복귀한 스티브 잡스는 엄청난 혁신의 시대를 열었다. 아이팟, 아이튠즈, 아이폰 그리고 '앱' 생태계는 음악과 스마트폰 산업에 혁신을 일으켰다. 이는 앞서 본 폭발적인 영업이익 성장으로 이어졌다.

델은 다른 궤도를 따랐다. 델은 컴퓨터 산업에서 여전히 주요 기업이었다. 그러나 1990년대보다 성장세가 급격히 둔화되었다. 2005년에 창립자인 마이클 델Michael Dell이 CEO로 복귀했지만 애플로 돌아온 잡스처럼 회사를 되살리지 못했다.

이후 어떤 일이 일어났을까?

애플과 델 주식의 이후 상승률

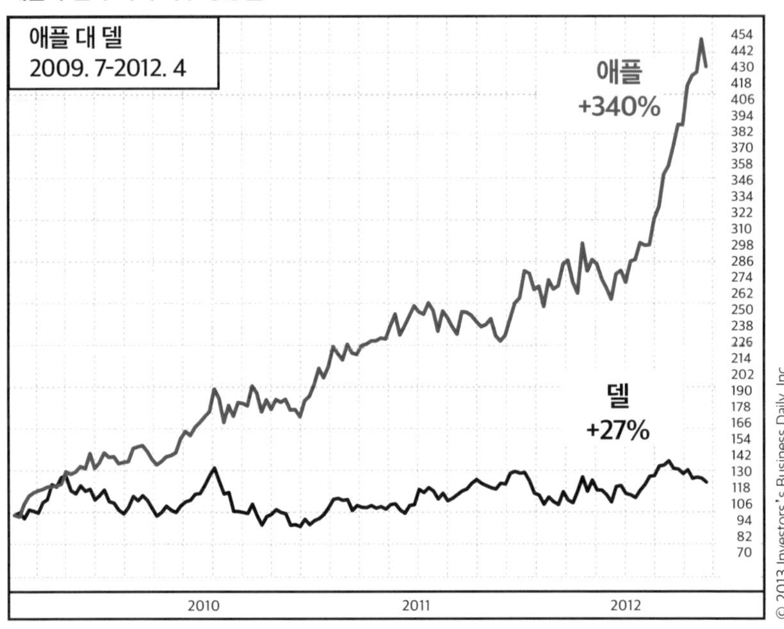

엄청난 상승률의 차이를 보라. 캔 슬림 속성을 지닌 종목을 매수해야 하는 이유가 여기에 있다.

종목을 선정할 때 항상 이렇게 확실한 선택지가 있는 것은 아니다. 그러나 100여 년에 걸친 시장의 역사는 가장 근본적인 요점을 매우 명확하게 말해준다.

다시 한 번 강조하겠다. 주가가 크게 상승할 가능성이 높은 최고의 종목을 찾고 싶다면 반드시 다음 요건을 확인하라.

- 영업이익 증가율이 크고, 새롭고 혁신적인 제품이 있는가
- 최고 순위 산업군에 속한 최상위 선도종목인가
- 기관투자자들이 대량 매수하고 있는가

이런 속성을 드러내고 매수 체크리스트를 충족한 종목들에 초점을 맞추는 것(그리고 전체 시장이 확고한 상승추세임을 확인하는 것)이야말로 주식으로 돈을 버는 검증된 방법이다.

다음 과제: 매수 체크리스트에서 합격 및 불합격 점수가 똑같이 나온다면 어떻게 해야 할까?

합격 및 불합격 점수가 똑같다면 어떻게 해야 할까?

제목과 같은 일이 분명히 생긴다. 투자는 과학처럼 공식이 적용되는 분야가 아니다. 탁월한 상승률을 기록한다고 해도 모든 측면에서 완벽한 종목은 드물다.

다음은 몇 가지 흠이 있는 종목을 다루는 방법에 대한 팁이다.

● **여러 영역에서 불합격하면 포기하고 다른 종목을 찾아라.**

우리는 어중간한 종목을 찾는 것이 아니라 시장에서 가장 강한 선도종목을 찾고 있다. 이 최고 종목들은 하나나 둘 또는 셋 정도의 결함을 지녔을지 모른다. 그러나 심각한 결함이 많지는 않을 것이다. 어떤 종목이 매수 체크리스트의 여러 항목에서 불합격하면 관심을 유지하되 물색 작업을 계속하라.

T. 분 피켄스T. Boone Pickens가 말한 대로 "코끼리를 사냥할 거라면 토끼 때문에 사냥로에서 벗어나지 마라."

- **무엇을 매수할지 결정하는 데 있어서 가장 중요한 요소인 '기본 요건'에 초점을 맞춰라.**
  - 영업이익 증가율이 크고, 새롭고 혁신적인 제품이나 서비스를 갖추었는가?
  - 뮤추얼펀드가 대량 매수하고 있는가?

언제나 이 기본 요건을 우선시하라. 체크리스트 항목 중 한두 개는 충족하지 못하더라도 위에 나오는 두 가지 핵심 질문에는 확실하게 '그렇다'라고 답할 수 있어야 한다.

그러면 당신이 직면할 수 있는 몇 가지 복합적 시나리오를 살펴보자.

시나리오 1: 종목은 강하지만 산업군이 비교적 약함

체크리스트에 속한 모든 요건을 충족하지만 단지 산업군이 상위 40~50위에 속하지 않는다면 해당 종목을 버려야 할까? 꼭 그렇지는 않다.

물론 최고 순위 산업군에 속한 최상위 종목에 초점을 맞추는 것을 우선시해야 한다. 그러나 다소 낮은 순위의 산업군에서 대박 종목이 나오는 경우도 있다.

울타 뷰티가 그 예다. 2장의 사례 연구에서 확인한 대로 울타는 폭발적인 영업이익 증가세를 기록했다. 또한 화장품을 판매하는 방식에 혁신을 일으킨 새로운 유통 방식으로 인기를 끌었다. 그리고 뮤추얼펀드가 대량 매수하고 있었다.

하지만 울타 뷰티가 165퍼센트나 상승한 기간에 해당 산업군인 유통-전문 매장 산업군의 순위는 82위에 불과했다.

산업군 순위는 중요하다. 높은 순위는 펀드와 다른 기관투자자들이 해당 산업군으로 유입되고 있다는 뜻이기 때문이다. 그래서 상위 40~50위 산업군에 속하지 않은 종목에 투자할 때는 다른 체크리스트 항목에서 우수한 점수를 기록하는지 반드시 확인해야 한다. 또한 뮤추얼펀드가 대량 매수하고 있어서 낮은 산업군 순위를 부분적으로 보완할 수 있어야 한다. 울타가 그런 경우에 해당한다. 울타의 주가가 크게 상승하기 전 4분기 동안 울타 주식을 보유한 펀드의 수는 197개에서 315개로 급증했다.

또한 산업군 순위가 중간 이하라면 해당 산업군에 다른 최상위 종목이 최소한 하나는 있어야 한다. 이는 기관들이 해당 산업군에 어느 정도 관심을 보이고 있음을 확증한다. 울타 뷰티는 이 요건을 충족했다. 같은 유통업체인 샐리 뷰티 홀딩스Sally Beauty Holdings는 탄탄한 95점의 종합 점수를 달성했으며, 울타와 같은 기간에 대규모 주가 상승을 이뤘다.

시나리오 2: 최근 분기에 보유한 펀드의 수가 줄었지만 매집/분산 점수가 높음

당신이 2010년 9월에 룰루레몬 애슬레티카 종목에 매수 체크리스트를 적용했다고 가정하자.

영업이익 증가율이 큰가? 그렇다. 이전 3분기 동안 룰루레몬의 EPS

증가율은 43퍼센트, 100퍼센트, 180퍼센트로 상승했다. 또한 자기자본 이익률도 30퍼센트로 아주 높았다.

새롭고 혁신적인 제품이나 서비스를 갖췄는가? 역시 그렇다. 룰루레몬은 요가의 인기가 높아지면서 고급 요가 의류로 수익성 있는 틈새시장을 찾았다.

뮤추얼펀드가 대량 매수하고 있는가? 그렇다. 다만 약간의 문제가 있었다.

2010년 1분기에 룰루레몬 주식을 보유한 펀드의 수는 189개에서 223개로 급증했다. 그러나 2분기에는 그 수가 206개로 줄었다. 체크리스트의 '기본 요건 3'에서 확인한 대로 최근 분기에 주식 보유 펀드의 수가 늘어야 했는데 말이다.

그러나 이 결함을 보완하는 요소들이 있었다. 그중 하나는 지난 4개 분기를 통틀어서 보면 보유 펀드 수가 195개에서 206개로 늘었다는 것이다.

또한 룰루레몬의 주가가 급등하기 시작했을 때 매집/분산 점수는 B+였다. 즉, 지난 13주 동안 기관투자자들이 중간 수준 이상 매수하고 있었다. 그리고 대규모 상승을 시작하기 며칠 전에 최근 영업이익이 발표되었을 때 전문 투자자들이 몰려들었다. 그에 따라 거래량이 평소보다 600퍼센트나 급증했다.

이처럼 룰루레몬 종목은 한두 가지 결함이 있었지만 전반적으로 강했다. 또한 세 가지 중요한 요소인 높은 영업이익, 새롭고 혁신적인 제품이나 서비스, 뮤추얼펀드의 대량 매수를 갖추고 있었다.

이후 룰루레몬의 주가는 단 10개월 만에 196퍼센트나 상승했다(게다가 이후 네 분기 동안 룰루레몬 주식을 보유하는 펀드의 수도 205개에서 359개로 급증했다).

시나리오 3: 영업이익 증가율이 높지만 상승하지 않음

2010년 9월, 치폴레 멕시칸 그릴은 캔 슬림 선도종목이었다. 그러나 한 가지 결함이 있었다. EPS 증가율이 지난 세 분기 동안 90퍼센트, 53퍼센트, 33퍼센트로 하락했다. 당연히 EPS 증가율은 반대 방향으로 움직여야 했다. 그러나 이번에도 치폴레는 가장 중요한 질문들에는 모두 '그렇다'는 대답을 제시했다.

새롭고 혁신적인 제품이나 서비스를 갖췄는가? 치폴레는 유기농 고메 부리토를 판매하는 레스토랑 체인으로서 대단히 높은 인기를 끌었다. 또한 일반 패스트푸드보다 몸에 좋은 대안을 바라는, 늘어나는 수요를 충족할 수 있는 좋은 입지를 차지하고 있었다.

뮤추얼펀드가 대량 매수하고 있는가? 그렇다. 치폴레의 주가는 바닥 돌파 이전에 B라는 탄탄한 매집/분산 점수를 기록했으며, 보유 펀드 수도 지난 네 분기 동안 급증했다.

영업이익 증가율이 큰가? 근래 분기에 EPS 증가율이 하락했다. 그렇다면 이 핵심 질문에 긍정적인 답변을 제시하게 해주는 완화적인 요소가 있는가?

그중 하나는 증가율 하락이 분명 이상적이지는 않지만 영업이익 증가율이 여전히 우리가 바라는 최소 기준인 25퍼센트보다 높다는 것이다.

또한 지난 3년 동안의 연 영업이익 증가율은 38퍼센트로서, 역시 최소 기준인 25퍼센트를 훌쩍 넘어섰다.

치폴레의 EPS 점수는 97점이었다. 이는 전반적인 현 분기 및 연 영업이익 증가율 측면에서 전체 주식 중 97퍼센트보다 앞서간다는 뜻이었다. 게다가 자기자본이익률도 19퍼센트로 견실했고, 종합 점수는 최고점인 99점으로서 현 분기 및 연 영업이익 증가율을 비롯하여 전반적인 강세 측면에서 전체 주식의 상위 1퍼센트에 들었다.

따라서 치폴레는 룰루레몬의 경우와 마찬가지로 완벽하지는 않아도 시장을 선도하는 힘을 보여주었다. 실제로 이후 20개월 동안 주가가 186퍼센트나 상승했다.

'완벽함'은 '아주 좋음'의 적이 아니다

체크리스트에 속한 거의 모든 항목에서 합격점을 받았지만 한두 가지 항목을 충족하지 못하는 종목을 접했더라도 바로 포기하지 마라. 큰 그림을 보면서 큰 영업이익 증가율, 인기 있는 새로운 제품이나 서비스, 펀드 매니저들의 분명한 수요라는 가장 중요한 요건을 갖추었는지 확인하라.

당신의 종목이 합격하지 못한다면 어떻게 해야 할까?

〈IBD 종목 점검〉에서 산업군 선도종목을 확인하라.

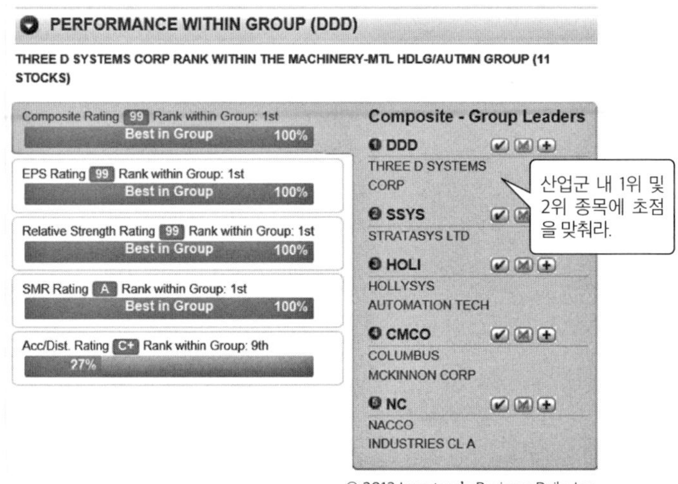

© 2013 Investors's Business Daily, Inc.

당신이 살피는 종목이 체크리스트를 충족하지 못하면 이렇게 해보라. 같은 산업군에 속한 최상위 종목들을 검토해 보라. 해당 종목은 〈종목 점검〉에서 확인할 수 있다(위의 예 참고).

주로 1위와 2위 종목에 초점을 맞춰라. 그들에게 같은 체크리스트를 적용하라. 이는 진정한 산업 선도종목을 찾아내고 양질의 관심종목을 구성하는 좋은 방법이다.

실적 발표 기간에는 조심스럽게 사냥감을 찾아라

상장 기업은 1년에 4차례 이전 분기의 영업이익과 매출을 발표한다. 최신 수치는 전문 애널리스트와 투자자들을 기쁘게 만들 수도 있고, 실망시킬 수도 있다. 기업이 실적을 발표할 때 주가가 위쪽이나 아래쪽으로 크게 움직이는 경우가 많은 이유가 거기에 있다.

그래서 실적 발표 기간에는 종종 바닥을 돌파하며 상승하지만 붕괴가 나올 수도 있다.

추가 어느 쪽으로 움직일지 알 수 없기 때문에 **단지 최신 실적 보고서를 낸다는 이유로 주식을 매수하지 마라**.

수치가 발표된 후 시장이 어떻게 반응하는지 보면서 기다려라. 대규모 거래량과 함께 주가가 적절한 매수 지점을 지나 급등하면 들어갈 기회가 생길 수 있다. 반대로 대량 매도가 나오면 '추정'만으로 서둘러 뛰어들지 않은 것이 다행일 것이다.

다음은 실적 발표 기간에 대처하는 세 가지 간단한 팁이다.

- **보유종목이나 관심종목이 언제 실적을 발표하는지 확인하라.** 이 정보는 해당 기업의 웹사이트나 다른 서비스를 통해 찾을 수 있다. IBD는 실적 발표 기간에 '어닝 캘린더Earnings Calender'를 게재한다. 여기에는 다음 주에 실적 발표가 예정된 주요 종목들이 나열된다. '어닝 캘린더'는 월요일 판에 실린다.
- **사전에 매수 및 매도 계획을 세워라.** 실적 발표 시 바닥을 돌파할 가능성이 있는 종목을 매수하려 한다면 정확한 매수 지점이 어디이고, 몇 주나 매수할 것인지 알아야 한다. 또한 실적 발표가 있을 종목을 보유하고 있다면 갑자기 급락할 경우에 대비하여 반드시 방어적인 매도 계획을 세워둬야 한다.
- **자동 매매 기능 활용을 고려하라.** 일과 중에 시장을 지켜볼 수 없다면 사전에 자동 매매 기능을 설정하라(4장 참고). 당신이 컴퓨터 앞에 없을 때 바닥 돌파를 이룬 관심종목을 매수할 수 있도록 조건부 매수 주문을 설정하라. 또한 주가가 갑자기 하락할 경우 수익을 보호하고 손실을 한정하는 데 도움이 되도록 손절 주문도 설정할 수 있다.

예상치 못한 일이 생길 것을 예상하라

실적 발표 기간은 때로 당신을 어리둥절하게 만든다. 미진해 보이는 분기 실적이 발표된 후 주가가 급등할 수도 있고, 우수한 실적을 발표했는데 주가가 급락하기도 한다. 실적 발표 후 시장의 반응을 살피면서 기다리는 것이 최선인 이유가 여기에 있다.

아래는 긍정적으로 보이는 2건의 실적 발표 이후 아주 다른 반응이 나온 사례다. 이 사례는 실적 스토리가 어떻게 전개되는지 확인할 때까지 조심하는 것이 성공 확률을 높인다는 사실을 잘 상기시켜준다.

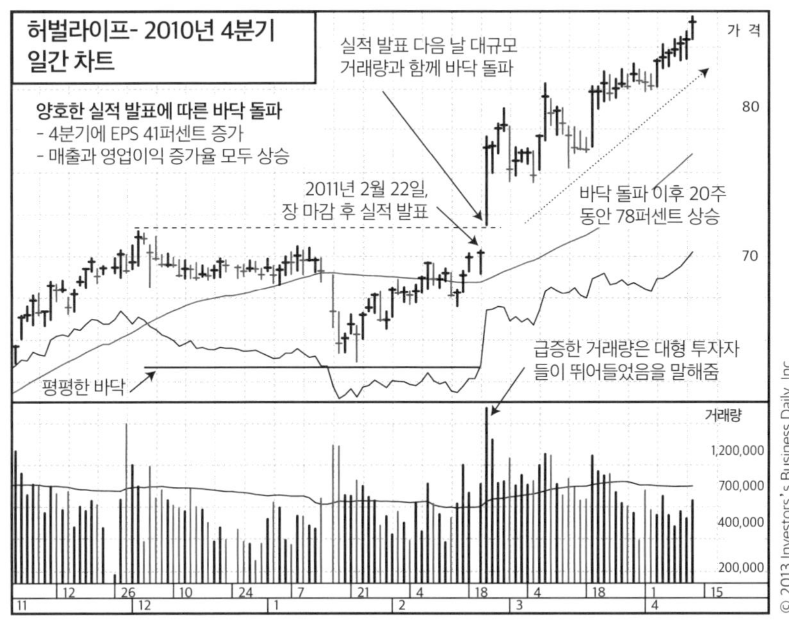

허벌라이프는 영업이익 증가율이 상승했다고 발표한 후
20주 동안 78퍼센트 급등한다.

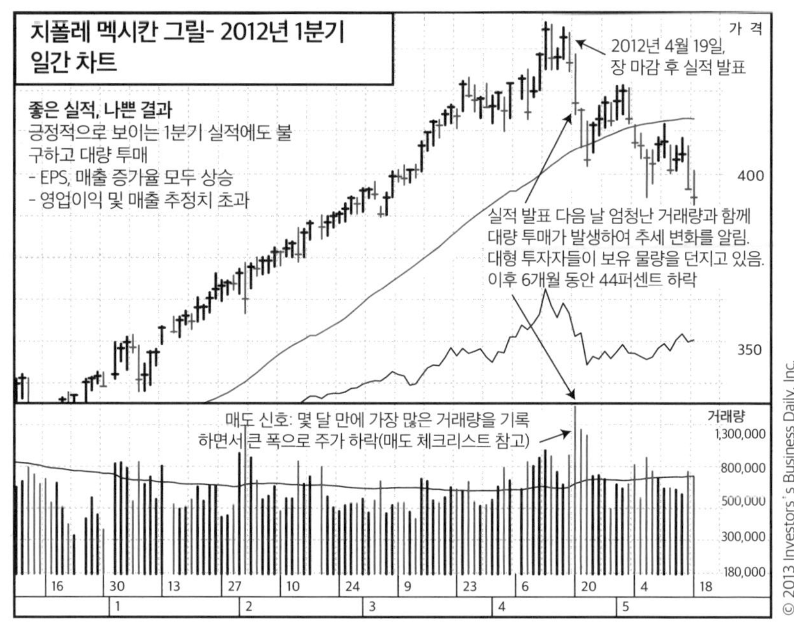

치폴레 멕시칸 그릴- 2012년 1분기
일간 차트
좋은 실적, 나쁜 결과
긍정적으로 보이는 1분기 실적에도 불
구하고 대량 투매
- EPS, 매출 증가율 모두 상승
- 영업이익 및 매출 추정치 초과
2012년 4월 19일,
장 마감 후 실적 발표
가 격
400
350
실적 발표 다음 날 엄청난 거래량과 함께
대량 투매가 발생하여 추세 변화를 알림.
대형 투자자들이 보유 물량을 던지고 있음.
이후 6개월 동안 44퍼센트 하락
매도 신호: 몇 달 만에 가장 많은 거래량을 기록
하면서 큰 폭으로 주가 하락(매도 체크리스트 참고)
거래량
1,300,000
800,000
500,000
300,000
180,000
16
30
13
27
10
24
9
23
6
20
4
18
1
2
3
4
5
© 2013 Investor's Business Daily, Inc.

치폴레는 영업이익 및 매출 증가율이 모두 상승했는데도 투매가 나왔다.

4장

대박 종목을 찾는 간단한 루틴

Simple Routines for Finding Winning Stocks

좋은 결과를 원하는가?
좋은 루틴을 따르라!

"우리의 정체성은 반복적으로 실행하는 일에 따라 결정된다.

따라서 우월성은 한 번의 행동이 아니라 습관에서 나온다."

- 아리스토텔레스

루틴이 얼마나 중요한지는 아무리 강조해도 지나치지 않다.

1. 급등하기 전에 최고의 종목을 파악하는 데 도움을 준다.
2. 당신의 일과에 적합하다.

두 요소는 모두 중요하다. 월가에서 최고라고 알려진 루틴을 알더라도 루틴을 실행하는 데 시간이 많이 걸리거나 꾸준히 활용할 시간이 없다면 무슨 소용이 있겠는가?

투자할 시간이 부족한 바쁜 사람들이야말로 루틴이 필요하다.

당신은 낮에 일하느라 바쁠 수도 있고, 은퇴했을 수도 있다. 어느 쪽이든 가족, 취미 그리고 주식투자 외에도 다른 관심사가 있을 것이다. 우리가 흔히 '삶'이라고 하는 것 말이다.

이번 장에서는 누구나 빠르고 쉽게 활용할 수 있도록 설계된 두 가지 루틴을 소개한다.

- **간단한 주말 루틴:** 이 루틴은 IBD의 강력한 스크린 기능을 활용하여 캔 슬림 속성을 지녔고 지금 잠재적 매수 지점 근처에 있는 종목을 파악한다.
- **10분짜리 하루 루틴:** 이 루틴은 일주일 내내 시장 상황을 파악하면서 관심종목과 매매 계획을 최신 상태로 유지하도록 해준다.

'간단한 주말 루틴'을 성공적인 투자를 위한 핵심 준비 시간이라고 생각하라. 이 시간 동안 다음 주의 관심종목과 매매 계획을 갱신한다. 이 작업이 끝나면 '10분짜리 하루 루틴'을 활용하여 매일의 필요에 따라 계획을 조정하고 실행한다.

이는 주식투자를 시작하기 위한 간단한 루틴에 불과하다는 사실을 알아야 한다. 캔 슬림 투자와 인베스터스 비즈니스 데일리를 보다 익숙하고 편안하게 활용하게 되면 당신만의 루틴을 만들 수 있다.

성공적인 캔 슬림 투자자들의 루틴

나와 같이 라디오 프로그램을 진행하는 에이미 스미스Amy Smith의 책 《주식으로 돈 버는 법-성공담How to Make Money in Stocks-Success Stories》을 읽으면 다른 캔 슬림 투자자들의 투자 루틴에 대해 배울 수 있다. 이 책에서 당신도 영감과 정보를 얻을 수 있을 것이다.

매수하기 전에 매도 계획을 세워라

지금 바로 이 루틴들을 활용할 것을 권한다. 그 전에 중요한 조건이 있다. 매도 체크리스트 부분을 다 읽기 전에는 어떤 주식도 매수하지 마라. 매도 계획 없이 주식을 매수하는 것은 브레이크 없는 차를 모는 것과 같다. 처음에는 아주 짜릿하겠지만 결말은 그다지 유쾌하지 않을 것이다!

반드시 매도 체크리스트를 읽고, 투자하기 전에 기본적인 매도 규칙을 파악하라.

시장이 하락추세일 때도 언제나 루틴을 따르라

이 말을 반복하는 이유는 너무나 중요하기 때문이다. 당신이 저지를 수 있는 가장 큰 실수 중 하나는 시장이 현재 조정 중이라는 이유만으로 손을 놓고 루틴을 따르지 않는 것이다. 그러면 다음 대박 종목을 놓치게 된다.

최고의 종목은 조정 기간 동안 바닥을 형성한 다음 새로운 상승추세가 시작되면 바로 문을 박차고 달려나간다.

다음 선도종목에 올라타서 큰 수익을 내고 싶다면 '마켓 펄스'에 '조정 중인 시장'이라고 나오더라도(사실 특히 그때) 계속 루틴을 따르라.

졸면 잃고, 깨어 있으면 수익을 긁어모은다

나중에 나오는 '간단한 주말 루틴을 활용하여 대박 종목 찾기'에 시장에 언제나 관여하는 일이 너무나 중요한(그리고 수익을 안기는) 이유를 알려주는 간단한 사례들을 소개한다.

IBD 무료 체험을 시작했는가?

이 루틴들에 나오는 도구들에 접근하려면 www.investors.com/GettingStartedBook을 방문하라. 일간, 주간 루틴의 각 단계를 소개하는 짧은 동영상도 있다.

간단한 주말 루틴

20-30분

1단계 <빅 픽처>에서 전체 시장 동향을 점검한다.

마켓 펄스

수요일 동향:
거래량 증가와 더불어 큰 폭 상승

현재 전망:
확실한 상승추세

분산일:
나스닥 및 뉴욕증권거래소 종합 지수-5, S&P 500-4

거래량 수반 상승 선도종목:
컴캐스트Comcast, 펨사Femsa, 3D 시스템스, 비자, 뉴스타Neustar, 폴리원PolyOne, PPG 인더스트리스PPG Industries, 소다스트림SodaStream, 어번 아웃피터스Urban Outfitters

거래량 수반 하락 선도종목:
링크드인LinkedIn, 룰루레몬, 왓슨 파마슈티컬스

이 단계를 간과하지 마라. 대단히 중요하다. 대다수 주식은 위쪽이든 아래쪽이든 전체 시장과 같은 방향으로 움직인다.

그러니 앞서 말한 대로 **현재 전망이 '확실한 상승추세'일 때만 주식을 매수하라.**

<빅 픽처>를 꾸준히 읽을 것을 강력하게 권한다. <빅 픽처>는 시장에서 어떤 일이 일어나고 있으며, 어떻게 대처해야 하는지에 대해 대단히 귀중한 통찰을 제공한다.

언제, 어디서 볼 수 있는가

〈빅 픽처〉는 IBD와 인베스터스닷컴의 〈메이킹 머니〉 섹션에 매일 실린다.

2단계 〈IBD 50〉, 〈업종 선도종목〉, 〈당신의 주말 리뷰〉를 빠르게 훑어서 매수 지점 근처에 있는 종목을 찾는다.

각 종목의 차트 하단에 나오는 한 줄짜리 분석을 확인하라. 잠재적 매수 구간이나 그 근처에 있다고 나오는 모든 종목에 동그라미를 치거나 별도의 표시를 하라.

언제, 어디서 볼 수 있는가

〈IBD 50〉은 매주 월요일, 수요일에 IBD와 eIBD의 〈메이킹 머니〉 섹션에서 볼 수 있다. (월요일 인쇄판은 주말 루틴에 활용할 수 있도록 대부분의 지역에서 토요일에 배달된다). 〈당신의 주말 리뷰〉는 매주 금요일, IBD의 A면에 게재된다.

3단계 <IBD 종목 점검>을 활용하여 당신이 동그라미를 친 종목이 매수 체크리스트를 통과하는지 확인한다.

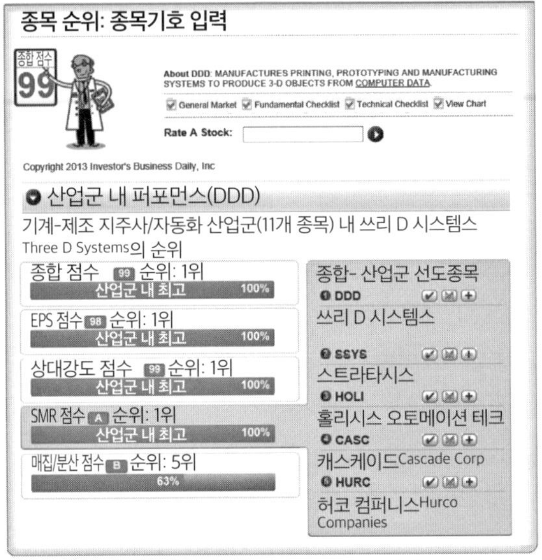

© 2013 Investors's Business Daily, Inc.

<IBD 종목 점검>에서 당신은 체크리스트에 있는 대부분의 항목에 대한 합격, 중간, 불합격 여부를 볼 수 있다. 만약 당신이 그 회사와 그들의 사업에 익숙하지 않다면 회사의 웹사이트를 찾아 확인하고, IBD에서 그 회사에 대한 기사를 찾아 읽어라. <IBD 종목 점검>에서 기사 링크를 찾을 수 있을 것이다.

또한 인베스터스닷컴의 <데일리 주식 분석> 또는 '마켓 랩' 코너의 동영상에서 그 주식이 최근 다루어졌는지 찾아보라.

언제, 어디서 볼 수 있는가

<종목 점검>은 인베스터스닷컴에 올라오며, 매일 갱신된다.

4단계 가장 강한 종목을 관심종목에 추가한다.

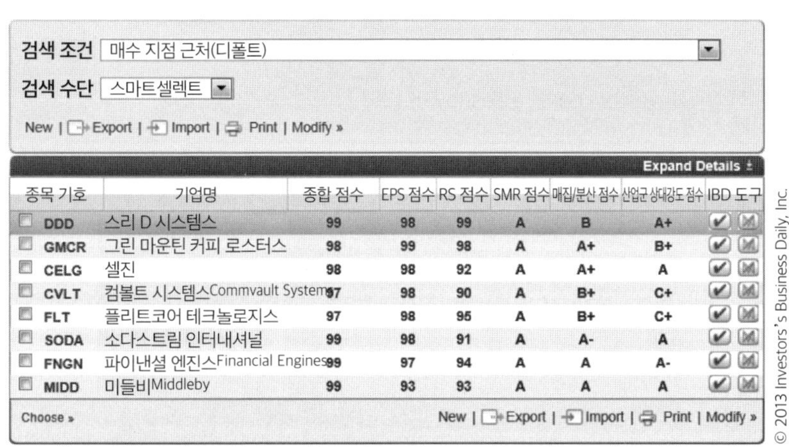

검색 조건 매수 지점 근처(디폴트)

검색 수단 스마트셀렉트

New | Export | Import | Print | Modify »

Expand Details

종목 기호	기업명	종합 점수	EPS 점수	RS 점수	SMR 점수	매집/분산 점수	산업군 상대강도 점수	IBD 도구
DDD	스리 D 시스템스	99	98	99	A	B	A+	
GMCR	그린 마운틴 커피 로스터스	98	99	98	A	A+	B+	
CELG	셀진	98	98	92	A	A+	A	
CVLT	컴볼트 시스템스Commvault Systems	97	98	90	A	B+	C+	
FLT	플리트코어 테크놀로지스	97	98	95	A	B+	C+	
SODA	소다스트림 인터내셔널	99	98	91	A	A-	A	
FNGN	파이낸셜 엔진스Financial Engines	99	97	94	A	A	A-	
MIDD	미들비Middleby	99	93	93	A	A	A	

Choose » New | Export | Import | Print | Modify »

매수 체크리스트를 통과했으며, 잠재적 매수 지점 근처에 있는 각 종목에 대한 매매 계획을 세워라.

- 이상적인 매수 구간은 어디인가?(6장)
- 바닥 돌파가 이뤄지면 몇 주나 매수할 것인가?

목록에 넣은 종목이 향후 며칠 또는 몇 주 안에 바닥을 돌파하는지 지켜보라(각 종목이 여전히 매수 체크리스트를 통과하며, 시장은 바닥 돌파 시 상승추세인지 확인하라).

사전에 자동 매매 기능을 설정할 수도 있다(뒤에 나오는 '낮 동안은 바쁜가? 자동 매매 기능을 설정하라' 부분을 보라). 또한 '실행 가능한 관심종목을 구성하고 유지하는 법'(7장)도 참고하라.

IBD의 주간 라디오 프로그램을 청취하라

매주 나와 에이미 스미스가 진행하는 라디오 프로그램을 들으면 현재 시장 상황과 캔 슬림 규칙을 통한 대처법을 확인할 수 있다. 자세한 청취법은 www.investors.com/radioshow에 나와 있다.

실천사항

이제 직접 루틴을 따라해 보자! 방법은 www.investors.com/GettingStartedBook에 나와 있다.

1. '간단한 주말 루틴'을 따르는 방법에 대한 짧은 동영상을 시청하라.
2. 루틴을 활용하여 어떤 잠재적 대박 종목이 발굴되는지 보라(5장, '매도 체크리스트'를 적용하고 매도 계획을 세우기 전에는 투자하지 말아야 한다는 사실을 명심하라).

10분짜리 하루 루틴

10분

1단계 <빅 픽처>에서 전체 시장 동향을 확인한다.

마켓 펄스

금요일 동향:
거래량이 감소하는 가운데 상승

현재 전망:
확실한 상승추세

분산일:
나스닥 및 뉴욕증권거래소 종합 지수- 4, S&P 500- 3

거래량 수반 상승 선도종목:
구글, ARM, 이스트만 케미컬Eastman Chemical, 셀진, 뉴스타, 터퍼웨어Tupperware, 크리Cree, 소다스트림, 서모 피셔Thermo Fisher, Icici 뱅크, 익스피디아, 컴볼트

거래량 수반 하락 선도종목:
프라이스라인닷컴, 앨커미스Alkermes, PVH

<빅 픽처>를 살펴서 다음 질문에 대한 답을 찾아라.

- 시장 동향에 변화가 있는가(가령 조정에서 상승추세로)?
- 어느 선도종목이 대규모 거래량을 수반한 채 상승하는가?
- 어떤 추세가 부상하고 있으며, 어떻게 대처해야 하는가?

또한 '마켓 랩'에서 제공하는 동영상은 3~4분 정도로 그날의 전반적인 동향과 엄선된 선도종목에 대해 알려준다.

언제, 어디서 볼 수 있는가

<빅 픽처>는 IBD와 인베스터스닷컴의 <메이킹 머니> 섹션에 매일 실린다. '마켓 랩' 동영상은 Investors.com/IBDtv에 매일 올라온다.

2단계 보유종목 또는 관심종목을 검토한다.

나의 종목 목록

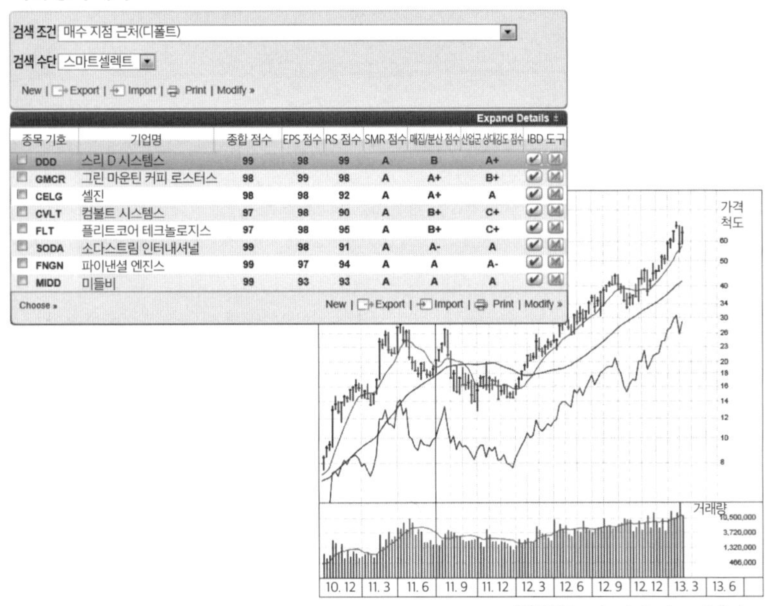

검색 조건 매수 지점 근처(디폴트)

검색 수단 스마트셀렉트

New | Export | Import | Print | Modify »

Expand Details

종목 기호	기업명	종합 점수	EPS 점수	RS 점수	SMR 점수	매집/분산 점수	산업군 상대강도 점수	IBD 도구
DDD	스리 D 시스템스	99	98	99	A	B	A+	
GMCR	그린 마운틴 커피 로스터스	98	99	98	A	A+	B+	
CELG	셀진	98	98	92	A	A+	A	
CVLT	컴볼트 시스템스	97	98	90	A	B+	C+	
FLT	플리트코어 테크놀로지스	97	98	95	A	B+	C+	
SODA	소다스트림 인터내셔널	99	98	91	A	A-	A	
FNGN	파이낸셜 엔진스	99	97	94	A	A	A-	
MIDD	미들비	99	93	93	A	A	A	

Choose »

New | Export | Import | Print | Modify »

차트를 띄워서 당신의 종목이 어떤 상태인지 확인하라:

- 보유종목에서 매수 신호나 매도 신호가 나왔는가?
- 관심종목에서 바닥 돌파나 붕괴가 나왔는가?

또한 인베스터스닷컴에서 당신의 종목을 검색하여 근래에 IBD에서 관련 기사를 냈는지 확인할 수 있다.

매일 약간의 시간을 들여서 꾸준히 당신의 종목을 점검하면 추세 변화를 훨씬 잘 포착할 수 있다. 이 작업은 많이 할수록 더 빨라지고 더 많은 수익을 안겨준다.

언제, 어디서 찾을 수 있는가

인베스터스닷컴에서 〈종목 점검〉과 〈IBD 차트〉를 활용하라.

3단계 시간적 여유가 되면 새로운 종목을 찾는다.

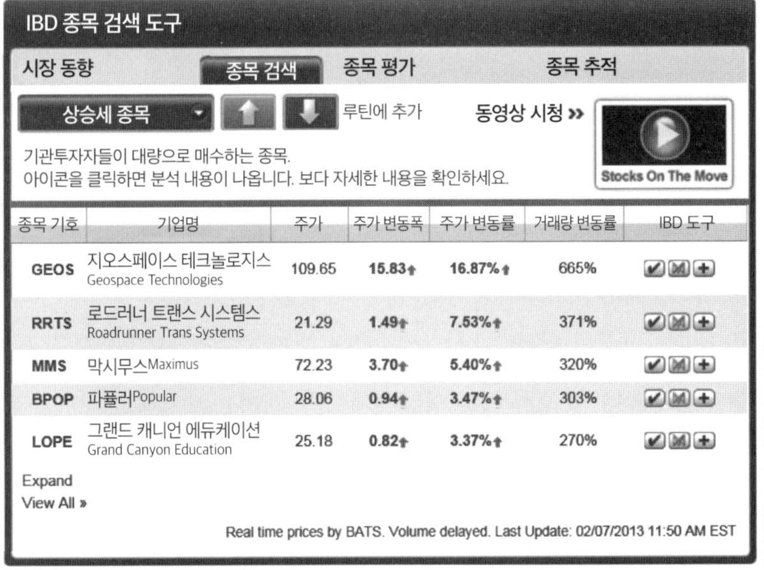

종목 기호	기업명	주가	주가 변동폭	주가 변동률	거래량 변동률	IBD 도구
GEOS	지오스페이스 테크놀로지스 Geospace Technologies	109.65	15.83↑	16.87%↑	665%	
RRTS	로드러너 트랜스 시스템스 Roadrunner Trans Systems	21.29	1.49↑	7.53%↑	371%	
MMS	막시무스Maximus	72.23	3.70↑	5.40%↑	320%	
BPOP	파퓰러Popular	28.06	0.94↑	3.47%↑	303%	
LOPE	그랜드 캐니언 에듀케이션 Grand Canyon Education	25.18	0.82↑	3.37%↑	270%	

대부분의 종목 리서치 작업은 주말에 이뤄질 것이다. 다만 주중에 시간이 난다면 다음의 메뉴를 통해 시기적절하게 종목을 찾아낼 수 있다.

- 〈업종 선도종목〉
- 〈종목 스포트라이트〉
- 〈상승세 종목Stocks on the Move〉
- '일간 종목 분석' 동영상

이 메뉴들 및 기타 메뉴를 활용해 대박 종목을 찾는 방법에 대해서는 7장, '올바른 시작을 위한 추가 팁과 도구들'을 참고하라.

4단계 필요에 따라 매매 계획과 관심종목을 조정한다.

2단계와 3단계에서 확인한 내용을 바탕으로 관심종목에 종목을 추가하거나 제거하라. 또한 필요에 따라 매수 및 매도 계획을 조정하라.

그리고 사전에 자동 매매 기능을 설정할 수 있다는 것을 기억하라.

좋은 결과는 꾸준한 루틴에서 시작된다!

대박 종목을 일찍 포착하는 열쇠는 꾸준한 루틴에 있다. 이 루틴을 활용할지 또는 당신의 일과나 투자 스타일에 잘 맞는 다른 루틴을 활용할지는 중요치 않다. 중요한 것은 당신에게 맞는 계획을 수립하고 지키는 것이다.

동기부여 강사인 브라이언 트레이시Brian Tracy가 말한 대로 "성공적인 사람은 단지 성공적인 습관을 가진 사람일 뿐이다".

실천사항

이제 직접 루틴을 시도해 보자! 방법은 www.investors.com/GettingStartedBook에 나와 있다.

1. '10분 데일리 루틴'을 따르는 방법에 대한 짧은 동영상을 시청하라.
2. 루틴을 활용하여 보유종목과 관심종목을 관리하라(5장, '매도 체크리스트'를 적용하고 매도 계획을 세우기 전에는 투자하지 말아야 한다는 사실을 명심하라).

낮에 바쁘다면?
자동 매매 기능을 설정하라

낮에는 일을 해야 해서 시장을 지켜볼 수 없다면 사전에 '조건부 주문'을 설정할 수 있다. 이는 본업에 충실하면서도 중대한 바닥 돌파를 잡아내는 아주 좋은 수단이다. 휴가 중이어서 당신의 종목을 지켜볼 수 없는 경우에도 조건부 매도 주문을 설정하라. 그러면 주가가 하락할 때 수익을 확정하거나 손실을 제한할 수 있다.

처음 조건부 주문을 넣기 전에 증권사에 문의하는 것이 좋다. 특정 증권사는 다른 방식으로 이런 유형의 거래를 설정하기 때문이다.

가령 일부 증권사는 가격 및 거래량을 기준으로 조건부 주문을 설정할 수 있게 해준다. 그래서 바닥 돌파 시 기관투자자의 대량 매수가 동반되는 경우에만 매수할 수 있다.

그러니 자동 매매 기능을 사용하기 전에 증권사 고객센터에 연락하여 주문 목적을 말하라. 그러면 당신의 필요에 맞게 기능을 설명해줄 것이다.

다음은 자동 매매 기능을 활용하는 몇 가지 기본적인 예다.

매수 역지정가 주문

목적: 적절한 매수 지점을 돌파할 때 매수하는 것

주가가 더 올라서 특정한 가격에 이를 때 매수하고 싶은 경우 매수 역지정가 주문을 활용하라.

당신이 〈IBD 50〉에서 매수 체크리스트를 통과하고 잠재적 매수 지점인 30달러 근처에 있는 종목을 발견했다고 가정하자. 현재 주가는 29.50달러다.

토요일이나 일요일에 당신은 '간단한 주말 루틴'을 활용하여 조사를 끝내고 매매 계획을 세웠다. 그 후 증권사 웹사이트에 접속하여 30달러에 매수 역지정가 주문을 넣을 수 있다.

며칠이나 몇 주 후에 해당 종목의 주가가 목표치인 30달러에 이르면 자동으로 매수가 이뤄진다(조건부 주문에 기한을 설정할 수도 있다. 이 경우 해당 기간에 매매가 이뤄지지 않으면 주문이 취소된다).

거래량을 확인하라!

증권사가 가격과 거래량을 모두 추적하는 조건부 주문 기능을 제공하지 않는다면 거래가 이뤄진 후 반드시 거래량을 확인해야 한다. 바닥 돌파 시 거래량이 급증해야 한다. 이는 기관투자자들이 공격적으로 매수하고 있음을 확증한다(자세한 내용은 6장, '눈을 가린 채 투자하지 마라' 참고).

손절매 주문

목적: 자동으로 손실을 제한하는 것

주가가 매수가보다 7~8퍼센트 아래로 떨어지면 무조건 매도해야 한다는 매도의 핵심 규칙은 이미 살핀 바 있다. 손절매 주문을 활용하면 이 규칙을 준수할 수 있으며, 그 방법도 아주 쉽다.

당신이 어떤 주식을 주당 100달러에 매수했다고 가정하자. 이 경우 93달러(즉, 7% 손실)에 손절매 주문을 설정해두면 주가가 해당 가격까지 떨어졌을 때 자동으로 매도가 이뤄진다.

매도를 하는 것이 힘들다면, 빠져나와야 할 때 '손가락이 굳어버릴까' 두렵다면 미리 손절매 주문을 설정하라. 그러면 원칙을 지킬 수 있고 당신의 마음도 편해질 것이다.

추적 손절매 주문

목적: 주가가 하락하기 시작할 때 수익 대부분을 확정하는 것

추적 손절매는 매우 유용할 수 있지만 약간 까다롭다. 여러 가지 유형이 있기 때문이다. 그러니 증권사 고객센터에 연락하여 올바로 설정하는 방법을 배워라.

다음은 추적 손절매 주문을 활용하는 한 가지 방법이다.

당신이 어떤 종목을 100달러에 매수했는데 현재 150달러에 거래된다고 가정하자. 축하한다. 당신은 50퍼센트라는 수익을 올린 상태다!

이런 경우에 수익을 잃고 싶지 않을 것이다. 그렇다면 추적 손절매 주문을 설정하여 주가가 하락하기 시작할 때 수익 중 상당 부분을 자동으로 확정할 수 있다.

당신이 10퍼센트에 추적 손절매를 설정했다고 가정하자(퍼센트 또는 금액 기준을 선택할 수 있다). 이 경우 주가가 현재의 150달러보다 10퍼센트 아래로 떨어지면 매도 주문이 발동된다. 그래서 남은 수익을 확정할 수 있다(여전히 35퍼센트라는 양호한 수익이 남는다).

반대로 주가가 10퍼센트 하락하지 않고 200달러로 급등하면서 100퍼센트 수익이 났다고 가정하자. 이 경우 10퍼센트로 설정된 추적 손절매 주문은 자동으로 새로운 현재 시장가격에 맞춰진다. 아주 편리하지 않은가?

주가가 하락하기 시작하여 200달러보다 10퍼센트 아래로 떨어지면 매도 주문이 발동된다. 그래서 수익의 상당 부분을 확정할 수 있다.

현명하게 조건부 주문을 활용하라

자동 매매 기능을 활용하는 것은 중대한 바닥 돌파를 놓치지 않고, 주가가 하락하기 시작할 때 수익을 지키는 좋은 방법이다.

다만 정확하게 활용해야 한다. 증권사에 연락하여 설정 방법을 문의하고, 최대한 자주 시장을 지켜보라. 조건부 주문은 매우 편리하며 바쁜 투자자들에게 큰 도움이 된다. 다만 계속 시장에 관여하면서 당신의 종목을 긴밀하게 주시하는 것을 대신할 수는 없다는 사실을 명심하라.

'간단한 주말 루틴'을 활용하여 대박 종목 찾는 법

다음은 '간단한 주말 루틴'을 활용하여 큰 수익을 올린 몇 가지 사례다.

아래에 나오는 대박 종목들은 모든 강한 상승추세에서 떠올랐으며, 기본적인 투자 계획을 착실히 따르면 당신도 그런 종목들을 찾아낼 수 있다.

그린 마운틴 커피 로스터스(GMCR)

다음은 바닥 돌파 후 2009년 3월부터 2011년 9월까지 1,000퍼센트 넘게 상승하기 전에 그린 마운틴 커피 로스터스 주식을 발굴하는 과정을 일간 단위로 구성한 것이다. 2009년 3월 13일에 주말 루틴을 따랐다면 다음과 같은 정보를 찾을 수 있었다.

1단계 <빅 픽처>에서 전체 시장 동향을 확인한다.

THE BIG PICTURE

NYSE Indexes Follow Through; Financials Again Lead

BY JONAH KERI
INVESTOR'S BUSINESS DAILY

The NYSE indexes followed through on a new rally, as more good news from financials and the other sectors fueled big gains in higher volume Thursday.

The S&P 500 vaulted 4.1%, the NYSE composite and Nasdaq 4%, the Dow industrials 3.5%. Volume climbed 3% on the NYSE and 11% on the Nasdaq compared with Wednesday's levels.

The big advance in higher volume marked a follow-through day for the S&P 500, NYSE composite and Dow on the fifth day of their rally attempts.

The Nasdaq's surge came on the third day of its rally attempt – a bit early when compared with the model of follow-throughs.

The market has now notched three straight up days, with two of those huge price moves in higher volume. That's a stark change in behavior after the raft of losses that had swamped the market since mid-February.

Still, that doesn't mean growth investors should dive back into the market too quickly, or too aggressively.

Several follow-throughs over the past few months have gone nowhere. Each time, the market was unable to sustain gains. Last month, indexes undercut their November lows.

MARKET PULSE

Thursday's action:
NYSE stocks follow through on new rally

Current outlook:
Market in confirmed rally

Leaders up in volume:
Cubic[CUB] CardioNet[BEAT]
NVE Corp.[NVEC]
Neutral Tandem[TNDM]
Teva Pharmaceuticals[TEVA]
American Italian Pasta[AIPC]
American Science & Engineering[ASEI]

마켓 펄스

목요일 동향:
뉴욕증권거래소 종목들이 새로운 랠리를 통해 팔로 스루를 이룸

현재 전망:
확실하게 랠리 중인 시장

거래량 수반 상승 선도종목:
큐빅Cubic, 카디오넷CardioNet, NVE, 뉴트럴 탠덤Neutral Tandem, 테바 파마슈티컬스, 아메리칸 이탤리언 파스타American Italian Pasta, 아메리칸 사이언스 앤드 엔지니어링American Science & Engineering

2009년 3월 12일, '마켓 펄스'의 전망은 '조정 중인 시장'에서 '확실한 상승추세'(당시에는 '랠리'로 불림)로 바뀌었다.

이는 2008년 약세장 이후 새로운 상승추세가 막 시작되었음을 말해주었다.

뉴스가 아니라 시장을 따르라!

부동산 및 금융 위기 이후 투자자들의 공포와 나쁜 경제 뉴스에도 불구하고 시장의 동향은 매수할 때임을 보여주었다.

2단계 〈IBD 50〉, 〈업종 선도종목〉, 〈당신의 주말 리뷰〉를 빠르게 훑어서 매수 지점 근처에 있는 종목을 찾는다.

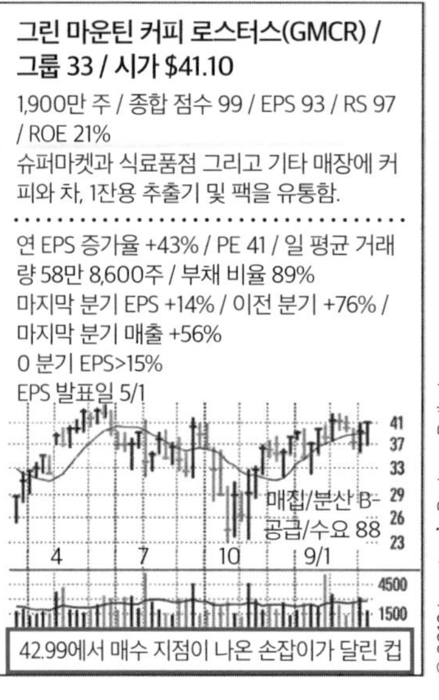

그린 마운틴 커피 로스터스(GMCR) / 그룹 33 / 시가 $41.10
1,900만 주 / 종합 점수 99 / EPS 93 / RS 97 / ROE 21%
슈퍼마켓과 식료품점 그리고 기타 매장에 커피와 차, 1잔용 추출기 및 팩을 유통함.
연 EPS 증가율 +43% / PE 41 / 일 평균 거래량 58만 8,600주 / 부채 비율 89%
마지막 분기 EPS +14% / 이전 분기 +76% / 마지막 분기 매출 +56%
0 분기 EPS>15%
EPS 발표일 5/1
매집/분산 B-
공급/수요 88
41
37
33
29
26
23
4
7
10
9/1
4500
1500
42.99에서 매수 지점이 나온 손잡이가 달린 컵

시장 동향이 '확실한 상승추세'로 바뀐 날, 〈당신의 주말 리뷰〉에 실린 그린 마운틴 커피 로스터스에 대한 분석 내용은 '42.99에서 매수 지점이 나온 손잡이가 달린 컵'이었다.

그린 마운틴은 또한 그날 '일간 종목 분석' 동영상에도 소개되었다.

전체 시장이 상승추세에 있고, 그린 마운틴은 잠재적 매수 영역 근처에 있었기 때문에 분명히 추가로 검토할 가치가 있었다.

차트 초보인가? 〈당신의 주말 리뷰〉를 보고 차트 패턴 및 매수 지점을 파악하는 방법을 참고하라. 차트 초보라면 큰 도움이 될 것이다.

3단계 〈IBD 종목 점검〉을 활용하여 당신이 동그라미를 친 종목이 매수 체크리스트를 통과하는지 확인한다.

〈종목 점검〉을 간략하게 살펴보면 그린 마운틴이 매수 체크리스트를 통과했음을 알 수 있었다.

- 종합 점수: 99

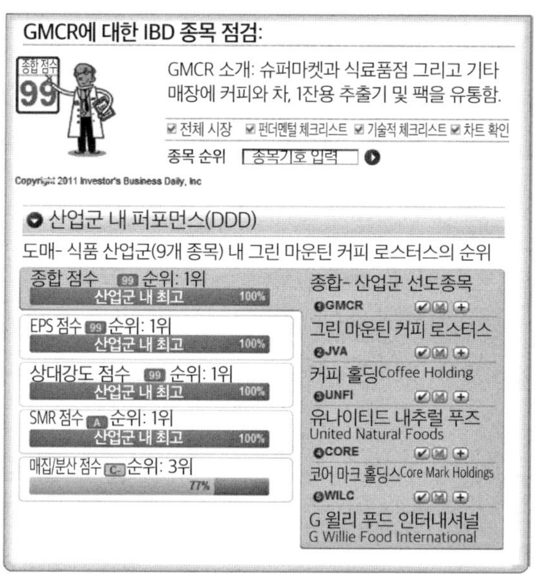

- EPS 점수: 93
- RS 점수: 97
- 자기자본 이익률: 21%
- 마지막 분기 매출 증가율: 56%
- 마지막 분기 EPS 증가율: 14%*
- 3년 연 평균 EPS 증가율: 43%

그린 마운틴의 영업이익 증가율은 최근 분기에 14퍼센트로 하락했다. 그러나 연 EPS 증가율은 43퍼센트였으며, 이전 분기의 증가율은 76퍼센트였다.

게다가 그린 마운틴은 캔 슬림의 'N'을 갖추고 있었다. 한 잔용 고메 커피라는 혁신적인 신제품은 업계에 혁신을 일으켰다.

4단계 가장 강한 종목을 관심종목에 추가한다.

주말 동안 당신은 그린 마운틴을 관심종목에 추가하고, 42.99달러의 매수 지점을 넘어서면 매수한다는 계획을 세웠다. 또한 월요일에 장이 열리기 전에 자동 매매 기능을 설정했다.

나중에 당신은 그렇게 한 것을 기뻐할 것이다. 2009년 3월 16일 월요일에 그린 마운틴 커피 로스터스의 주가는 바닥을 돌파했고, 이후 2년 반 동안 1,000퍼센트 넘게 올랐다.

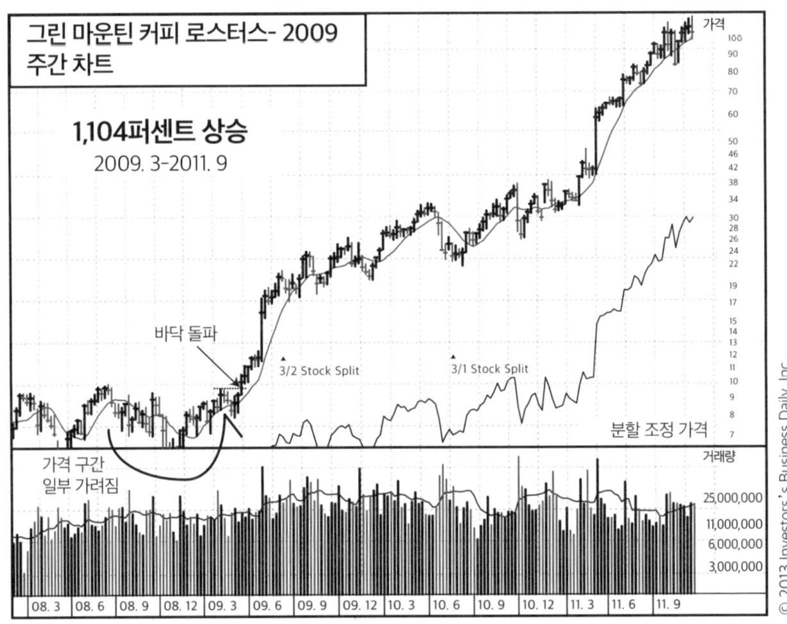

그린 마운틴 커피 로스터스는 '간단한 주말 루틴'을
꾸준히 따라야 하는 이유를 말해주는 하나의 사례일 뿐이다.

첫 번째 바닥 돌파를 놓쳤다면 어떻게 해야 할까?

초조해 하지 마라. <IBD 50>과 <당신의 주말 리뷰>는 그린 마운틴이 1,000퍼센트 상승하는 동안 20번 넘게 잠재적 매수 지점 근처임을 알렸다. 포기하지 말고 '간단한 주말 루틴'을 계속 따르라. 최고의 종목은 복수의 매수 기회를 제공한다. 꾸준히 루틴을 따르면 거기서 수익을 얻을 수 있다.

솔라윈즈(SWI)

30 솔라윈즈(SWI) 그룹 122 / 시가 $24.43
5,170만 주 / 종합 점수 94 / EPS 95 / RS 92 / ROE 43%
네트워크 성능 문제를 파악하고 해결하기 위한 기업용 네트워크 관리 소프트웨어를 개발함.
연 EPS 증가율 +37% / PE 28 / 일 평균 거래량 102만 7,600주 / 부채 비율 0%
마지막 분기 EPS +29%▼ / 이전 분기 +31% ▲ / 마지막 분기 매출 +29%
18 분기 EPS▷15%
EPS 발표일 10/28
R&D 10%
매집/분산 C
공급/수요 77
24
22
20
18
16
1. 11
4
7
10
9000
3000
쌍바닥에 따른 25.72에 잠재적 매수 지점 형성

'간단한 주말 루틴'을 활용하여 클라우드 컴퓨팅 부문의 선도종목인 솔라윈즈 역시 바닥 돌파 전에 포착할 수 있었다.

<IBD 50>은 2011년 10월 17일에 솔라윈즈가 '쌍바닥에 따라 25.72에 잠재적 매수 지점 형성'이라고 알렸다.

솔라윈즈 주식은 10일 후 바닥을 돌파했다. 관심종목에 추가하고 매수 계획을 세우기에 충분한 시간이었다. **솔라윈즈는 이후 11개월 동안 130퍼센트 넘게 상승했다.**

랙스페이스 호스팅(RAX)

랙스페이스 호스팅(RAX) 그룹 12 / 시가 $43.56
1억 90만 주 / 종합 점수 98 / EPS 98 / RS 87 / ROE 12%
기업에 관리형 호스팅 서비스를 제공하고, 웹사이트와 웹 기반 IT 시스템 및 컴퓨팅을 지원함.
연 EPS 증가율 +41% / PE 93 / 일 평균 거래량 151만 8,700주 / 부채 비율 0%
45
42
39
36
33
30
매집/분산 C+
공급/수요 80
1. 11
7
10
1
12
12000
4000
1단계 손잡이가 달린 컵에 따라 45.56에 매수 지점 형성

랙스페이스 호스팅은 '간단한 주말 루틴'을 통해 찾을 수 있었던 또 다른 클라우드 컴퓨팅 기업이다.

〈당신의 주말 리뷰〉는 2012년 1월 20일에 랙스페이스 호스팅을 소개하면서 '1단계 손잡이가 달린 컵에 따라 45.56에 매수 지점 형성'이라고 알렸다.

2주 후 **랙스페이스 주식은 바닥을 돌파했고, 9주 만에 30퍼센트나 빠르게 상승했다.**

다음 대박 종목에 대한 검색을 시작하라

이 간단한 루틴이 얼마나 강력한지 알았다면 직접 활용해보자.

아직 하지 않았다면 '간단한 주말 루틴' 부분의 끝에 넣어둔 실천사항을 따르라. 그다음 실제로 해보고 몇 주 후에 투자 결과가 얼마나 크게 달라졌는지 보라.

'2주 도전'으로 새로운 루틴을 만들자

이제 모든 강력한 상승추세에서 돈 벌 기회를 찾아낼 수 있다는 사실을 확인했다. 또한 그 기회를 파악하기 위한 방법을 단계별로 보여주는 기본적인 루틴까지 얻었다. 그렇다면 다음에는 무엇을 해야 할까?

새로운 루틴을 오래 지속되는 건강한 습관으로 바꿔보자! 'IBD 2주 도전'을 통해 그 일을 할 수 있다. 정말 간단하다. **앞으로 2주 동안 '간단한 주말 루틴'과 '10분 일간 루틴'을 실천하면 된다.**

너무나 빨리 자신감이 생기고, 관심종목의 질이 개선되는 것에 스스로 놀라게 될 것이다. 또한 이 루틴을 몇 번 따르다 보면 단 몇 분의 시간만 투자하면 된다는 사실도 알게 될 것이다. 이 루틴을 매수 및 매도 체크리스트와 결합하면 주식으로 돈을 벌기 위해 필요한 명확한 이정표를 얻게 될 것이다.

당신은 할 수 있다. 그저 첫 단계를 밟고 꾸준히 이 루틴들을 활용하라.

'2주 도선'을 진행하고 관심종목을 구성하기 위해 www.investors.com/GettingStartedBook을 방문하라.

방문한 김에 무료 온라인 교육을 신청하고, 집 근처에 있는 'IBD 미트업' 그룹을 알아보면 더 좋다. 이는 투자 실력을 빠르게 늘리고, 이 루틴과 체크리스트들을 올바르고 수익성 있는 방식으로 실행하는 좋은 방법이다.

5장

매도 체크리스트

Selling Checklist

매도 체크리스트

매도할 때인가 보유할 때인가?

그것이 궁금할 때 매도 체크리스트를 활용하여 수익을 확정하고 손실을 제한하라.

나중에 보다 반전된 매도 기법을 익힐 수 있지만 우선은 기본적인 규칙부터 시작하자. 기본 규칙들도 수익과 자산 보호를 돕는 탄탄한 매매 계획을 제공한다.

공격적 매도: 수익을 확정하는 것

- ☐ 적절한 매수 지점보다 20~25퍼센트 상승하면 대다수 종목을 매도하라.

  예외: 적절한 매수 지점에서 3주 안에 20퍼센트 넘게 상승하면 적어도 8주 동안 보유하라.

방어적 매도: 손실을 제한하고 남은 수익을 보호하는 것

전체 시장의 경우

- ❑ 〈마켓 펄스〉 전망이 '압박받는 상승추세'나 '조정 중인 시장'이면 방어 조치를 취하라.

당신의 종목

- ❑ 주가가 매수가보다 7~8퍼센트 하락하면 무조건 매도하라. 묻지도, 따지지도 마라!
- ❑ 차트 분석: 아래 신호가 나타나면 전체 또는 일부 매도를 고려하라.
  → 몇 달 만에 최대 거래량을 수반한 채 상승 이후 일일 최대폭 하락
  → 몇 달 만에 최대 거래량을 수반한 채 50일 이평선 아래로 급락

www.investors.com/GettingStartedBook에서 이 체크리스트를 다운로드할 수 있다.

투자를 잘하고 싶은가?
매도 잘하는 법을 배워라!

언제 팔아야 할지 아는 것은 투자의 까다롭고도 가장 간과되는 측면 중 하나다.

너무나 많은 사람들이 무엇을 살지만 생각하면서 시장에 뛰어든다. 그들은 언제 팔아야 할지는 크게 생각지 않는다. 그러나 IBD의 수석 에디터인 크리스 게셀Chris Gessel이 말한 대로 **"매도 규칙 없이 투자하는 것은 착륙하는 법을 배우지 않고 비행하는 법을 배우는 것과 같다!"**

매도를 부정적인 것으로 생각지 마라. 매도는 당신의 자금을 지키고 통제할 수 있도록 해주는 투자의 핵심이다. 매도 규칙은 자동차의 브레이크처럼 '사고'만 막아주는 것이 아니다. 적시에 수익을 실현할 수 있도록 원하는 목적지에서 멈추게도 한다.

매도 체크리스트를 살피는 동안 우리의 접근법이 결국 '기본 요건'으로 되돌아가는 것을 확인하게 될 것이다. 기본 요건은 이 책 전반에 걸쳐 논의할 성공적인 투자의 핵심적인 기둥이다.

- 시장이 상승추세일 때만 매수하라. 하락추세가 시작되면 방어 조치를 취하라.
- 기관투자자들이 대량 매수하는 종목을 사고, 대량 매도하는 종목을 피하라.

우리가 다루는 매도 규칙은 쉽게 따를 수 있다. 공포, 희망, 탐욕 같은 너무나 인간적인 감정을 다스리기만 한다면 말이다.

사실 그 일이 쉽지 않다는 것을 인정한다. 그러니 매도 체크리스트의 구체적인 규칙들을 확인하기 전에 8가지 매도 비법부터 살펴보자. 이 비법들은 올바른 마음가짐을 유지하고, 수익을 실현하거나 손실을 제한해야 할 때 단호한 행동을 취하는 데 도움을 준다.

차트를 살펴서 매도 또는 보유 여부에 대한 단서를 얻어라

당신의 종목에 대한 '조기 경보 감지 시스템'이 있었으면 하는가? 차트 읽는 법을 배워라!

몇 개의 공통된 위험 신호를 알면 버텨야 할 때인지, 빠져나가야 할 때인지 파악할 수 있다. 차트와 관련된 내용은 6장, '눈을 가린 채 투자하지 마라'에서 다룰 것이다.

성공적인 매도의 8가지 비법

1. 모두가 실수하기 마련이다! 반드시 손실을 제한하라.

최고의 투자자도 때로 손실을 입는다. 그러나 그들은 주가가 더 떨어지는 동안 고민하거나 한탄하지 않는다. 빠르게 손절하고 잊어버린다.

그러니 자존심은 접어둬라. 손실이 정신적으로나 재정적으로 타격을 입히도록 놔두지 마라. 매도 체크리스트의 규칙들을 준수하는 것이 곤경에서 벗어나는 길이다.

2. 일찍 매도하지 않으면 늦은 매도가 된다.

욕심부리지 마라. 절제력을 가져라! 견실한 수익을 확정하려면 주가가 아직 오르는 동안 매도하라. 윌리엄 오닐이 말한 대로 "당신의 목적은 상당한 수익을 올리고 취하는 것에 있지, 주가가 더욱 상승하는 동안 흥분하거나, 낙관하거나, 욕심내거나, 감정적으로 휩쓸리는 것이 아니다."

20~25퍼센트 수익 실현 규칙을 통해 그 방법을 보여주도록 하겠다.

3. 매수하기 전에 매도 계획을 세워둬라.

당신이 따뜻한 피를 가진 인간이라면 매도할 때야말로 진정한 드라마의 시작임을 알게 될 것이다. 지침으로 삼을 매도 규칙과 탈출 계획이 없으면 필요할 때 경직되어서 행동하지 못할 가능성이 높다.

당신이 보유한 종목의 주가가 더 오르면 욕심이 생겨서 최후의 한 푼까지 벌고 싶어질 수 있다. 이 경우 주가가 하락을 앞두었다고 말하는 분명한 매도 신호를 인식하지 못할 수 있다. 또한 손실을 안고 있으면 흔한 '버티기와 희망' 루틴을 따르게 된다. 그래서 주가가 반등하여 손익분기점에 이르기를 기도할 것이다. 주가가 계속 하락하면서 손실이 더욱 커지는데도 말이다.

그러니 일을 쉽게 만들어라. 사전에 명확한 매도 계획을 세워둬라. 수익 실현 및 손실 제한을 위한 목표 매도가를 적어둬라. 어떻게 그 일을 해야 할까? 그냥 매도 체크리스트를 따르라. 매도 체크리스트는 계좌를 지키고 수익을 올리기 위한 타당한 매매 계획을 제공한다.

4. 준수한 수익이 손실로 바뀌도록 놔두지 마라.

주가가 매일 오르내린다는 것은 비밀이 아니다. 주가가 전반적으로 오르는 추세일 때도 중간에 하락일과 하락주가 나올 것이다. 돈을 벌려면 이런 등락을 버티면서 주가가 더 오를 시간을 줘야 한다.

하지만 가령 15퍼센트나 20퍼센트 또는 그 이상의 양호한 수익이 난 상태에서 하락추세가 시작되면 그 수익이 완전히 사라지도록 놔둬서는 안 된다.

체크리스트의 '방어적 매도' 부분에 나오는 경고 신호를 살펴라. 기관투자자들이 뚜렷하게 매도를 시작했다면 적어도 수익 중 일부를 확정해야 한다. 또한 전체 시장이 상승세를 잃어가기 시작하는 것도 남은 수익을 실현할 추가적인 이유가 된다.

버티기로 결정했다면 목표 매도가를 정해둬라. 가령 이전의 20퍼센트 수익이 10퍼센트까지 줄어들면 팔아라. 수익 실현 가격을 정하는 일은 당신에게 달려 있다. 중요한 점은 큰 수익을 냈다가 고스란히 되돌리고 손실까지 입는 '왕복여행'을 절대 하지 말아야 한다는 것이다.

장담하건대 15~20퍼센트 수익이 5퍼센트 손실로 바뀌는 것보다 5~10퍼센트 수익으로 바뀌는 것이 훨씬 덜 짜증난다. 잊지 마라. 주가가 반등하고 기관투자자들이 다시 공격적으로 매수하기 시작하면 언제든 다시 매수할 수 있다.

자동 매매 기능을 활용하여 수익을 지켜라

추적 손절매 주문 및 기타 자동 매매 기능을 설정하면 양호한 수익이 손실로 바뀌지 않도록 만들 수 있다(4장).

5. 당신의 종목과 결혼하지 마라. 데이트만 하라!

'힘들 때나 기쁠 때나, 부유할 때나 가난할 때나'는 혼인 관계에 대한 고귀하고 유구한 사고방식이다. 그러나 투자에 관해서는 나쁜 생각이다. 대부분의 경우 양호한 수익이 났을 때 실현하고, 다음 정복 대상으로 넘어가는 것이 더 낫다. 또한 분명한 문제의 신호가 보이면 나쁜 관계를 손절하는 것을 주저하지 말아야 한다(다만 집에서 배우자를 상대로 그렇게 하면 안 된다).

6. 손실종목부터 먼저 팔아라.

우승 전력을 갖춘 야구팀을 꾸리려고 할 때 정상급 선수를 트레이드해서 내보내고 후보 선수들을 계속 보유할 것인가? 당연히 아니다!

그럼에도 많은 투자자들은 그렇게 한다. 그들은 양호한 수익이 난 종목을 팔고 손실이 난 종목을 끌어안는다. 기다리면 큰 수익이 날 거라고 생각하면서 말이다. 이는 대개 희망회로에 불과하다. 강력한 포트폴리오를 구축하려면 정반대로 해야 한다. 즉, 손실종목을 팔고, 그 돈으로 새로운 상승종목을 추가하거나, 이미 보유한 최고 수익 종목에 더 투자해야 한다.

7. 매수할 때는 펀더멘털과 차트 변화 모두에 초점을 맞추고, 매도할 때는 차트 변화에 초점을 맞춰라.

정상에서 보는 경치가 멋지다는 말이 있다. 이 말은 주식에도 종종 적용된다. 시장 선도종목은 주가가 하락하기 시작할 때도 탁월한 영업이익과 매출 증가율을 발표하는 경우가 많다. 그 이유는 대개 경고 신호가 펀더멘털(즉, 영업이익과 매출 그리고 다른 기업 관련 요건)에 나타나기 전에 차트에서 드러나기 때문이다. 이 경우 기관투자자들이 나중에 문제가 생길 것임을 알고 수익을 실현하기 시작했거나, 전체 시장이 약화되고 있을 수 있다. 이유가 무엇이든 간에 차트가 분명한 경고 신호를 내보내면 방어 조치를 취해야 한다.

"모든 주식은 나쁘다. 오르는 주식만 빼고."

- 윌리엄 오닐

이 말은 우습게 들린다. 그러나 윌리엄의 메시지는 진지하다. 어떤 종목이 대단한 영업이익 증가율과 다른 탁월한 캔 슬림 속성을 자랑한다고 해도 주가가 침체되어 있다면 매수하거나 보유해야 할 이유가 있을까? 해당 기업은 훌륭할지 몰라도 최소한 지금은 좋은 주식이 아니다. 이는 아주 중요한 구분이다.

펀드 매니저들이 명확하게 물량을 던지고 있다면(차트에서 가격 및 거래량 변동을 관찰하면 파악할 수 있다) 단지 실적이 좋다는 이유로 계속 보유하지 마라. 기관투자자들이 포지션을 정리하는 상황에서 계속 보유하는 것은 지는 싸움이다.

드라이십스DryShips가 전형적인 예다. 대형 투자자들은 드라이십스가 여전히 폭발적인 세 자릿수 영업이익 및 매출 증가율을 기록하는 데도 물량을 던졌다. 그에 따라 주가는 분명한 하락추세를 그렸다. 이때 영업이익과 사랑에 빠져서 드라이십스 주식과 '결혼'한 투자자들은 어떻게 되었을까? 그들은 이후 5년 동안 주가가 130달러 근처에서 2달러까지 떨어지면서 '부유할 때'에서 '가난할 때'로 빠르게 전락했다. 그들이 모든 손실을 7~8퍼센트 이하로 줄이는 것이 중요한 이유를 뒤늦게 이해했다

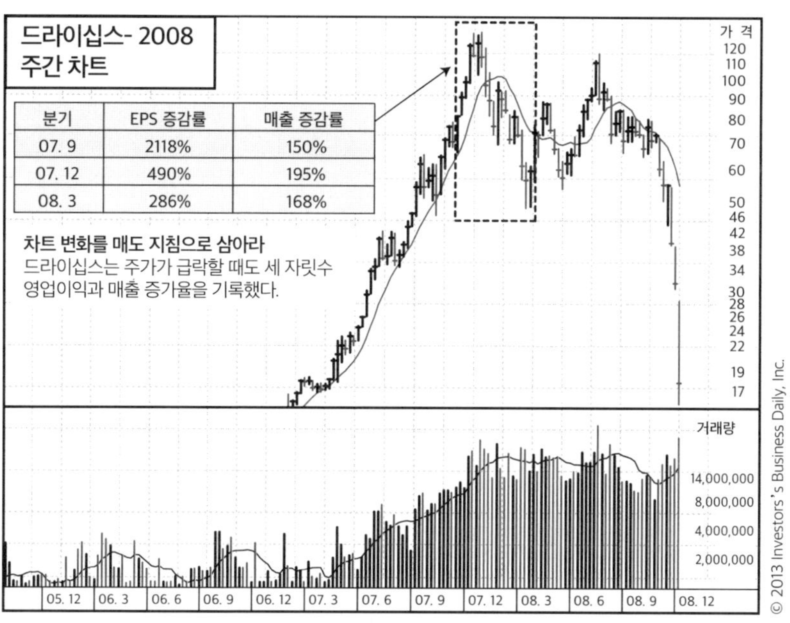

드라이십스- 2008
주간 차트
차트 변화를 매도 지침으로 삼아라
드라이십스는 주가가 급락할 때도 세 자릿수
영업이익과 매출 증가율을 기록했다.
가 격
거래량
© 2013 Investor's Business Daily, Inc.

분기	EPS 증감률	매출 증감률
07. 9	2118%	150%
07. 12	490%	195%
08. 3	286%	168%

드라이십스의 주가 폭락: 매도에 관해서는 영업이익이 아니라
차트 변화에 주로 초점을 맞춰라.

는 사실은 시사하는 바가 크다.

결론은 차트에 명확한 매도 신호가 보이면 아무리 실적이 좋아 보여도 그냥 매도하라는 것이다. 기관투자자들이 물량을 던지는 이유는 모를 수 있다. 그게 뭐가 중요한가? 이유는 안전하게 발을 빼서 자금을 지킨 후에 천천히 알아도 된다.

8. 가장 중요한 매도 규칙은 적시에 매수하는 것이다.

몇 년 전 나는 너무나 뻔하지만 큰 변화를 안겨준 깨달음을 얻었다. 내가 저지르는 대부분의 실수가 하나의 단순한 문제로 귀결된다는 것이었

다. 바로 내가 잘못된 때에 매수한다는 것이 문제였다. 나는 약간 일찍 들어가거나, 바닥 돌파를 놓치면 추격 매수를 하는 경향이 있었다. 그래서 양호한 수익으로 시작하는 것이 아니라 처음부터 한 발이 빠진 상태로 얇은 얼음판 위를 걸으려고 하는 경우가 많았다.

이 문제를 바로잡자 큰 변화가 일어났다. 덕분에 보다 안정되고 확고한 토대 위에 새로운 포지션을 구축할 수 있었다.

심리적으로 보면 수익이 난 상태에서는 매도나 보유 결정을 내리기가 훨씬 쉽다. 반면 손실이 난 상태에서는 자기 회의에 더하여 빠른 반등에 대한 희망과 더 큰 손실에 대한 공포가 뒤섞여서 냉철하고 객관적인 결정을 내리기 어렵다.

모든 거래가 당신이 원하는 방향으로 흘러가지는 않는다. 그래도 매수하기 전에 항상 매수 체크리스트를 적용하면 시장이 상승추세일 때 적절한 매수 지점에서 돌파를 이루는 한편, 기관투자자들이 대량 매수하는 양질의 종목에 투자하게 된다. 그러면 올바른 마음가짐과 수익을 갖춘 상태에서 시작할 가능성이 훨씬 높아진다.

"경험하기 전에는 어떤 것도 실제가 되지 않는다."

- 존 키츠John Keats

안타깝게도 내가 생각하기에 키츠의 말에는 많은 진실이 담겨 있다. '안타깝게도'라고 말한 이유는 많은 사람들이 이 8가지 '비법'을 빠르게 읽고 그 내용을 제대로 소화하지도 않은 채 넘어갈 것이기 때문이다.

그들은 앞으로 손실을 입고 나서야 '저자의 말이 맞았어. 더 일찍 손절했어야 했어!'라거나 '그 많던 수익이 다 사라지도록 왜 가만히 있었을까?'라며 후회할 것이다.

이런 말을 하는 이유가 궁금하다면, 맞다. 다 경험에서 하는 말이다. 나는 이 비법들 중 다수를 값비싼 대가를 치르면서 익혔다.

내가 그랬다고 해서 당신도 반드시 그래야 할 필요는 없다! 이 챕터를 가끔 다시 읽으면서 요점을 복습하고 제대로 익혀라. 불필요한 고통을 많이 줄이고, 투자의 기쁨을 듬뿍 누리는 데 도움이 될 것이다.

간단한 매도 계획

매도 체크리스트는 사실 기본적인 내용을 담고 있다. 당신이 확인해야 할 보다 진전된 매도 신호들이 있다. 그것은 윌리엄 오닐이 쓴 《최고의 주식 최적의 타이밍》을 읽거나, 'IBD 워크숍'과 지역 'IBD 미트업' 그룹에 참여하면 자세한 내용을 배울 수 있다.

여기서 나의 목표는 당신이 명확하고 쉽게 활용할 수 있는 계획에서 출발하도록 만드는 것이다. 돈을 불리고 심각한 실수를 피하기 위해 바로 활용할 수 있는 계획 말이다. 그 내용은 다음과 같다.

간단한 매도 계획

- 적절한 매수 지점에서 20~25퍼센트 상승했을 때 대다수 종목을 매도한다.
- 매수가에서 7~8퍼센트 하락하면 무조건 매도한다.
- 시장의 하락추세가 시작되면 방어 조치를 취한다.

이 세 가지 간단한 규칙(공격적 규칙 및 방어적 규칙)은 큰 도움이 될 것이다. 이밖에 다른 경고 신호 및 매도 신호도 접하게 될 것이다. 그러나 작은 의구심이라도 생긴다면 이 세 가지 핵심 원칙을 고수하라.

3대 1 손익비

시장에서 돈을 버는 첫 번째 단계는 이미 갖고 있는 돈을 지키는 것이다. 매도 공식을 준수하면 지키는 데 도움이 된다.

첫 2개의 매도 규칙이 약 3대 1 비율인 점을 주목하라. 즉, 수익 20~25퍼센트 대 손실 7~8퍼센트다. 이 기본적인 매도 계획을 따르면 세 종목 중 두 종목에서 틀리더라도 여전히 약간의 수익을 내거나 미미한 손실만 입는다. 아래 표는 그 양상을 보여준다.

3대 1 손익비를 통해 포트폴리오를 키우고 지켜라

거래	투자액	손익률	손익액	총액
#1	$5,000	-7%	-$350	$4,650
#2	$4,650	-7%	-$326	$4,324
#3	$4,324	+25%	+$1,081	$5,405 (총 8% 수익)

앞서 말한 대로 모두가 때로는 실수를 하고 손실을 낸다. 그러나 모든 손실을 작게 줄이면 큰 실수를 피할 수 있다.

그리고 타율이 개선되면 어떤 일이 생기는지 보라. 다음의 표는 60퍼센트의 경우에 옳으면(수익 거래 3건, 손실 거래 2건) 69퍼센트라는 견실한 수익을 거둘 수 있음을 보여준다.

3대 1 손익비를 통해 포트폴리오를 키우고 지켜라

거래	투자액	손익률	손익액	총액
#1	$5,000	-7%	-$350	$4,650
#2	$4,650	+25%	+$1,163	$5,813
#3	$5,813	+25%	+$1,453	$7,266
#4	$7,266	-7%	-$509	$6,757
#5	$6,757	+25%	+$1,689	$8,446 (총 69% 수익)

반드시 매수 체크리스트를 활용하여 적시에 양질의 종목에 들어가라. 그다음, 이 기본 매도 규칙을 따라 수익을 확정하고 손실을 제한해야 한다.

그러면 자신 있게 시장에 뛰어들 수 있다. 과도한 리스크로부터 자금을 지키는 한편 장기적으로 수익을 쌓기 위한 탄탄한 토대를 놓고 있음을 알기 때문이다.

공격적 매도를 통한 수익 확정

본 내용에 들어가기 전에 차트와 관련하여 잠깐 설명할 것이 있다.

매도 체크리스트를 살피는 동안 '바닥 패턴', '손잡이가 달린 컵', '이상적인 매수 지점', '적절한 매수 구간' 같은 차트 관련 용어가 언급될 것이다. 이런 개념에 익숙하지 않아도 걱정하지 마라. 한 번에 하나씩 다룰 것이며, 적절한 때에 모두 설명할 것이다.

지금은 기본적인 매도 계획에 계속 초점을 맞추겠다. 그 내용을 다시 말하자면 20~25퍼센트에서 대다수 수익을 실현하는 것, 7~8퍼센트 이하로 모든 손실을 제한하는 것, 시장의 하락추세가 시작될 때 방어 조치를 취하는 것이다.

차트 기반 매도 신호는 6장, '눈을 가린 채 투자하지 마라'에서 살필 것이다.

공격적 매도 체크리스트

공격적 매도: 수익을 확정하는 것

- [ ] 적절한 매수 지점보다 20~25퍼센트 상승하면 대다수 종목을 매도하라.

  예외: 적절한 매수 지점에서 3주 안에 20퍼센트 넘게 상승하면 적어도 8주 동안 보유하라.

그러면 자신 있게 시장에 뛰어들 수 있다. 과도한 리스크로부터 자금을 지키는 한편 장기적으로 수익을 쌓기 위한 탄탄한 토대를 놓고 있음을 알기 때문이다.

특히 투자 초보라면 이 규칙이 돈과 자신감을 키워줄 1루타와 2루타를 치도록 도움을 줄 것이다. 한 방을 노리면서 홈런과 만루홈런을 치고 싶어질 수 있다. 그러나 이런 일이 일어날 가능성은 낮다. 그리고 다행스럽게도 꼭 그래야 할 필요는 없다. 두어 번의 20~25퍼센트 수익을 모으면 대단히 인상적인 수익이 된다. 그 이유는 다음과 같다.

72의 규칙

나는 1990년대 중반의 전설적인 뮤추얼펀드 매니저인 피터 린치가 쓴 《피터 린치의 이기는 투자Beating the Street》를 읽을 때 이 규칙을 처음 접했다. 이는 기본적으로 얼마나 빨리 자금을 두 배로 불릴 수 있는지 보여주는 간단한 계산법이다.

내용은 이렇다. 주식투자(또는 다른 투자)로 몇 퍼센트의 수익을 올렸는지 파악하라. 그다음 72를 해당 수치로 나눠라. 그 답은 해당 수익을 몇 번이나 반복해야 근본적으로 돈을 두 배로 불릴 수 있는지 말해준다.

가령 당신이 어떤 종목에서 24퍼센트의 수익을 올렸다고 가정하자. 72를 24로 나누면 3이 나온다. 즉, 같은 돈(24퍼센트의 수익 포함)을 재투자하여 2번 더 24퍼센트의 수익을 내면 돈이 거의 두 배가 된다.

한 종목에서 100퍼센트의 수익을 올리기보다 몇몇 종목에서 20~25퍼센트의 수익을 3번 올리는 것이 더 쉽다. 아래 표가 보여주듯이 수익을 쌓으면 작은 수익이 큰 수익으로 불어난다.

작은 수익은 어떻게 큰 수익으로 이어지는가

거래	투자액	손익률	손익액	총액
#1	$5,000	24%	$1,200	$6,200
#2	$6,200	24%	$1,488	$7,688
#3	$7,688	24%	$1,845	$9,533 (총 91% 수익)

왜 20~25퍼센트에서 매도할까?

한마디로 역사가 그 이유다. 우리는 1880년 이후 모든 최고 종목을 분석했다. 그 결과 대체로 다음과 같은 양상이 생기는 것을 확인했다. 어떤 종목이 적절한 매수 지점을 돌파하고 20~25퍼센트 상승한 후에는 대개 기간조정을 거친다. 그에 따라 손잡이가 달린 컵이나 쌍바닥, 평평한 바닥 같은 새로운 차트 패턴이 형성된다.

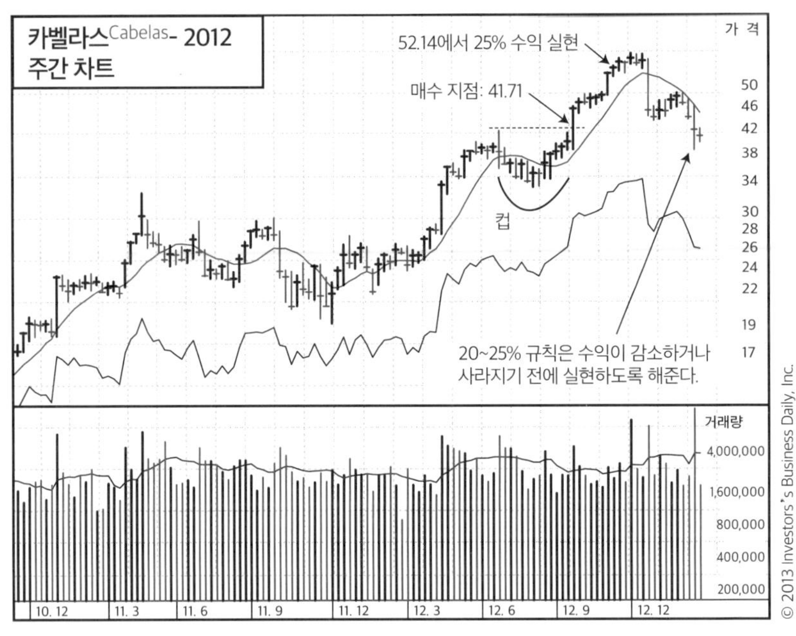

20~25퍼센트에서 대부분의 수익을 취하는 것은
포트폴리오와 자신감을 키우는 데 도움이 된다.

따라서 조정(즉, 하락)을 견디다가 수익의 일부 또는 전부가 사라지는 것을 지켜보지 말고, 수익을 확정할 좋은 기회로 삼아야 한다. 이는 앞서 살핀 성공적인 투자의 8가지 '비법' 중 하나와 연결된다. 거기에 따르면 '일찍 매도하지 않으면, 늦은 매도가 된다'. 다시 말해서 주가가 반토막 나서 수익의 상당 부분이 날아가기 전에 상승하는 동안에 수익을 취해야 한다.

카벨라스, 록히드 마틴의 차트는 20~25퍼센트 수익 실현 규칙이 양호한 수익을 확정하는 데 도움을 주는 양상을 보여주는 사례다.

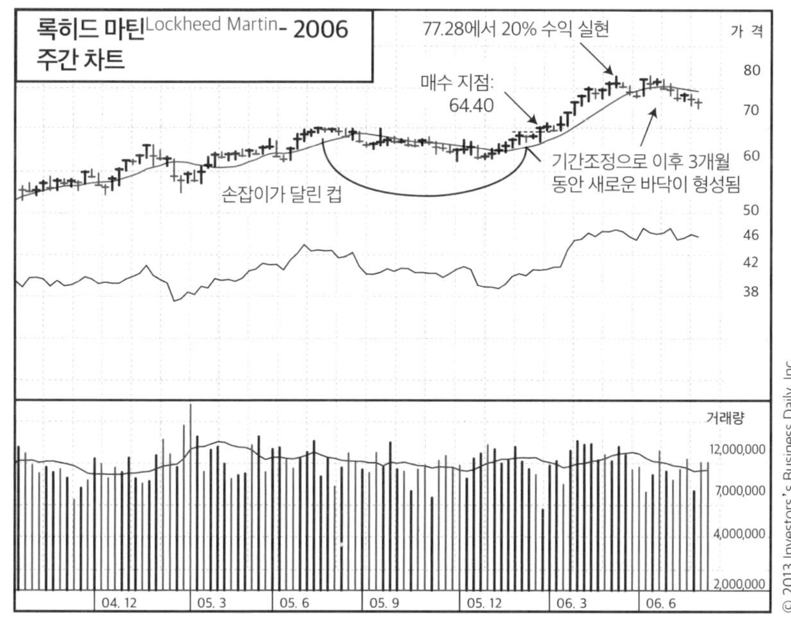

양호한 수익이 사라지도록 놔두지 마라. 20~25% 매도 규칙을 따르면 수익을 확정하고 쌓는 데 도움이 된다.

20~25퍼센트 규칙에 대한 주요 참고사항

20~25퍼센트 수익은 이상적인 매수 지점을 기준으로 계산한다. 그래서 당신의 매수가와 다를 수 있다.

나중에 차트 패턴을 논의할 때 확인하겠지만, 매수 구간은 이상적인 매수 지점과 그 위로 5퍼센트 사이다. 가령 당신이 이상적인 매수 지점보다 4퍼센트 높은 지점에서 매수했다고 가정하자. 뒤이어 주가가 이상적인 매수 지점보다 20퍼센트 상승하면 당신의 수익은 16퍼센트가 될 것이다.

록히드 마틴의 차트는 20~25퍼센트 매도 규칙을 적절하게 적용하는 방법을 보여주는 예다.

이 점을 강조하는 이유는 내가 처음 시작할 때 이 규칙을 잘못 알았기 때문이다. 그래서 손해를 보았다. 나는 나의 수익이 20~25퍼센트일 때 매도해야 하는 줄 알았다. 그래서 매수한 종목의 주가가 15퍼센트 정도 올랐을 때 기준치인 20퍼센트에 도달할 때까지 기다렸다. 그러나 주가는 목표치에 도달하기 전에 반락하고 말았다. 결국 나는 훨씬 적은 수익만 얻거나 일부 경우에는 손실까지 입었다('절대 준수한 수익이 손실로 바

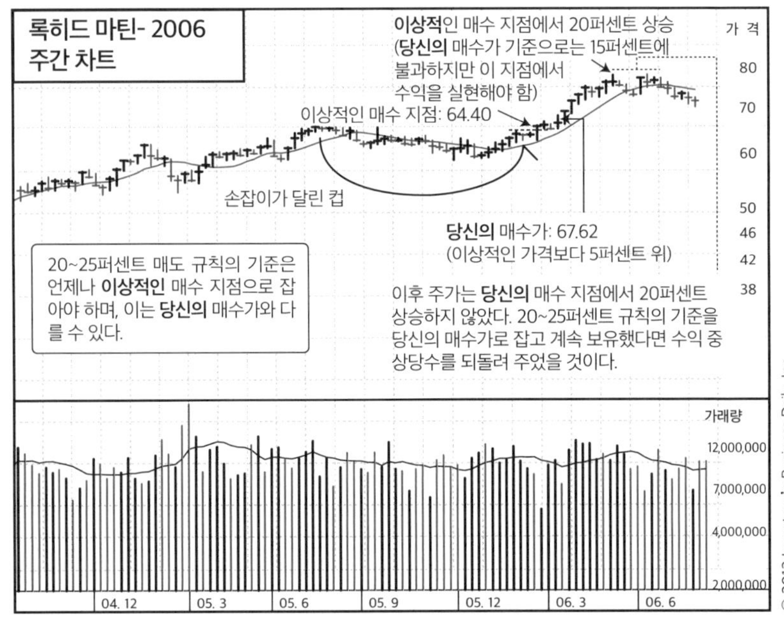

언제나 이상적인 매수 지점과 최대한 가까운 지점에서 매수하라. 방법 중 하나는 바닥 돌파 시 바로 매수하도록 자동 매매 기능을 설정하는 것이다(4장 참고).

뀌도록 놔두지 말아야' 한다는 생각을 진지하게 받아들이려면 대가를 치러야 했던 모양이다).

나는 지난 거래를 복기하고 나서야 실수를 깨달았다. 나는 이상적인 매수 지점보다 4~5퍼센트 높은 지점에서 매수했다. 그런데도 20~25퍼센트 규칙의 기준을 이상적인 매수 지점이 아닌 '나의 매수가'로 잡았다(이는 거래 복기가 대단히 중요한 이유 중 하나일 뿐이다. 유익한 복기를 실행하고 나쁜 습관을 바로잡는 법에 대해서는 7장을 참고하라).

매도 후에도 대박 종목을 간과하지 마라

최고의 종목은 돈을 벌 기회를 여러 번 제공한다

최고의 종목은 대개 두 배, 세 배 상승하는 동안 바닥 패턴을 여러 번 형성한다. 그들은 등반가처럼 한동안 올라가다가 휴식을 취한 후(또는 약간 내리막길을 걸은 후) 등반을 재개한다.

따라서 20~25퍼센트 기준치에 도달한 종목을 매도하더라도 이야기가 끝난 것은 아니다. 이후 무슨 일이 일어나는지 지켜보라. 기간조정 후 새로운 손잡이가 달린 컵 내지 다른 바닥 패턴을 형성하는가? 아니면 더 올랐다가 횡보하면서 3주간 조밀하거나 평평한 바닥을 형성하는가? 이런 시나리오는 해당 종목을 다시 매수하여 수익을 낼 또 다른 기회를 제공한다.

이런 대박 종목을 계속 관찰하는 일은 대단히 중요하다. 그들은 캔 슬림 속성을 지녔으며, 좋은 차트 패턴에서 돌파를 이루고 양호하게 상승할 힘이 있음을 증명했나. 그들이 같은 수익 과정을 반복한다면 다시 추가 수익을 올리지 못할 이유가 있을까?

오른쪽 치폴레 멕시칸 그릴의 차트는 그 양상이 어떻게 이뤄지는 보여주는 예다.

또한 이미 한 번 보유했던 종목이기 때문에 기업의 상태를 알고 있으며, 차트를 활용한다면 그 거래 '성향'을 안다는 점도 고려하라. 그래서 해당 종목을 적절하게 다루고 추세 변화를 포착하기가 더 쉽다.

게다가 대박 종목이 안기는 수익 중 많은 부분을 취하기도 더 쉽다. 그동안 일어날 수 있는 대규모 투매를 버티는 스트레스 없이 말이다.

애플, 프라이스라인닷컴, 그린 마운틴 커피 로스터스 같은 종목이 1,000퍼센트 이상 상승한다 해도 거기서 나오는 수익을 전부 취할 수는 없을 것이다. 그러나 20~25퍼센트 규칙을 따르고, 매도 후에도 대박 종목을 계속 관찰하면 분명히 20퍼센트가 넘는 수익을 여러 번 취할 수 있다. 또한 '72의 규칙'은 몇 번만 이렇게 수익을 내면 포트폴리오 규모를 아주 빠르게 키울 수 있음을 보여준다.

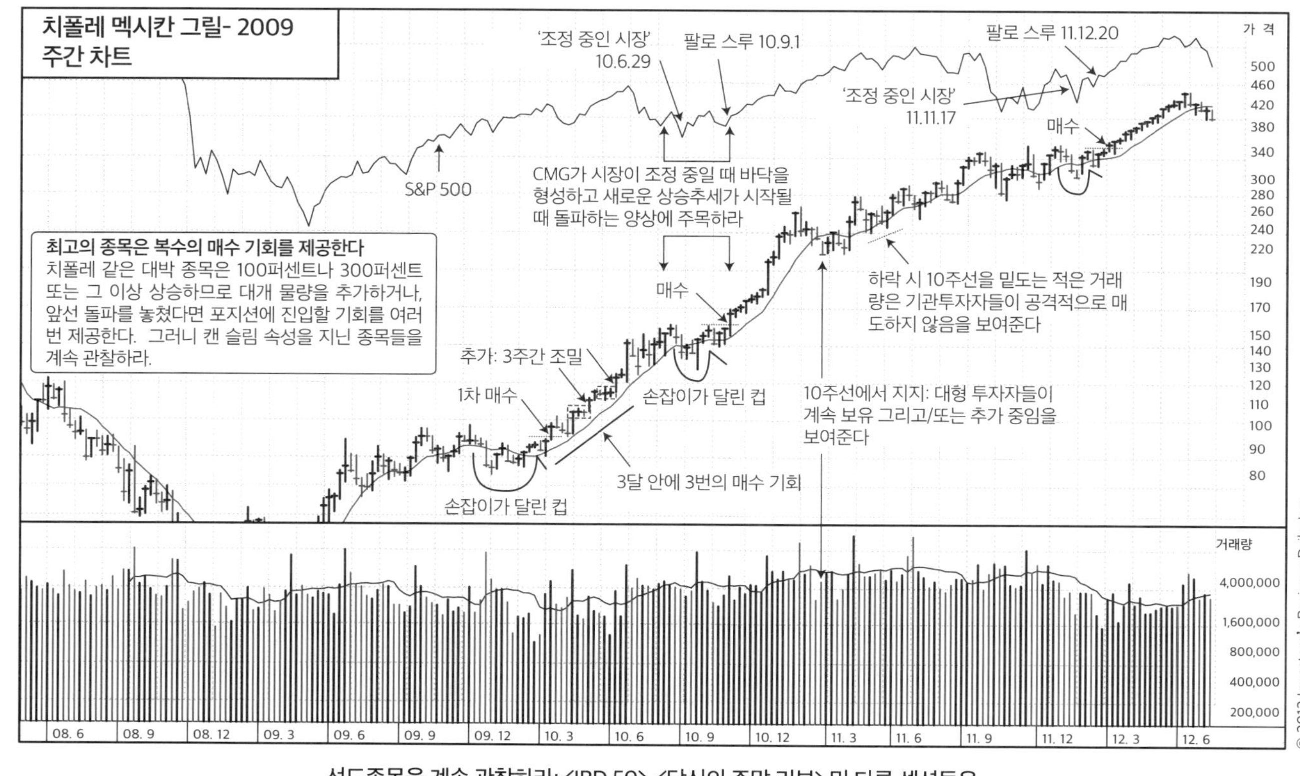

선도종목을 계속 관찰하라: <IBD 50>, <당신의 주말 리뷰> 및 다른 섹션들은
최고의 종목이 대규모 상승을 이루는 동안 복수의 매수 지점을 알려준다.

전체 시장을 잊지 마라!

주가는 진공 상태에서 보호받으며 오르내리는 게 아니다. 조수에 미치는 달의 영향처럼 전체 시장의 동향은 개별 종목에 엄청난 힘으로 작용한다.

당신은 어떤 종목이 20~25퍼센트 상승했다가 전체 시장의 상승추세가 약화되기 시작하는 것과 동시에 기간조정을 받아서 새로운 바닥을 형성하는 경우를 자주 보게 될 것이다.

그 연관성이 보이는가?

대박 종목은 전체 시장이 상승추세일 때 같이 상승한다. 또한 시장이 약화될 때 같이 조정받기 시작한다. <빅 픽처> 칼럼의 '마켓 펄스'를 꾸준히 확인하여 시장 동향의 변화를 감시하는 일이 중요한 이유가 거기에 있다.

뒤에 '방어적 매도'를 이야기할 때 전체 시장의 역할에 대해 더 다룰 것이다. 지금은 20~25퍼센트 매도 규칙이 전체 시장의 조류와 매우 밀접하다는 사실만 기억하도록 하자.

20~25퍼센트 매도 규칙의 예외

주가가 적절한 매수 지점에서 단 3주 안에 20퍼센트 넘게 오르면 해당 종목을 적어도 8주 동안 보유하라.

이만한 강세를 보이는 종목은 더 큰 수익을 안겨줄 잠재력을 지녔다. 이런 상승은 기관투자자들이 공격적으로 새로운 포지션을 구축하고 있거나, 기존 포지션을 키우고 있다는 표시다. 그리고 이는 지속적인 대규모 상승을 뒷받침한다.

그러나 이런 종목도 중간에 약간의 지체 없이 곧바로 올라갈 가능성은 낮다. 실제로 초기 급등 직후에 일부 투자자들이 단기 수익을 실현하면서 급격한 조정이 나올 수 있다. 그래도 정말로 강한 종목이라면 일시적 지체를 떨쳐내고 상승을 계속할 것이다.

8주 규칙의 목적은 갑작스런 조정을 버티고 훨씬 큰 수익을 올리도록 돕는 것이다. 이런 규칙이 없으면 겁을 먹고 너무 일찍 매도하기 쉽다.

인벤센스, AOL 차트는 8주 규칙이 버티기를 통해 큰 수익을 얻는 데

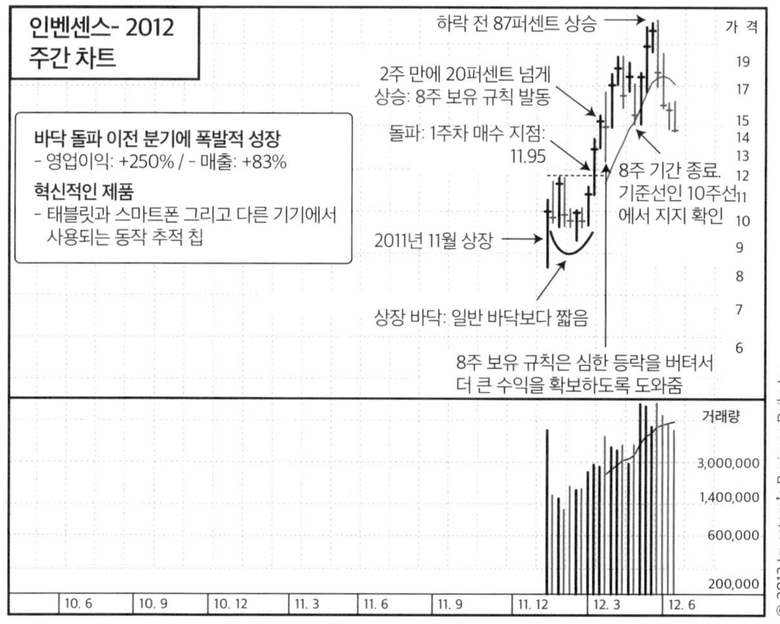

8주 보유 규칙은 투자자들이 끈기 있게 버텨서 인벤센스가 기록한 87퍼센트 상승폭 중 더 큰 몫을 차지하도록 도왔다.

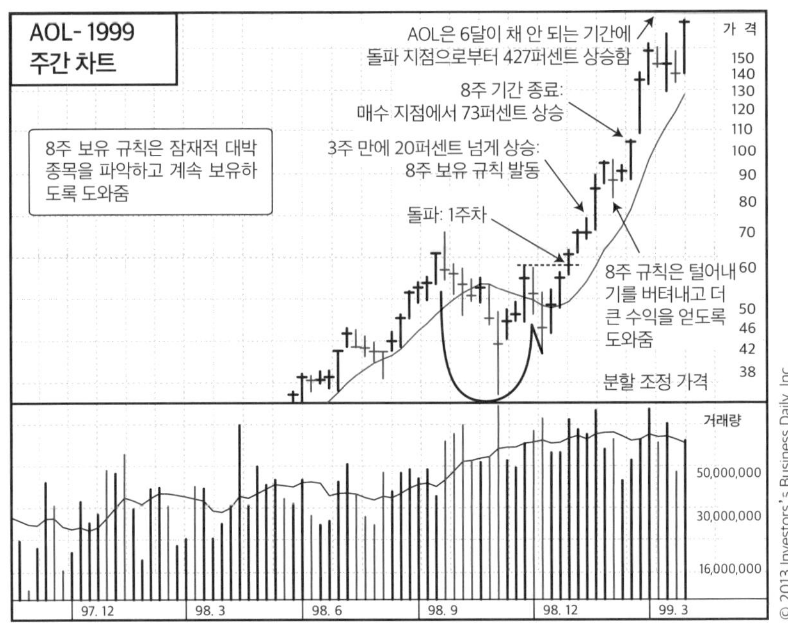

AOL-1999
주간 차트
AOL은 6달이 채 안 되는 기간에
돌파 지점으로부터 427퍼센트 상승함
8주 기간 종료:
매수 지점에서 73퍼센트 상승
8주 보유 규칙은 잠재적 대박
종목을 파악하고 계속 보유하
도록 도와줌
3주 만에 20퍼센트 넘게 상승:
8주 보유 규칙 발동
돌파: 1주차
8주 규칙은 털어내
기를 버텨내고 더
큰 수익을 얻도록
도와줌
분할 조정 가격
가 격
150
140
130
120
110
100
90
80
70
60
50
46
42
38
거래량
50,000,000
30,000,000
16,000,000
97. 12
98. 3
98. 6
98. 9
98. 12
99. 3

8주 보유 규칙이 없으면 불안해져서 대박 종목을 너무 빨리 매도하기 쉽다.

도움을 주는 양상을 보여주는 예다.

8주 보유 규칙의 참고사항

1. 아무 종목에나 이 규칙을 적용하지 마라. 우월한 영업이익 및 매출 성장, 확고한 기관의 후원 그리고 다른 캔 슬림 속성을 지닌 진정한 시장 선도종목임을 확인하라.
2. 돌파가 이뤄진 주가 8주 중 1주차로 간주된다는 점을 기억하라. 앞선 두 차트의 예를 참고하라.

3. 이 규칙은 적절한 바닥을 막 돌파한 종목에만 적용된다. 이 규칙을 손잡이가 달린 컵이나 다른 차트 패턴을 먼저 돌파하지 않고 갑자기 20퍼센트 넘게 급등하는 종목에 적용하지 마라. 가령 양호한 실적 발표로 주가가 20퍼센트 넘게 급등할 수 있다. 그러나 바닥을 돌파하면서 해당 상승이 이뤄져야 이 규칙이 적용된다(바닥과 차트 해독에 대한 보다 자세한 내용은 6장 참고).

8주가 지났을 때 해야 할 일

8주 보유 기간이 끝나면 매도할지 보유할지 선택해야 한다.

다음은 판단에 도움이 되는 몇 가지 질문이다.

- 8주 동안 주가가 크게 올랐는가 아니면 대부분의 상승폭을 되돌렸는가? 이전의 양호한 수익이 손실로 바뀔 지경에 처했는가?
- 기간조정이 나왔다면 10주 이평선이나 이전 저항구간 같은 핵심 구간에서 지지되었는가? 이는 대형 투자자들이 물량을 계속 들고 있음을 보여준다. 그렇지 않고 대규모 거래량과 함께 핵심 기준선 아래로 주가가 떨어졌는가? 이는 펀드 매니저들이 포지션을 청산하고 있음을 보여준다. 그렇다면 당신도 같은 일을 해야 할 때일지 모른다.
- 전체 시장이 여전히 확실한 상승추세인가 아니면 전망이 '압박받는 상승추세'나 '조정 중인 시장'으로 바뀌었는가?

이 질문들에 대한 답을 당신의 위험 감수도와 같이 고려하면 매도 또는 보유에 대한 결정이 한결 쉬워진다. 다만 보유 주식을 전부 매도할 필요는 없다는 점을 명심하라. 일부만 팔아도 된다. 그러면 일부 수익을 확정하면서도 주가가 더 오를 경우에 대비하여 포지션을 계속 유지할 수 있다. 또한 새로운 바닥이 형성되거나 문제가 생기면 언제든 매도할 수 있다. 그리고 주가가 반등하여 매수 체크리스트를 다시 통과하면 재매수할 수 있다.

수익은 취하는 자의 것

당신이 매수하는 모든 주식이 프라이스닷컴이나 넷플릭스 또는 룰루레몬 애슬레티카처럼 100퍼센트나 500퍼센트 또는 1,000퍼센트 넘게 오르지는 않을 것이다.

또한 대박 종목에 올라탔다고 해도(이 체크리스트와 루틴을 따르면 꼭 그렇게 될 것이지만) 주가가 줄곧 오르기만 하는 것은 아니다. 중간에 휴식을 취하기도 한다. 시장이 특히 약세라면 (바람대로) 상승을 재개하기 전에 주가가 급격하게 떨어질 수도 있다.

아직 수익이 난 상태일 때 취할 수 있도록 공격적인 매도 규칙이 필요한 이유가 거기에 있다.

앞서 논의한 핵심 요점을 따르기만 하면 그렇게 할 수 있다.

- 20~25퍼센트에서 대다수 수익을 취하라.
- 시장이 약화되면 적어도 수익 중 일부를 취할 준비를 하라.

- 3대 1 손익비를 활용하여 체계적으로 자금을 불리고 지켜라.

종목 선정 기술과 차트 분석 기술을 개선하면 한 종목에서 20~25퍼센트 수익을 여러 번 취하고, '괴물' 종목을 보유하여 더 큰 수익을 취하는 데 능숙해질 것이다.

그러나 지금 중요한 점은 올바로 출발하는 것이다. 이 간단한 매도 규칙을 따르면 많은 1루타와 2루타를 안전하게 때리면서 포트폴리오와 자신감을 키우게 될 것이다.

실천사항

다음은 매도 체크리스트를 활용하여 수익을 확보하는 데 도움이 되는 간단한 과제다. 이 단계들을 밟고 매도 기술을 개선하기 위해 www.investors.com/GettingStartedBook을 방문하라.

- 공격적인 매도에 관한 짧은 동영상을 시청하라:
  - 20~25퍼센트에서 대다수 수익을 취하라.
  - 8주 보유 규칙을 활용하여 더 큰 수익을 취하라.

손실을 제한하고 수익을 보호하는 방어적 매도

나는 다음의 문장이 거의 모든 투자자에게 해당된다고 생각한다. 우리는 두 가지 근본적인 감정, 즉 희망과 공포로부터 출발한다. 우리는 최대한 빨리 많은 돈을 벌기를 **희망**한다. 그러나 동시에 큰돈을 잃을지 모른다는 **공포**에 휩싸이기도 한다.

그렇다면 곤경에 처하지 않도록 해주는 간단한 지침을 통해 마음의 평화를 얻는다면 좋지 않을까?

이 지점에서 체크리스트의 '방어적 매도' 부분이 개입한다.

심각한 피해를 입지 않도록 이 간단한 매도 규칙을 따르라. 그러면 2008년처럼 심한 약세장이 닥쳐도 안심할 수 있다. 합당한 매매 규칙을 준수함으로써 자신을 적극적으로 보호했음을 알기 때문이다.

그러면 두 개의 '방어적 매도' 요건부터 살펴보도록 하자. 그다음 6장, '눈을 가린 채 투자하지 마라'에서 차트와 관련된 항목들을 살필 것이다.

방어적 매도 체크리스트

방어적 매도: 손실을 제한하고 남은 수익을 보호하는 것
전체 시장
❏ '마켓 펄스' 전망이 '압박받는 상승추세'나 '조정 중인 시장'이면 방어 조치를 취하라.
당신의 종목
❏ 주가가 매수가보다 7~8퍼센트 하락하면 무조건 매도하라. 묻지도, 따지지도 마라!

이 부분을 '전체 시장'과 '당신의 종목'으로 나눈 점에 주목하라.

줄곧 강조한 대로 개별 종목은 진공 상태에서 움직이지 않는다. 대다수는 전체 시장이 현재 향하는 방향으로 이끌려간다.

궁극적으로 매도나 유지 여부를 좌우하는 것은 당신이 보유한 종목의 움직임이지만 그래도 전체 시장에서 어떤 일이 일어나고 있는지 항상 고려해야 한다.

정밀하게 조정된 고급 스포츠카를 몰더라도 도로가 기름과 얼음으로 덮여 있으면 속도를 늦춰야 한다! 투자의 경우도 마찬가지다. 당신이 포트폴리오를 '운전'하는 방식은 현재 시장 여건에 좌우된다는 것을 늘 명심하라.

자, 이제 시작하도록 하자.

시장 상황에 따른 방어적 매도

방어적 매도: 손실을 제한하고 남은 수익을 보호하는 것

☑ **'마켓 펄스' 전망이 '압박받는 상승추세'나 '조정 중인 시장'으로 바뀌면 방어 조치를 취하라.**

이제는 요점이 명확해졌을 것이다. **시장이 압박받거나 조정받기 시작하면 반드시 자신의 계좌를 보호해야 한다.**

항상 시장에 투자한 상태일 필요는 없다는 사실을 명심하라. 당신의 목표는 시장이 상승추세일 때 돈을 벌고, 하락추세일 때 수익을 보호하는 데 있다.

시장이 어려워질 것을 어떻게 알 수 있을까?

〈빅 픽처〉 칼럼의 '마켓 펄스'를 확인하라.

이 내용은 3장의 '기본 요건 1'에서 이미 다뤘다. 여기서는 간단한 복습만 하고, 약세장에서 자신을 보호하기 위해 취할 수 있는 조치들에 초점을 맞출 것이다.

IBD의 3단계 접근법은 매도 압력이 강해지고 있는지 알려준다. 이는 현재의 상승추세가 곧 조정 국면으로 바뀔 것임을 뜻한다. '마켓 펄스'는 초록색('확실한 상승추세')에서 노란색('압박받는 상승추세')을 거쳐 빨간색('조정 받는 시장')으로 바뀌는 신호등이라고 생각하라.

마켓 펄스

수요일 동향:
거래량 증가와 더불어 큰 폭 상승
현재 전망:
확실한 상승추세
분산일:
나스닥 및 뉴욕증권거래소 종합지수- 5, S&P 500- 4
거래량 수반 상승 선도종목:
컴캐스트, 펩사, 3D 시스템스, 비자, 뉴스타, 폴리원, PPG 인더스트리스, 소다스트림, 어번 아웃피터스
거래량 수반 하락 선도종목:
링크드인, 룰루레몬, 왓슨 파마슈티컬스

→

마켓 펄스

수요일 동향:
거래량 증가와 더불어 하락
현재 전망:
압박받는 상승추세
분산일:
뉴욕증권거래소 종합지수- 7, S&P 500- 5, 나스닥- 3
거래량 수반 상승 선도종목:
달러 제너럴
거래량 수반 하락 선도종목:
알렉시온, 앨럿 커뮤니케이션스Allot Communications, 인벤센스, 마이클 코어스, 솔라윈즈

→

마켓 펄스

수요일 동향:
거래량 증가와 더불어 큰 폭 하락
현재 전망:
조정 중인 시장
분산일:
뉴욕증권거래소 종합지수- 8, S&P 500- 6, 나스닥- 4
거래량 수반 하락 선도종목:
셀진, 폴라리스, 치폴레 멕시칸 그릴, 인벤센스, 솔라윈즈

분산일은 문제가 커지고 있음을 경고한다

시장이 상승추세일 때 '분산일'을 유의해서 지켜봐야 한다. 분산일은 나스닥이나 S&P 500 또는 다우존스 산업평균지수를 가리키는 주요 지수 중 최소한 하나에서 대규모 매도가 발생한 날을 말한다(3장, 기본 요건 1 참고).

분산일이 늘어나기 시작하면 조심하라! 이는 기관투자자들이 발을 빼고 있음을 보여준다. 즉, 현재의 상승추세가 힘을 잃어간다는 뜻이다.

4~5주에 걸쳐서 분산일이 6일 이상이면 전체 시장은 거의 언제나 조정받는다.

'마켓 펄스'만 확인하면 분산일의 수를 쉽게 추적할 수 있다. 횟수가 늘어나면 전망이 '확실한 상승추세'에서 '압박받는 상승추세'를 거쳐 마침내 '조정 중인 시장'으로 바뀔 것이다(조정 국면으로 바뀌는 데 필요한 분산일의 수는 시간이 지남에 따라 바뀔 수 있다. 조정 내용을 항상 알 수 있도록 <빅 픽처>를 꾸준히 읽어라).

이 3단계 진행이 얼마나 귀중한지 생각해 보라.

어떤 시장은 변동성이 더 심하다. 그러나 **시장 추세의 변화는 대개 여러 주에 걸쳐 일어난다. 그래서 당신의 돈을 지킬 시간이 주어진다.**

앞서 2012년 3월과 4월에 시장이 조정 국면으로 접어들면서 분산일이 늘어나는 양상을 확인했다(3장, 기본 요건 1). 또한 금융 및 부동산 위기로 2007년 11월부터 심한 약세장이 이어졌을 때, '마켓 펄스'의 전망

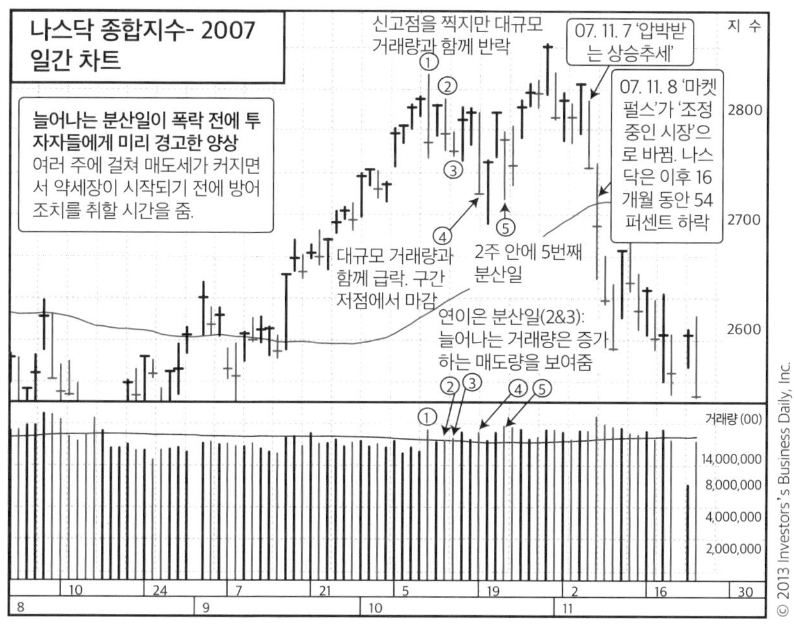

<빅 픽처> 칼럼의 '마켓 펄스'에서 분산일의 수를 꾸준히 확인하면 방어 태세로 수익을 지켜야 할 때를 파악하는 데 도움이 된다.

조정 덕분에 투자자들이 심각한 피해를 피할 수 있었다는 사실도 확인했다(3장, 기본 요건 1). 그러면 당시 상황이 어떻게 전개되었는지, 또한 앞으로 하락추세가 시작되었을 때 분산일을 활용하여 포트폴리오를 지키는 방법도 자세히 살펴보도록 하자.

분산일이 늘어날 때 어떤 조치를 취해야 할까?

무엇보다 다음의 매도 계획을 따라야 한다.

- **일부 수익을 확정할 기회를 찾아라.** 매수 지점에서 20~25퍼센트 상승

한 종목을 보유하고 있나면 수익 중 일부 또는 전부를 실현하는 것이 어떨까? 분산일의 수가 계속 늘어나면 당신의 종목도 발목이 잡힐 가능성이 높다.

- **손실을 제한하라**. 시장이 강세일 때도 주가가 매수가보다 7~8퍼센트 아래로 떨어지면 즉시 매도하라. 시장이 약세일 때는 조금 더 빨리 움직여서 3~4퍼센트 정도로 손실을 줄여도 된다. 후회하느니 안전을 기하는 편이 낫다.

다음은 분산일 증가에 대처하는 기본적인 지침이다.

분산일 수	조치
1	특별한 조치 불필요
2	특별한 조치 불필요
3	보다 긴밀한 관찰 시작
4	매도할 종목 확인
5, 6	수익이 위협받거나 작은 손실이 날 경우 적극적인 방어 조치

위의 표에서 하루나 이틀 정도의 분산일은 걱정할 필요가 없다는 사실을 알 수 있다. 그러나 세 번째 분산일이 나오면 주의해야 한다. 이 경우 당신이 보유한 각 종목을 긴밀하게 살피면서 매도 계획을 실행해야 한다. 그러면 분산일이 더 나올 경우에 방어 조치를 취할 준비를 갖추게 된다.

분산일 수가 4에 이르면 매도할 종목을 찾아라. 매도세가 강해지고 있으니 약한 종목을 처분할 기회다. 성공적인 매도의 8가지 '비법' 중 하나인 '손실종목부터 팔아라!'를 명심하라. 부진한 종목은 유지하고 수익을 내는 종목을 매도하는 실수를 저지르지 마라.

그렇다면 네 번째 분산일이 나왔을 때 매도할 종목을 찾아야 할 이유는 무엇일까?

전체 시장에서 다섯 번째 또는 여섯 번째 분산일이 나올 무렵이 되면 이미 많은 선도종목이 타격을 입을 수 있기 때문이다. 그러니 약세를 보이는 모든 종목을 매도하여 적극적인 조치를 취하고, 위험 노출 물량을 줄여라. 가령 갈수록 늘어나는 거래량과 함께 주가가 하락하는(기관투자

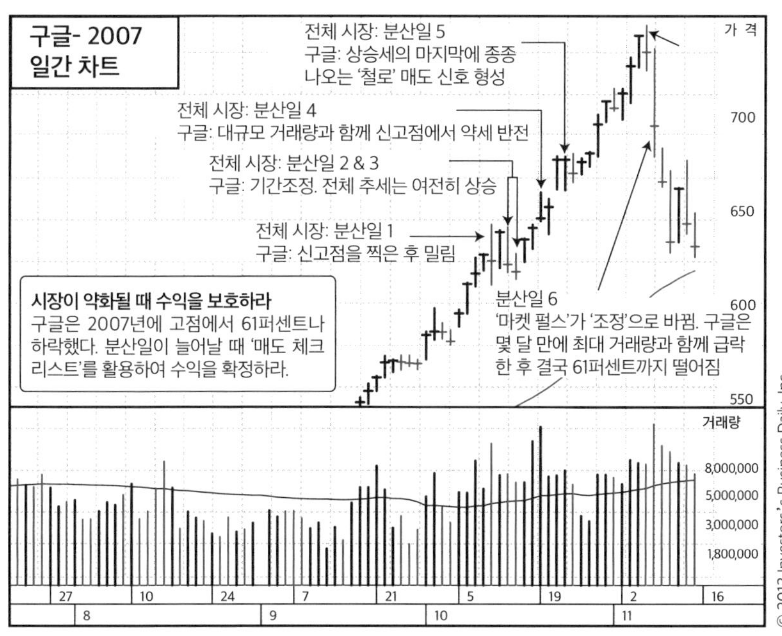

구글- 2007
일간 차트
전체 시장: 분산일 5
구글: 상승세의 마지막에 종종
나오는 '철로' 매도 신호 형성
전체 시장: 분산일 4
구글: 대규모 거래량과 함께 신고점에서 약세 반전
전체 시장: 분산일 2 & 3
구글: 기간조정. 전체 추세는 여전히 상승
전체 시장: 분산일 1
구글: 신고점을 찍은 후 밀림
시장이 약화될 때 수익을 보호하라
구글은 2007년에 고점에서 61퍼센트나 하락했다. 분산일이 늘어날 때 '매도 체크리스트'를 활용하여 수익을 확정하라.
분산일 6
'마켓 펄스'가 '조정'으로 바뀜. 구글은 몇 달 만에 최대 거래량과 함께 급락한 후 결국 61퍼센트까지 떨어짐
가 격
700
650
600
550
거래량
8,000,000
5,000,000
3,000,000
1,800,000
27
10
24
7
21
5
19
2
16
8
9
10
11
© 2013 Investors's Business Daily, Inc.

수익을 유지하고 보호하라: 분산일이 늘어나고
시장이 약화될 때 방어 조치를 취하라.

자들이 매도한다는 증서) 종목이 그 대상이 될 수 있다.

앞의 구글 차트는 '마켓 펄스'와 기본적인 매도 규칙을 활용하여 수익을 확정하는 방법의 예다.

주요 단서조항

상승추세가 이미 확립되었고(즉, 형성된 지 적어도 두어 주 되었고), 양호하게 지속된다면 첫 두어 개의 분산일은 걱정하지 않아도 된다. 그러나 새로운 분산추세가 시작된 직후에 분산이 이뤄지는 것은 분명 우려할 만하다. 갓 생겨난 상승추세가 자리 잡지 못하고 빠르게 조정될 것임을 뜻할 수 있다.

〈빅 픽처〉 칼럼은 이런 유형의 경고 신호를 알려준다. 그러니 투자 루틴의 일부로 꾸준히 읽어야 한다.

이중고를 조심하라!

당신의 종목이 경고 신호를 발하는 동시에 전체 시장이 갈수록 강해지는 매도세에 시달린다면 이는 투 스트라이크에 해당한다. 대형 투자자들은 전체 시장뿐 아니라 당신의 종목에서도 발을 빼고 있다. 이는 전형적인 이중고다.

이 경우 계속 보유하면서 스트라이크 아웃을 당할 위험을 감수할 이유가 있을까? 시장의 처분에 자신을 내맡겨야 할 이유가 있을까?

당신의 돈이다. 매도 체크리스트를 준수하여 당신의 돈을 통제하고 보호하라.

시장이 약세일 때는 더 빨리 수익을 취하고 손실을 줄여라

기본적인 매도 계획에 따르면 다음과 같이 행동해야 한다.

- 20~25퍼센트에서 대부분의 수익을 취한다.
- 7~8퍼센트 이하에서 모든 손실을 제한한다.

그러나 시장이 약세일 때는 이를 조정해야 한다. '공격적 매도'에서 살핀 3대 1 손익비를 지키면 된다.

가령 10~15퍼센트에서 수익을 실현하고, 3~5퍼센트 이하에서 손실을 제한할 수 있다. 안개가 짙을 때 속도를 늦추고 조심스럽게 운전하는 것과 같다. 통상 제한속도는 시속 100킬로미터지만 도로가 안 보이는데도 그렇게 빠르게 운전할 것인가?

그러니 언제나 현재의 시장 여건에 맞춰서 매매 계획을 조정하라. 그래야 안전하게 목적지에 도착할 수 있다.

시장 조정에 대처하는 방법에 대한 세 가지 팁

'마켓 펄스'의 전망이 '확실한 상승추세'에서 '압박받는 상승추세'를 거쳐 '조정 중인 시장'으로 바뀔 무렵이면, 당신은 이미 포지션 중 일부를 처분했을 것이다. 이 경우 목표치에 도달하여 수익을 확정했거나, 매도 체크리스트에 나오는 매도 규칙이 발동되었을 수 있다.

다만 시장이 조정받는 중이라고 해서 모든 종목을 자동으로 매도할 필요는 없다는 사실을 명심하라. 특별히 강한 선도종목에서 얻는 큰 수익이 비교적 잘 유지된다면 계속 버틸 수 있다.

참고로, 일부 종목을 유지하는 것은 괜찮다. 그러나 시장이 조정받는 동안에도 여전히 전액 투자 상태를 유지한다면 포트폴리오를 긴밀하게 주시해야 한다. 또한 매도 계획을 적절히 따르면서 앞서 살핀 8가지 '비법'을 활용해야 한다.

다음은 시장이 하락할 때 안전을 기하고, 다음 상승추세에서 더 많은 돈을 벌 준비를 하는 세 가지 검증된 방법이다.

1. 신규 매수를 하지 마라.

시장이 조정받을 때는 대다수 종목이 하락한다는 사실을 아는데 굳이 위험을 감수할 이유가 있을까? 신규 매수를 하기 전에 새로운 상승추세가 시작되기를 기다려라.

2. 자신을 보호하라.

당신의 주된 목표를 기억하라. 그것은 상승추세에서 돈을 벌고, 시장이 약세일 때 수익을 지키는 것이다.

강한 랠리 때 양호한 수익을 기록했더라도 시장의 방향이 바뀔 때 모두 되돌려준다면 무슨 소용이 있을까? 매도 체크리스트를 따르기만 하면 이런 '왕복 여행'을 쉽게 피할 수 있다.

조정 국면에서 계속 종목을 보유한다면 시장의 조류에 맞서고 있음을 인식해야 한다. 따라서 경각심을 갖고 당신의 종목이 심각하게 약해지기 시작하면 자신을 보호할 준비를 해야 한다. 다음은 그 방법이다.

- 잠재적 하락의 충격을 '완화'할 만큼 **충분히 수익이 커야 한다**.

본전이거나 작은 손실을 안고 있을 때 하락추세에서 주식을 계속 보유하는 것은 위험하다.

- **목표 매도가를 정하라.** 주가가 급락하면 수익 중 어느 정도를 내줄지 결정하라. 가령 75퍼센트의 수익이 났다면 50퍼센트까지는 기꺼이 하락을 감수할 수 있다. 주가가 해당 지점에 이르면 남은 수익을 실현하라.

  목표 매도가를 지키기 위해 자동 매매 기능을 설정할 수 있다(4장 참고).
- **적어도 보유 물량 중 일부는 매도를 고려하라.** 이는 보장된 수익을 확정하되 상승이 계속되는 경우 포지션을 유지하는 방법이다.

3. 다음 상승추세 때 수익을 내도록 지금 준비하라.

이 내용은 앞서 다룬 바 있다. 정말로 명심해 주기를 바란다. 시장이 하락할 때 투자 루틴을 중단하면 반등할 때 큰돈을 벌 준비를 할 수 없다!

주식시장에서 기다리기만 하는 투자자에게는 좋은 일이 일어나지 않는다. 탁월한 수익은 준비하는 자에게만 온다.

이런 의문이 생길 수 있다. 조정 기간에는 어차피 신규 매수를 하지 말아야 하는데 왜 계속 루틴을 따르면서 수익 종목을 찾아야 할까? 그 답은 다음과 같다.

시장이 하락추세일 때도 계속 관여해야 하는 이유

- **시장의 동향이 아주 빠르게 바뀔 수 있다.**

  시장은 조정받을 때도 잠재적인 새 상승추세로부터 4일 이상 떨어져 있지 않다. '팔로 스루 데이'가 새로운 랠리를 시작하기에 그 정도 기간이면 충분하다(3장, 기본 요건 1).

  그리고 새로운 상승추세는 종종 끔찍한 뉴스가 나올 때 시작된다는 점을 명심하라. 그래서 암울한 기사만 주목하고 '마켓 펄스' 전망을 무시하면 새로운 랠리가 시작되었다는 사실을 (너무 늦기 전까지) 알지 못할 것이다.

- **대다수 종목은 조정 기간 동안 새로운 바닥**(새로운 큰 변동을 시작하는 차트 패턴)**을 형성한다.**

  〈IBD 50〉이나 다른 목록을 통해 바닥을 형성하는 최상위 종목들을 확인하지 않으면 새로운 상승추세가 시작될 때 그들을 관심종목에 넣을 수 없다.

- **큰 수익은 새로운 상승추세의 초기 단계에서 나온다.**

  '마켓 펄스' 전망이 '조정 중인 시장'에서 '확실한 상승추세'로 바뀌면 대개 어떤 일이 일어날까?

  가장 강한 캔 슬림 종목들이 문을 박차고 달려나간다. 그들은 조정 기간 동안 형성한 손잡이가 달린 컵이나 다른 차트 패턴을 돌파한다. 그래서 주의를 기울이고, 경계를 늦추지 않은 투자자들에게 양호한 수익을 안긴다.

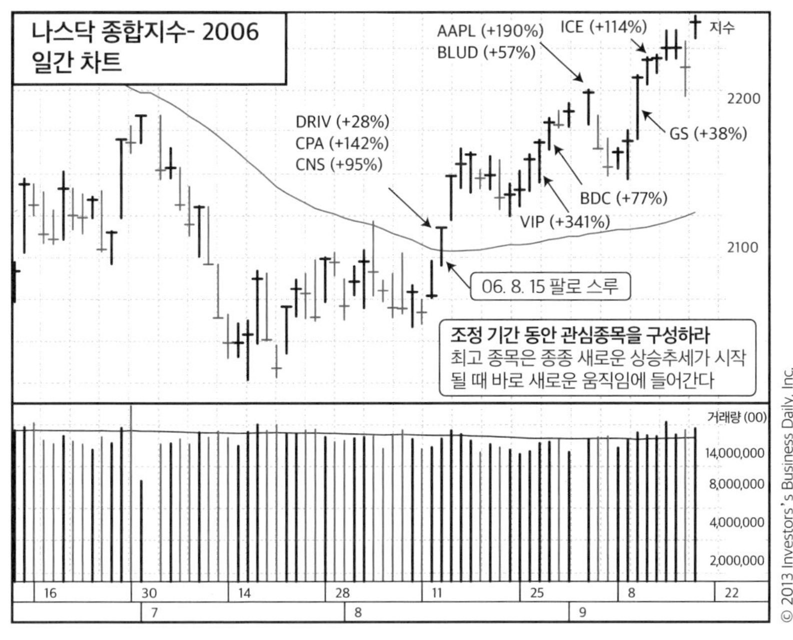

AAPL: 애플 / CPA: 코파 홀딩스 / BDC: 벨던 / GS: 골드만 삭스 / BLUD: 이뮤코 / ICE: 인터내셔널 익스체인지 / CNS: 코헨 앤드 스티어스 / VIP: 빔펠 커뮤니케이션스

대비하라: 최고 종목은 새로운 상승추세가 시작될 때 바로 새로운 움직임에 들어간다.

다음 차트는 강력한 새로운 상승추세의 초기 단계에서 항상 나타나는 일부 수익 창출 기회를 보여준다.

이 사실을 이해하는 일은 매우 중요하다. 그러니 다시 뒤로 돌아가서 2003년, 2010년, 2011년에 시작된 상승추세 동안 나온 다른 사례들을 살펴보라(3장, 기본 요건 1 참고).

이는 뒤늦은 통찰의 사례가 아님을 명심하라. 4장에서 살핀 일간 및 주간 루틴을 꾸준히 따른다면 이 선도종목들 중 다수를 〈IBD 50〉, 〈당신의 주말 리뷰〉, 〈업종 선도종목〉, 〈종목 스포트라이트〉에서 찾을 수 있을 것이다. 그들이 바닥을 돌파하기 전에 말이다.

보호하고, 대비하고, 수익을 올려라

이 책을 읽기 전에 당신이 주식시장에 대해 어떤 인식을 가졌는지는 모른다. 다만, 이제는 다음 두 가지 사실을 깨달았기를 바란다.

- **시장의 자비에 자신을 맡길 필요가 없다.** 시장에 들어가고 빠져나올 적기를 스스로 파악할 수 있다.
- **심각한 하락추세에도 좌절하지 말아야 한다.** 매도 체크리스트를 통해 자신을 보호하라. 그리고 매수 체크리스트와 간단한 루틴을 따라서 다음 강력한 상승추세에서 반드시 나타날 거대한 기회를 찾아 수익을 낼 준비를 하라.

다음 과제: 이제 시장이 약세일 때 대처하는 방법을 알았으니 당신의 종목이 약세일 때 대처하는 방법에 대해 이야기해 보자.

실천사항

다음은 전체 시장의 약세를 포착하고, 그에 대처하는 방법에 대해 더 많은 내용을 배우기 위한 간단한 과제다. 이 단계들을 밟기 위해 www.investors.com/GettingStartedBook을 방문하라.

1. 〈빅 픽처〉 칼럼을 읽어라.
   - 시장이 현재 상승추세인가 아니면 조정 중인가?
   - 그밖에 현재 시장 여건에 대해 어떤 말을 하는가?
2. 다음 주제를 다룬 짧은 동영상을 시청하라.
   - '매도할까 유지할까? 약해지는 시장에서 당신의 종목을 검토하는 방법Sell or Hold? How to Review Your Stocks in a Weaking Market'
   - '시장 조정에 대처하는 방법How to Handle a Market Correction'
   - '팔로 스루 데이 이후 해야 할 일What to Do After a Follow-Through Day'

보유 종목에 따른 방어적 매도

방어적 매도: 손실을 제한하고 남은 수익을 보호하는 것

☑ **주가가 매수가보다 7~8퍼센트 떨어지면 무조건 팔아라. 묻지도, 따지지도 마라!**

2000년의 닷컴 폭락이든, 2008년의 금융위기든 우리는 심각한 약세장에서 30퍼센트나 50퍼센트 또는 그 이상의 손실을 입은 사람들에 대한 끔찍한 이야기를 듣는다. 정말로 가슴 아픈 일이다. 그런 손실을 피하기가 아주 쉽기 때문에 더욱 그렇다.

그저 간단한 규칙 하나를 따르면 된다. **모든 손실을 7~8퍼센트 이하로 제한하라.**

이는 매우 쉽고도 효과적이다. 차트를 읽을 필요도, 화려한 기술적 지표를 살필 필요도 없다. 주가가 매수가보다 7~8퍼센트 떨어지면 그냥 빠져나와라!

그러면 왜 모두가 이 규칙을 따르지 않을까?

첫 번째 이유는 무지 때문이다. 대부분의 사람은 시장 주기가 어떻게 돌아가는지 전혀 모른다. 또한 그들은 자신을 보호할 매도 규칙도 갖고 있지 않다.

두 번째 이유는 감정이다.

우리 모두는 인간이다. 우리는 자신이 틀렸다는 사실을 인정하고 싶어하지 않는다. 그래서 많은 투자자들이 빠르게 손절하는 대신 계속 버티면서 주가가 반등하기를 바라는 것이다.

이는 큰 실수다! 그러다가 작은 손실이 큰 손실이 된다.

매도의 역설은 여기에 있다. 손실이 작을 때 매도하는 데 어려움을 겪는다면 손실이 커졌을 때 매도하기는 더욱 어려워진다. 그리고 이때 부정과 망상이 작용하기 시작한다.

사실 나도 그런 경험이 있다. 다음 차트는 내가 막 주식투자를 시작했을 때 남타이 일렉트로닉스Namtai Electronics라는 과거의 선도종목을 얼마나 고집스레 끌어안고 있었는지 다음 페이지의 차트를 보면 알 수 있다.

이때 나는 두 가지 실수를 저질렀다.

1. 양호한 수익이 사라지고 손실로 바뀌도록 놔두었다.

2. 작은 손실이 큰 손실이 되도록 놔두었다.

무엇보다도 나는 규칙을 알고도 따르지 않았다.

나는 우리 모두가 언제가는 이 문제에 직면할 것이라고 생각한다. 특히 주식투자를 시작할 때는 더욱 그렇다. 규칙을 아는 것과 전투의 열기

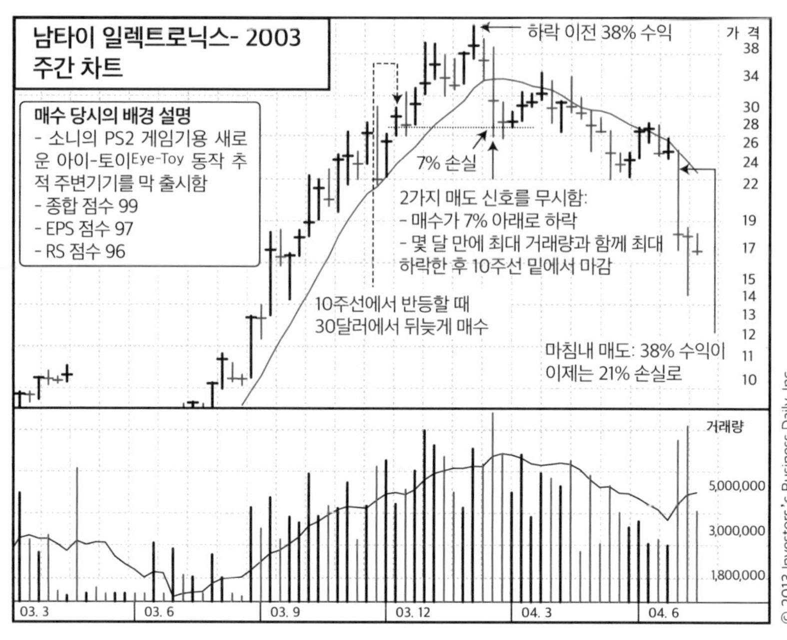
남타이 일렉트로닉스- 2003
주간 차트
매수 당시의 배경 설명
- 소니의 PS2 게임기용 새로운 아이-토이Eye-Toy 동작 추적 주변기기를 막 출시함
- 종합 점수 99
- EPS 점수 97
- RS 점수 96
하락 이전 38% 수익
7% 손실
2가지 매도 신호를 무시함:
- 매수가 7% 아래로 하락
- 몇 달 만에 최대 거래량과 함께 최대 하락한 후 10주선 밑에서 마감
10주선에서 반등할 때
30달러에서 뒤늦게 매수
마침내 매도: 38% 수익이
이제는 21% 손실로
가 격
38
34
30
28
26
24
22
19
17
15
14
13
12
11
10
거래량
5,000,000
3,000,000
1,800,000
03. 3
03. 6
03. 9
03. 12
04. 3
04. 6
© 2013 Investors's Business Daily, Inc.

나는 교훈을 얻었다. 주가가 매수가보다 7~8퍼센트 아래로 떨어지면
무조건 매도해야 한다는 교훈이다.

속에서 규칙을 실제로 따르는 것은 완전히 다른 문제다.

특정 상황에서 어떻게 행동할 것이라는 생각과 돈이 걸렸을 때 실제 행동 사이에는 큰 차이가 있을 수 있다. 이는 땅콩이나 감자칩을 걸고 포커를 치는 것과 같다. 돈이 걸려 있지 않으면 결코 같을 수 없다.

7~8퍼센트 매도 규칙은 너무나 당연하고 합리적인 것으로 보인다. 그래서 그냥 읽고 넘기기 쉽다. 그러나 이 규칙을 명심하는 일은 정말로 중요하다. 이 규칙은 성공의 필요불가결한 요소가 될 것이다.

영화 <굿 힐 헌팅Good Will Hunting>을 보면 정신과 의사역의 로빈 윌리

엄스가 맷 데이먼과 충돌하는 장면이 나온다. 데이먼이 연기한 인물은 문제 가정에서 자라나 마음의 상처를 안고 있지만 대단히 명민한 학생이다. 윌리엄스는 가족이 한 일은 데이먼의 잘못이 아니라는 것을 깨닫게 해주려고 노력한다. 그는 데이먼을 바라보며 '네 잘못이 아냐'라고 말한다. 데이먼은 마지못해 그 말을 수긍한다. 그러나 진심으로 받아들이지 않았다는 것이 분명하게 드러난다. 그래서 윌리엄스는 데이먼의 몸을 붙잡고 '네 잘못이 아냐. 네 잘못이 아냐'라고 계속 말한다. 데이먼이 진정으로 그 메시지를 받아들일 때까지.

나도 당신의 옷깃을 붙잡고 거듭 말하려 한다. '반드시 손실을 제한해야 한다'고.

"자신이 구덩이에 빠져 있음을 알았다면, 그만 파라."

- 윌 로저스Will Rogers

투자를 시작할 때 두 가지 선택지가 있다.

1. '방어 계획'과 손실액의 한계 없이 뛰어든다.

2. 구체적인 한계를 정하고 잠재적 손실을 제한한다.

아주 간단명료한 선택이지 않은가? 손실을 제한하기 위해 당신이 할 일은 그저 7~8퍼센트 매도 규칙을 따르는 것뿐이다.

다음 페이지의 그래프는 왜 그것이 대단히 중요한지 보여준다.

8퍼센트에서 손절하면 주가가 9퍼센트만 올라도 본전을 찾을 수 있다. 반면 손실폭이 커질수록 본전을 찾기가 어려워진다. 50퍼센트 손실

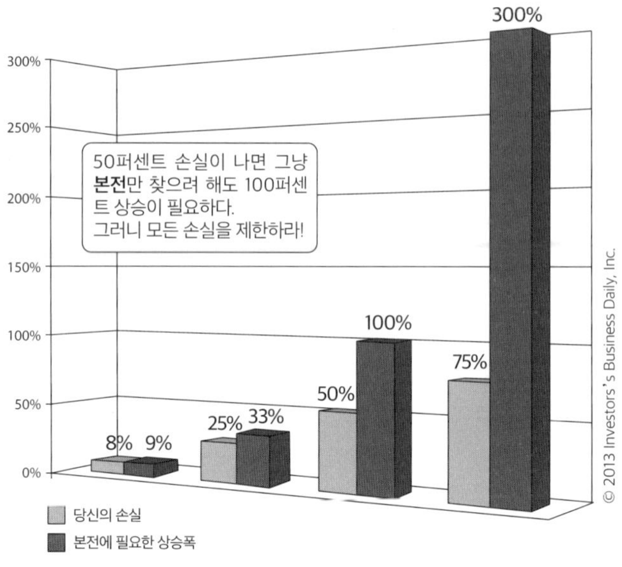

큰돈을 벌고 싶다면 모든 손실을 작게 줄여라.

을 입으면 남은 금액을 2배로 불려야 겨우 본전이다. 주가가 100퍼센트 상승하는 경우는 그렇게 많지 않다. 그리고 그런 기회가 온다면 과거의 손실을 메우는 게 아니라 온전한 수익으로 누려야 하지 않겠는가.

매수 후 보유자들은 주의하라!

지금은 '매수 후 보유' 투자의 위험을 그 무엇보다 잘 드러내는 두 가지 주요 사실을 상기할 좋은 때다.

- **선도종목은 결국 고점을 찍은 후 평균 72퍼센트 하락한다.**

다음은 2007~2008년 약세장에서 일부 선도종목들이 기록한 하락폭이다. 이는 시장을 선도하는 캔 슬림 종목조차 결국에는 고점을 찍으며, 반드시 매도해야 한다는 사실을 선명하게 상기시킨다.

2007~2008년 약세장에서 일부 선도종목들이 기록한 하락폭

기업명	하락폭
애플	-56%
바이두	-67%
차이나 모바일	-63%
딕스 스포팅 굿즈	-71%
구글	-61%
인튜이티브 서지컬	-71%

이 표는 두려움을 안긴다. 그러나 이런 피해를 매도를 통해 쉽게 피할 수 있다는 사실을 명심하라.

매도 체크리스트를 통해 수익 중 상당 부분을 확정하고, 손실을 제한하라.

● **이전 강세장을 이끈 8종목 중 약 1종목만 다음 강세장을 다시 이끈다.**

이것은 그다지 높은 확률이 아니다.

'애플이나 프라이스라인닷컴 또는 몬스터 베버리지 같은 종목은? 이 종목들은 여러 번의 강세장에서 크게 상승했어'라고 생각할 수도 있다.

맞다. 이 종목들은 예외다. 그러나 비교적 드물다. 게다가 이전 선도종목이 72퍼센트나 떨어지는 판국에 정말로 그만한 손실을 감수하면서 해당 종목이 드문 예외 중 하나가 될 것이라는 데 큰돈을 걸고 싶은가? 설령 반등이 나오더라도 하락추세가 시작되었을 때 수익을 확정한 상태에서 새로운 상승세에 올라타고 싶은가, 아니면 72퍼센트 손실을 안은 채로 올라타고 싶은가?

지난 손실을 만회하기 위해 주가가 얼마나 상승해야 하는지 보여주는 244페이지의 그래프를 다시 보라. 이전 선도종목이 75퍼센트 하락할 때까지 버틴다면 300퍼센트나 상승해야 겨우 본전이다! 즉, 해당 종목의 주가가 20달러까지 떨어졌다면 80달러 위로 오를 때까지는 한 푼도 수익이 나지 않는다.

그러면 다시 살펴보자.

당신은 보유 종목이 대부분의 가치를 잃을 때까지 보유할 수 있다. 그러나 그 종목이 대박 종목으로 되살아날 확률은 8분의 1에 불과하다.

아니면 간단한 매도 규칙을 활용하여 수익을 확정하고 마음 편히 지낼 수도 있다.

인생의 모든 선택이 이렇게 쉽다면 얼마나 좋을까!

기회비용을 잊지 마라

어떤 종목이 대부분의 가치를 잃어가는 동안에도 계속 보유하는 것은 큰 손실만 안기는 데 그치지 않는다. 기회비용까지 고려해야 한다.

● **당신의 목표는 손실을 회복하는 것이 아니라 수익을 쌓아가는 것이다.**

당신이 1만 달러짜리 포지션에서 25퍼센트 수익을 얻었다고 가정하자. 이제 당신은 1만 2,500달러를 다른 종목에 투자할 수 있다. 다음 거래에서 20퍼센트 수익을 올리면 투자금은 총 50퍼센트 증가한 1만 5,000달러가 된다. 이것이 수익 증가의 매력이다.

하지만 20~25퍼센트 수익 실현 규칙과 7~8퍼센트 매도 규칙을 모두 무시하고 50퍼센트 손실이 난 후에야 매도하면 아주 다른 상황에 처하게 된다. 이제 당신의 투자금은 5,000달러(50퍼센트 손실)뿐이다. 그래서 100퍼센트 수익을 올려야 겨우 손실을 메울 수 있다. 이렇게 하는 투자자는 손실을 입는 것뿐만 아니라 수익을 불릴 기회를 잃는다.

● **큰 수익은 새로운 선도종목에서 나온다.**

이전 선도종목 8개 중 1개만 다시 시장을 선도한다는 사실은 무엇을 말해주는가? 바로 모든 강세장 주기에서 새로운 선도종목이 나타난다는 것이다. 이 새로운 선도종목(과거의 선도종목이 아님)은 주가가 2~3배씩 뛸 가능성이 가장 높은 종목이다.

따라서 이전 선도종목에서 큰 손실이 났는데도 계속 보유하면 손실을 만회하기까지 몇 년이 걸릴 수 있다. 운 좋게도 만회할 수 있다면 말이다. 뿐만 아니라 그동안 현재의 선도종목들이 안길 거대한 수익을 놓치게 된다.

이것이 누구도 지불하지 말아야 할 기회비용이다.

앞서 살핀 드라이쉽스의 사례를 생각해 보라. 이 종목은 2006년 11월부터 2007년 11월까지 단 1년 만에 14달러 부근에서 131달러까지 835퍼센트나 상승했다. 이 상승폭의 일부만 취하더라도 여전히 큰 수익을 올릴 수 있었다.

그러나 금융위기가 시장을 급격한 하락추세로 밀어넣는 와중에도 이 종목을 계속 보유했다면 이후 5년 동안 주가가 131달러에서 2달러까지 떨어지는 상황에 처했을 것이다.

이 손실만 해도 충분히 고통스럽다. 그러나 거기서 그치는 것이 아니다. 드라이쉽스 주식을 끌어안고 있었던 투자자들은 2009년 강세장에서 부상한 모든 새로운 대박 종목을 놓쳤을 것이다. 치폴레 멕시칸 그릴, 애플, 울타 뷰티, 룰루레몬 애슬레티카, 왓슨 파마슈티컬스, 트랙터 서플라이, 로스 스토어스, 달러 제너럴, 파네라 브레드, 인튜이티브 서지컬, 솔라윈즈, 랙스페이스 호스팅, 프라이스라인닷컴, TDG, 멜라녹스 테크놀로지스Mellanox Technologies, 마이클 코어스, 3D 시스템스 등 100퍼센트나 200퍼센트, 또는 그 이상 주가가 상승한 종목들 말이다.

이 모든 점들은 결국 하나의 간단한 개념을 상기시킨다. 매수 체크리스트를 통해 상승추세에서 돈을 벌며, 시장이 약세일 때 매도 체크리스트를 통해 수익을 확정하고 손실을 제한한다는 개념이다.

이것이 주식으로 돈을 버는 방법이다.

7~8퍼센트 매도 규칙을 적절하게 적용하는 방법

이 규칙은 주가가 매수가보다 7~8퍼센트 아래로 떨어졌을 때만 발동된다는 사실에 주목하라. 가령 주당 100달러에 매수한 종목의 주가가 92달러로 떨어지면 매도하라.

반면 100달러에 산 주식이 150달러까지 올랐다고 가정하자. 이 경우 8퍼센트 하락하여 138달러가 되어도 매도 규칙이 발동하지 않는다.

올바로 출발하고 계획을 준수하라

이 책의 첫머리에서 말한 대로 간단한 방식을 따르라. 해야 할 일을 지나치게 복잡하게 만들지 마라.

현재 시장 여건을 꾸준히 점검하고, 체크리스트에 나오는 공격적 매도 규칙과 방어적 매도 규칙을 모두 따르면 양호한 수익을 올릴 양호한 가능성이 생긴다.

이런 규칙이 발동되었는데도 매도하기가 어렵거나, 낮 동안 시장을 지켜볼 수 없다면 사전에 자동 매매 기능을 설정하라(4장). 이는 매도 계획을 준수하여 수익을 유지하고 보호하는 좋은 방법이다.

차트를 살펴서 추가 경고 신호와 매도 신호를 찾아라

6장, '눈을 가린 채 투자하지 마라'에서 다른 약세 신호를 포착하는 방법을 살필 것이다.

실천사항

다음은 매도 체크리스트에 나오는 규칙들을 적용하는 방법에 대해 더 많이 배우기 위한 간단한 과제다. 이 단계들을 밟기 위해 www.investors.com/GettingStartedBook을 방문하라.

1. 매도 체크리스트를 활용하여 현재 시장 여건과 보유 종목을 점검하라.
   - 시장이 현재 상승추세인가 아니면 조정 중인가?
   - 20~25퍼센트 수익이 났거나 7~8퍼센트 손실 근처인 종목이 있는가?
2. 7~8퍼센트 매도 규칙을 적용하는 방법에 대한 짧은 동영상을 시청하라.

6장

눈을 가린 채 투자하지 마라

차트를 활용하여
매수와 매도 적기를 파악하라

Dont Invest Blindly:
Use Charts to See
the Best Time to Buy
and Sell

왜 차트를 활용할까?

"의사가 환자를 진찰할 때 엑스레이 사진을 보지 않는 것이 무책임하듯이, 투자자가 주식 차트에 나오는 가격 및 거래량 패턴을 해석하는 법을 익히지 않는 것은 그저 어리석을 따름이다."

\- 윌리엄 오닐

나는 차트를 확인하지 않고 매수나 매도 결정을 내리는 것을 상상할 수 없다. 이는 눈을 가린 채 운전하는 것과 같다. 주변에서 일어나는 일을 보지 못하는데 어떻게 가속 페달을 밟을지 아니면 브레이크 페달을 밟을지 알 수 있을까?

차트는 실로 그만큼 중요하다. 앞서 논의한 '기본 요건' 중 하나를 떠올려 보라.

기관투자자들이 대량 매수하는 종목을 사고, 대량 매도하는 종목을 피하라.

우리는 이 요점을 분명하게 밝히기 위해 한 단락 전부를 할애했다. 펀드 매니저와 다른 전문가들이 궁극적으로 당신이 보유한 종목의 운명을 결정한다.

차트를 활용하면 말 그대로 이 대형 투자자들이 무엇을 하고 있는지 알 수 있다. 차트에 무엇이 담겨 있는지 깨닫고, 단순한 사실 하나를 이해하면 차트 읽기는 그다지 어렵지 않다.

차트는 '이야기'를 들려준다

주식투자를 시작할 때 차트는 내게 과도하게 '기술적'으로 보였다. 그러다가 모든 선과 봉이 결국 그렇게 신비롭지 않다는 사실을 마침내 깨달았을 때 통찰을 얻었다. 차트의 선과 봉은 단순한 일을 한다. 바로 이야기를 들려주는 것이다. 곧 확인하겠지만 차트는 해당 종목과 관련하여 실제로 어떤 일이 일어나고 있는지 이면의 그림을 그려준다.

- 펀드 매니저들이 열성적으로 매수하고 있는가? 아니면 최대한 빨리 물량을 처분하면서 출구로 향하고 있는가?
- 근래의 일부 주가 하락에도 불구하고 기관투자자들이 실제로는 주가를 지지하면서 주식을 더 많이 담고 있는가? 즉, 해당 종목이 더 큰 상승으로 향하고 있는가?
- 대형 투자자들이 해당 종목에 대한 근래의 뉴스에 어떻게 반응했는가? 뉴스가 호재였음에도 매도했는가? 아니면 뉴스가 악재였는

데도 더 많이 매수했는가?

그 이야기를 이해하고 특정한 신호를 찾으면 지금이 매수할 때인지, 매도할 때인지, 유지할 때인지 알 수 있다.

기본에서 출발하라

나는 워크숍과 IBD 미트업에서 처음 주식 차트를 접하는 수많은 투자자들을 가르쳤다. 나는 그 경험과 나 자신의 경험에 따라 차트 해독의 기본을 두어 가지 핵심 개념으로 정리했다.

이 책의 목적은 고급 기법을 다루는 것이 아니다. 따라서 차트를 보는 기본을 다룰 것이다. 이 장을 다 읽으면 매수 및 매도 체크리스트의 '차트 분석' 항목을 통해 종목을 점검하는 데 필요한 모든 내용을 알게 될 것이다.

그러기 위해 다음과 같은 단계를 하나씩 밟게 될 것이다.

- **차트 읽기 기초**: 차트에 담긴 정보들 그리고 기관투자자들이 해당 종목을 대량 매수하는지 또는 매도하는지 '볼' 수 있는 세 가지 방법을 배우게 될 것이다.
- **큰 폭의 상승과 추가 매수 지점을 알려주는 세 가지 예고적 패턴**: '바닥'과 '매수 지점'을 포착하는 일이 그렇게 어렵지 않으며, 엄청난 수익을 안겨줄 수 있다는 사실을 알게 될 것이다.
- **차트를 활용한 체크리스트 점검**: 매수 및 매도 체크리스트의 '차트 분

석' 항목을 활용하여 확고한 수익을 포획하고 유지하는 방법을 알려줄 것이다.

끈기를 발휘하라

처음에는 약간 혼란스럽더라도 포기하지 마라. 동영상을 시청하고 실천사항을 따르라. 곧 요령을 익히고 차트 읽기가 실로 평생 돈을 벌어주는 기술임을 깨닫게 될 것이다.

윌리엄 오닐이 말한 대로 **"차트를 제대로 읽는 법을 배운 사람들이 해마다 큰돈을 번다."**

간단한 주말 루틴으로 차트 읽기 기술을 개선하라

처음 시작할 때 '간단한 주말 루틴'을 따르라(4장 참고).

- <IBD 50>과 <당신의 주말 리뷰>에서 잠재적 매수 지점 근처에 있는 종목에 대한 하이라이트를 확인하라.
- 인베스터스닷컴에서 해당 차트를 띄워라. 패턴과 매수 지점을 포착할 수 있는가?

17 치폴레 멕시칸 그릴(CMG) 그룹 43 시가 $153.03

1,460만 주 / 종합 점수 99 / EPS 97 / 상대강도(RS) 96 / ROE 19%
36개 주에서 간편하고 신선한 멕시칸 패스트푸드를 판매하는 956개의 매장을 운영하고 있으며, 2010년에 120~130개 매장(13~14%)을 열 계획임.

연 EPS 증가율 +38% / PE 32 / 일 평균 거래량 68만 8,900주 / 부채 비율 1% / 마지막 분기 EPS +33% / 이전 분기 +53% / 마지막 분기 매출 +20% / 6분기 EPS > 15% / EPS 발표일 10/22

컵 바닥의 손잡이 부분 형성, 잠재적 매수 지점 154.53

루틴을 실행하는 모습을 보라

▶ www.investors.com/GettingStartedBook에서 짧은 동영상을 시청하라.

차트 읽기 기초: 차트에는 어떤 정보가 있는가?

차트가 드러내는 '이야기'를 이해하기 위해 다음 세 가지 기본 개념을 다룰 것이다.

- 추세란 무엇인가?
- 언제나 가격과 거래량을 확인하라.
- 주가가 지지선을 찾거나 저항선에 부딪혔는가?

이를 이해하면 매수 및 매도 체크리스트에 있는 다른 모든 것들, 즉 차트 패턴이나 매수 지점 또는 매도 신호 등도 아귀가 맞춰질 것이다.

그전에 먼저 보다 기본적인 질문, '차트에는 무엇이 있고 어떤 정보가 담겨 있는가?'를 알아보자.

일간 및 주간 차트의 기본 요소

주요 사항: 반드시 일간 차트와 주간 차트를 모두 활용하라. 주간 차트는 장기 추세를 파악하는 데 도움을 주고, 일간 차트는 구체적인 매수 및 매도 신호를 포착하는 데 도움을 준다(이 책 전체에 실린 각 차트는 상단 좌측에 주간 차트인지 일간 차트인지 표시된다).

- **검은 봉 vs. 빨간 봉:** IBD 차트는 쉽게 알아볼 수 있도록 색깔로 등락을 구분한다. 검은 봉(인베스터스닷컴에는 파란 봉)은 그날 또는 그 주의 주가가 상승 마감했음을 나타낸다. 빨간 봉은 주가가 하락 마감했음을 뜻한다.
- **긴 봉 vs. 짧은 봉:** 차트의 가격 영역(상단)에서 봉은 길 수도 있고, 짧을 수도 있다. 봉은 그날 또는 그 주의 거래구간을 나타낸다. 따라서 긴 봉은 주가의 등락폭이 넓었음을 나타내고, 짧은 봉은 좁은 구간에서 거래되었음을 나타낸다.
- **평균 이상 거래량 vs. 평균 이하 거래량:** 차트의 거래량 영역(하단)을 보면 검은 수평선이 나온다. 이 선은 일간 차트의 경우 지난 50일, 주간 차트의 경우 10주에 걸친 평균 거래량(즉, 거래된 주식 수)을 나타낸다.

  거래량 막대가 이 선을 넘으면 그날 또는 그 주의 거래량이 평균 이상임을 뜻한다. 곧 알게 되겠지만 거래량의 급증은 기관투자자들이 무엇을 하려 하는지 보여준다. 이 선은 거래량이 이례적으로 많은지 또는 적은지 파악하는 데 도움을 준다.

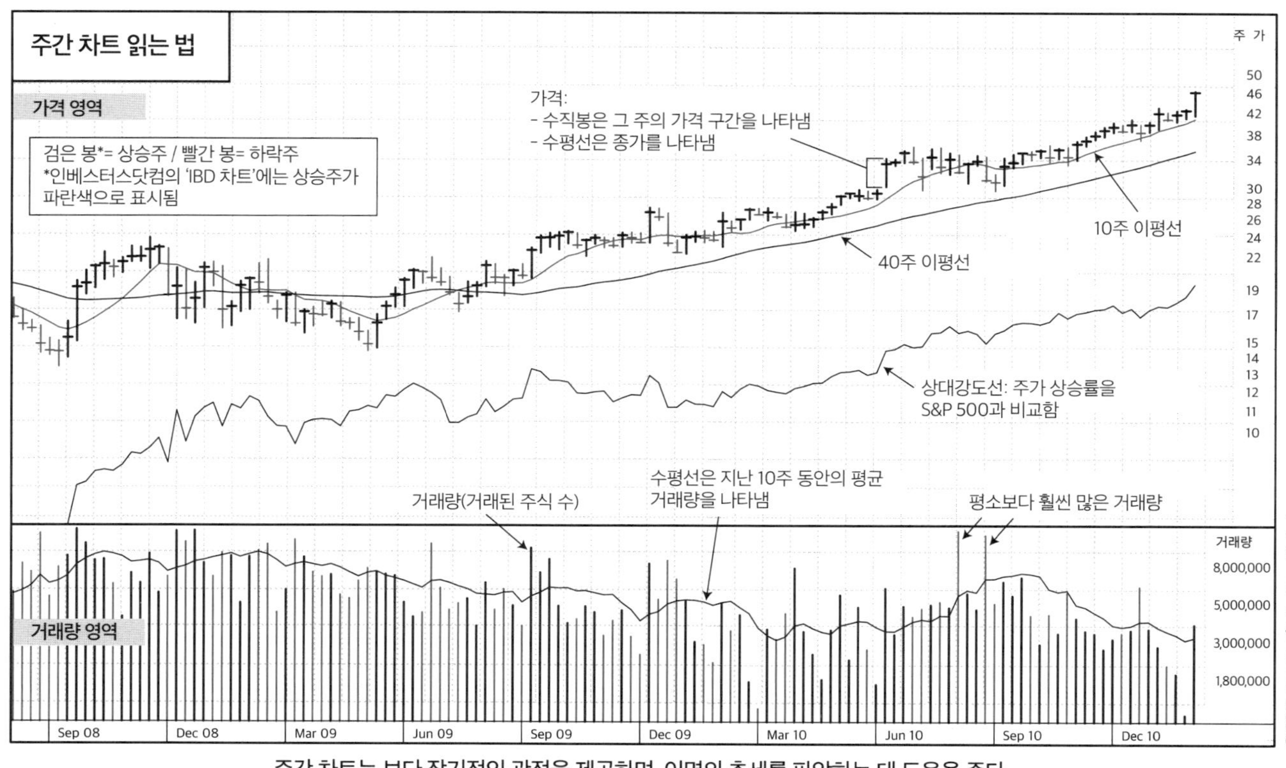

주간 차트는 보다 장기적인 관점을 제공하며, 이면의 추세를 파악하는 데 도움을 준다.

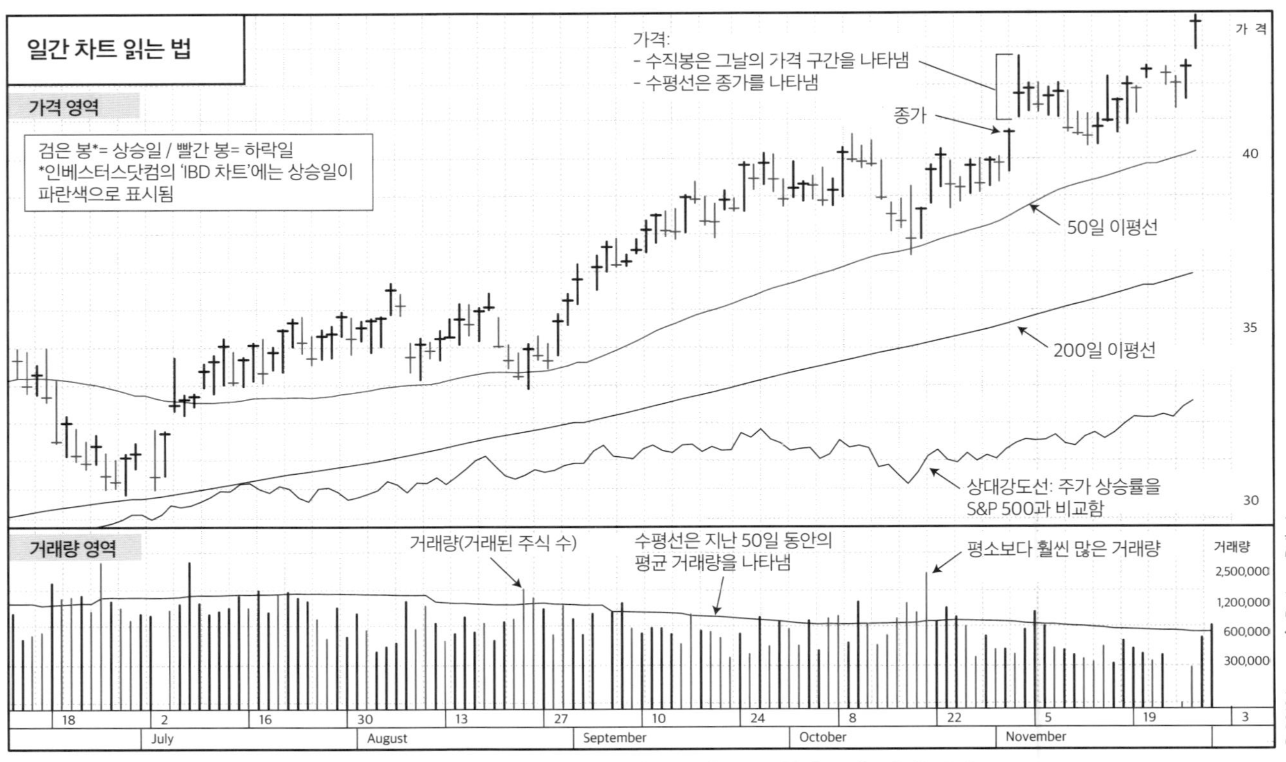
일간 차트 읽는 법
가격 영역
검은 봉*= 상승일 / 빨간 봉= 하락일
*인베스터스닷컴의 'IBD 차트'에는 상승일이 파란색으로 표시됨
가격:
- 수직봉은 그날의 가격 구간을 나타냄
- 수평선은 종가를 나타냄
종가
50일 이평선
200일 이평선
상대강도선: 주가 상승률을
S&P 500과 비교함
가 격
40
35
30
거래량 영역
거래량(거래된 주식 수)
수평선은 지난 50일 동안의
평균 거래량을 나타냄
평소보다 훨씬 많은 거래량
거래량
2,500,000
1,200,000
600,000
300,000
18
2
16
30
13
27
10
24
8
22
5
19
3
July
August
September
October
November
© 2013 Investors's Business Daily, Inc.

일간 차트는 구체적인 매수 지점과 조기 경고 신호를 포착하는 데 도움을 준다.

- **이평선**: 차트의 가격 영역(상단)에 나오는 수평선들은 특정한 기간의 평균 주가를 추종한다.

  주간 차트에서 빨간 선은 10주 이평선을, 검은 선은 40주 이평선을 나타낸다. 일간 차트에서 빨간 선은 50일 이동평균을 추종하고, 검은 선은 지난 200거래일 동안의 평균 주가를 추종한다.

  이 기준선 주위에서 주가가 어떤 동향을 보이는지가 대단히 중요한데, 그 이유는 곧 알게 될 것이다.

- **상대강도선**: 차트의 가격 영역(상단)에서 수평 상대강도선은 지난 52주에 걸쳐서 해당 종목의 가격 동향과 S&P 500의 가격 동향을 비교한다.

  이 선이 상승하면 해당 종목이 S&P 500보다 높은 상승률을 기록했다는 의미다. 이는 해당 종목이 가격 동향 측면에서 시장 선도 종목임을 말해주는 긍정적인 신호다. 반대로 상대강도선이 하락하면 해당 종목이 전체 시장보다 뒤처진다는 것을 말해준다.

다음 과제: 차트가 어떤 '이야기'를 들려주는지 그리고 기관투자자들이 대량 매수 또는 매도하는지 파악할 수 있는 세 가지 방법을 살펴보자.

차트 읽기 기초: 추세란 무엇인가?

지금 주가는 어느 방향으로 향하고 있는가? **이 '이야기'는** 매우 명백하게 드러나지만 대단히 중요하다.

기본적으로 세 가지 추세가 있다.

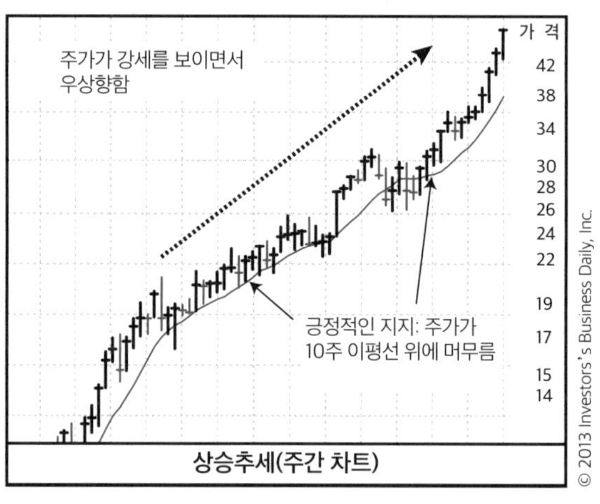

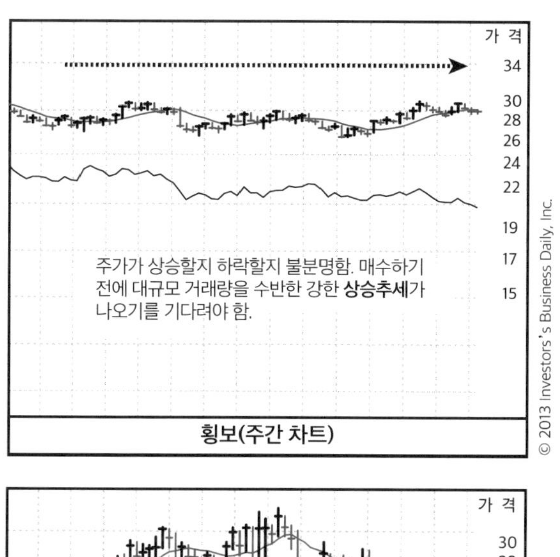

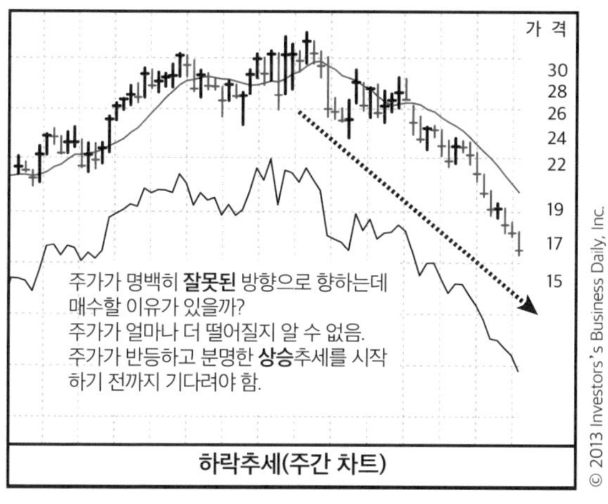

가 격
30
28
26
24
22
19
17
15
주가가 명백히 잘못된 방향으로 향하는데 매수할 이유가 있을까?
주가가 얼마나 더 떨어질지 알 수 없음.
주가가 반등하고 분명한 상승추세를 시작하기 전까지 기다려야 함.
하락추세(주간 차트)
주가가 상승할지 하락할지 불분명함. 매수하기 전에 대규모 거래량을 수반한 강한 상승추세가 나오기를 기다려야 함.
횡보(주간 차트)
© 2013 Investor's Business Daily, Inc.

주가가 약세를 보일 때가 아니라 강세를 보일 때 매수해야 한다. '강세'는 주가가 상승하면서 주요 지점에서 지지되는 것을 뜻한다. 이는 기관투자자들이 매수하고 있다는 신호다.

하락추세의 차트를 보라. 강세로 보이는가, 약세로 보이는가? 지지구간('바닥')을 찾아서 반등을 시작하기 전까지 주가가 얼마나 더 내려갈까? 혹시 반등이 나오기는 할까? 누구도 모른다! 내일 당장 큰 폭의 상승을 시작할 수도 있고, 계속 하락할 수도 있다.

그것이 핵심이다. **굳이 필요 없는 온갖 리스크와 불확실성을 감수할 이유가 있을까?**

타격을 입고 하락 중인 주식을 '저가 매수'하는 호구가 되지 마라. 앞서 배운 내용을 명심하라. **신저점을 찍는 종목은 더 하락하는 경향이 있고, 신고점을 찍는 종목은 더 상승하는 경향이 있다.**

그러니 이미 강세를 보이면서 올바른 방향, 즉 위쪽으로 향하는 종목만 매수하라.

차트 읽기 기초: 언제나 가격과 거래량을 확인하라

어떤 사람들은 차트가 너무 복잡하다거나 무슨 점술 도구인 것처럼 평가절하한다. 사실, 차트는 가격 및 거래량 변동의 시각적 표현에 불과하다.

차트가 그리는 그림은 매우 계시적이다. 가격 및 거래량의 조합은 대형 투자자들이 무엇을 하려 하는지 분명하게 보여준다.

기관투자자들은 소위 욕조 속의 코끼리와 같아서 움직임을 숨길 수가 없다. 차트를 활용하면 그들이 뛰어들거나 발을 뺄 때 그 사실을 놓칠 수가 없다.

그 이유는 주식 차트가 주가 변동과 함께 거래량의 중대한 급증(또는 급감)을 명확하게 보여주기 때문이다. 이런 거래량 변화는 기관투자자들의 매수 또는 매도가 실제로 얼마나 진지한지 말해준다.

다음 페이지의 차트에 나오는 시나리오는 가격과 거래량이 같이 움직이는 양상에 대한 기본적인 관점을 제공한다. 다른 요소들도 작용하지만 지금은 이 시나리오들이 제시하는 핵심 개념을 익혀두도록 하자.

그거 참 드문 일이군!

이 시나리오들을 살필 때 이례적인 거래량, 즉 이례적으로 많거나 적은 거래량에 주목해야 한다.

가령 대개 하루에 100만 주가 거래되던 종목이 갑자기 200만 주나 거래되면 주의를 기울여야 한다. 이는 당신의 프레드 삼촌이 100주를 사거나 파는 수준이 아니다. 기관의 매매가 이뤄진 것이다. 당신은 이런 대규모 거래가 어떤 '이야기'를 하는지 알아야 한다.

몇 분의 시간을 들여서 차트에 적힌 내용들을 세심하게 살펴라. 따로 표시된 거래량 급증과 그것이 펀드 매니저와 다른 대형 투자자들이 무엇을 하는지에 대해 말해주는 '이야기'에 특별한 주의를 기울여라. 이례적인 거래량을 포착하고 그 의미를 아는 일은 성공 투자의 열쇠가 될 것이다.

기관 매수: 이례적으로 많은 거래량을 수반한 큰 폭의 주가 상승

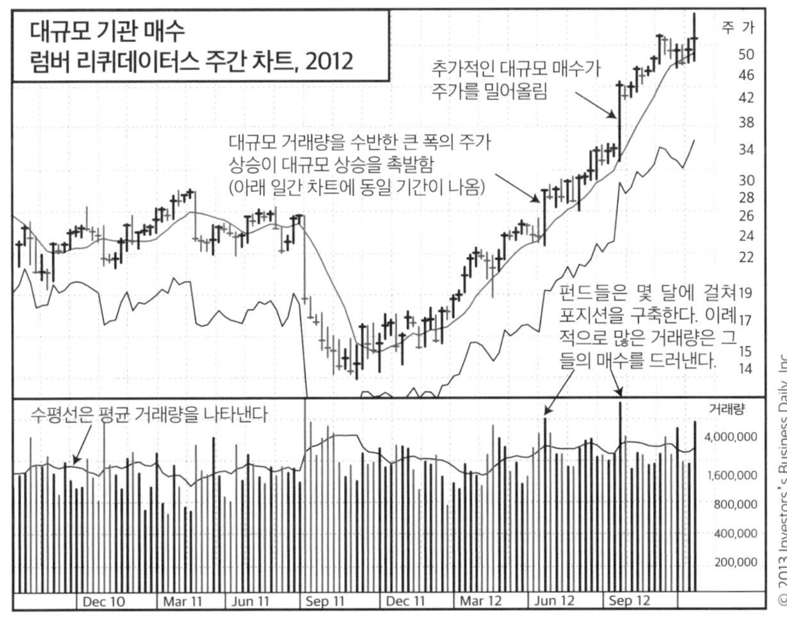
대규모 기관 매수
럼버 리퀴데이터스 주간 차트, 2012
주 가
추가적인 대규모 매수가
주가를 밀어올림
대규모 거래량을 수반한 큰 폭의 주가
상승이 대규모 상승을 촉발함
(아래 일간 차트에 동일 기간이 나옴)
펀드들은 몇 달에 걸쳐
포지션을 구축한다. 이례
적으로 많은 거래량은 그
들의 매수를 드러낸다.
수평선은 평균 거래량을 나타낸다
거래량
4,000,000
1,600,000
800,000
400,000
200,000
Dec 10
Mar 11
Jun 11
Sep 11
Dec 11
Mar 12
Jun 12
Sep 12
© 2013 Investors's Business Daily, Inc.

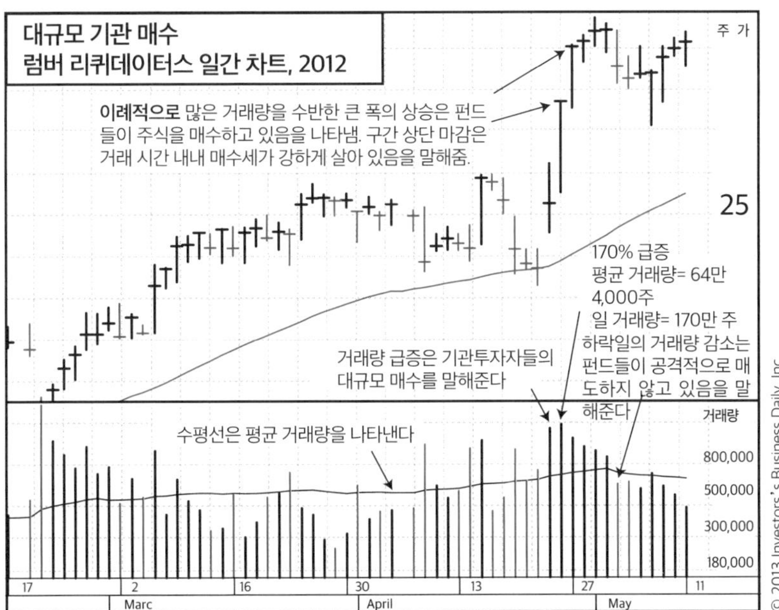
대규모 기관 매수
럼버 리퀴데이터스 일간 차트, 2012
주 가
이례적으로 많은 거래량을 수반한 큰 폭의 상승은 펀드
들이 주식을 매수하고 있음을 나타냄. 구간 상단 마감은
거래 시간 내내 매수세가 강하게 살아 있음을 말해줌.
25
170% 급증
평균 거래량= 64만
4,000주
일 거래량= 170만 주
하락일의 거래량 감소는
펀드들이 공격적으로 매
도하지 않고 있음을 말
해준다
거래량 급증은 기관투자자들의
대규모 매수를 말해준다
수평선은 평균 거래량을 나타낸다
거래량
800,000
500,000
300,000
180,000
17
2
16
30
13
27
11
Marc
April
May
© 2013 Investors's Business Daily, Inc.

이례적으로 많은 거래량을 수반한 큰 폭의 주가 상승은
기관투자자들이 공격적으로 매수하고 있음을 말해준다.
또한 종가가 그날 또는 그 주의 변동폭 상단인 것도 강세 신호다.

기관 매도: 이례적으로 많은 거래량을 수반한 큰 폭의 주가 하락

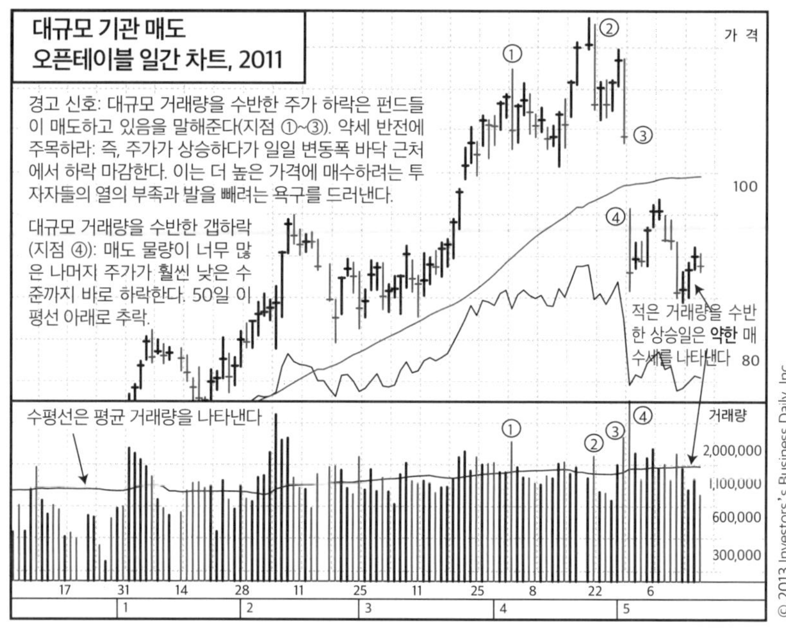

대규모 기관 매도
차트를 보지 않고 이처럼 명확한 추세 변화를 파악할 수 있을까?
대량 매도가 급격한 하락을 촉발함 (위의 일간 차트에 같은 기간이 나옴)
오픈테이블 일간 차트, 2011
경고 신호: 대규모 거래량을 수반한 주가 하락은 펀드들이 매도하고 있음을 말해준다(지점 ①~③). 약세 반전에 주목하라: 즉, 주가가 상승하다가 일일 변동폭 바닥 근처에서 하락 마감한다. 이는 더 높은 가격에 매수하려는 투자자들의 열의 부족과 발을 빼려는 욕구를 드러낸다.
대규모 거래량을 수반한 갭하락(지점 ④): 매도 물량이 너무 많은 나머지 주가가 훨씬 낮은 수준까지 바로 하락한다. 50일 이평선 아래로 추락.
적은 거래량을 수반한 상승일은 약한 매수세를 나타낸다
수평선은 평균 거래량을 나타낸다
가 격
100
80
거래량
2,000,000
1,100,000
600,000
300,000
17 31 14 28 11 25 11 25 8 22 6
1 2 3 4 5
© 2013 Investor's Business Daily, Inc.

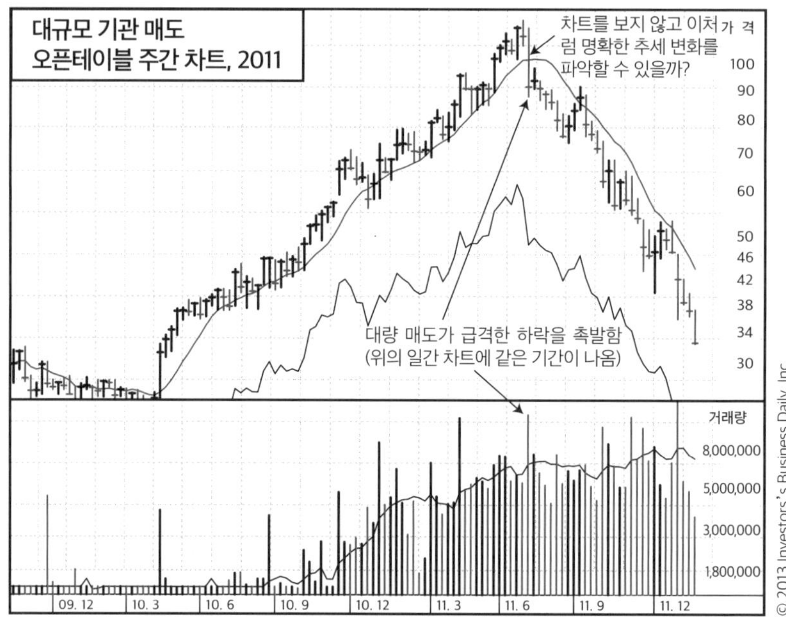

이례적으로 많은 거래량을 수반한 대규모 주가 하락은
기관투자자들이 공격적으로 매도하고 있음을 말해준다.
또한 종가가 그날 또는 그 주의 변동폭 하단인 것도 약세 신호다.

적은 거래량을 수반한 주가 상승

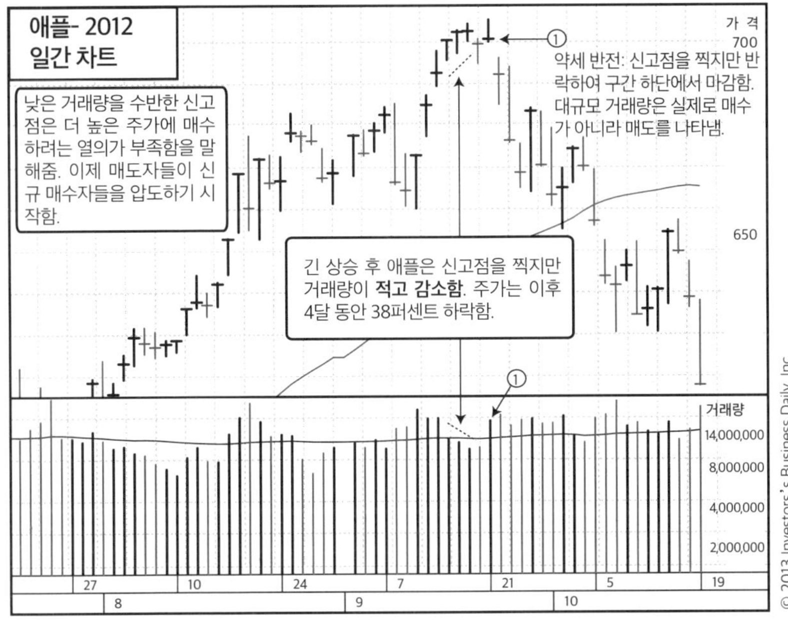
애플- 2012
일간 차트
낮은 거래량을 수반한 신고점은 더 높은 주가에 매수하려는 열의가 부족함을 말해줌. 이제 매도자들이 신규 매수자들을 압도하기 시작함.
가 격
700
650
약세 반전: 신고점을 찍지만 반락하여 구간 하단에서 마감함. 대규모 거래량은 실제로 매수가 아니라 매도를 나타냄.
긴 상승 후 애플은 신고점을 찍지만 거래량이 적고 감소함. 주가는 이후 4달 동안 38퍼센트 하락함.
거래량
14,000,000
8,000,000
4,000,000
2,000,000
27
10
24
7
21
5
19
8
9
10
© 2013 Investor's Business Daily, Inc.

적은 거래량은 대형 투자자들이 열의가 없다는 뜻일 수 있다.

적은 거래량을 수반한 주가 하락

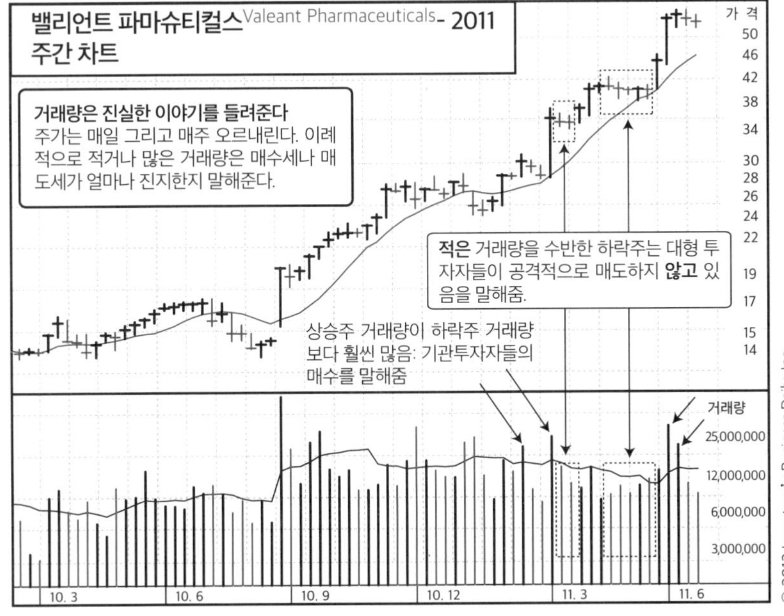
밸리언트 파마슈티컬스Valeant Pharmaceuticals- 2011
주간 차트
거래량은 진실한 이야기를 들려준다
주가는 매일 그리고 매주 오르내린다. 이례적으로 적거나 많은 거래량은 매수세나 매도세가 얼마나 진지한지 말해준다.
가 격
50
46
42
38
34
30
28
26
24
22
19
17
15
14
적은 거래량을 수반한 하락주는 대형 투자자들이 공격적으로 매도하지 않고 있음을 말해줌.
상승주 거래량이 하락주 거래량보다 훨씬 많음: 기관투자자들의 매수를 말해줌
거래량
25,000,000
12,000,000
6,000,000
3,000,000
10. 3
10. 6
10. 9
10. 12
11. 3
11. 6
© 2013 Investor's Business Daily, Inc.

적은 거래량은 대형 투자자들이 관망하면서 공격적으로 매도하지 않고 있음을 뜻한다.

강세 반전 vs. 약세 반전

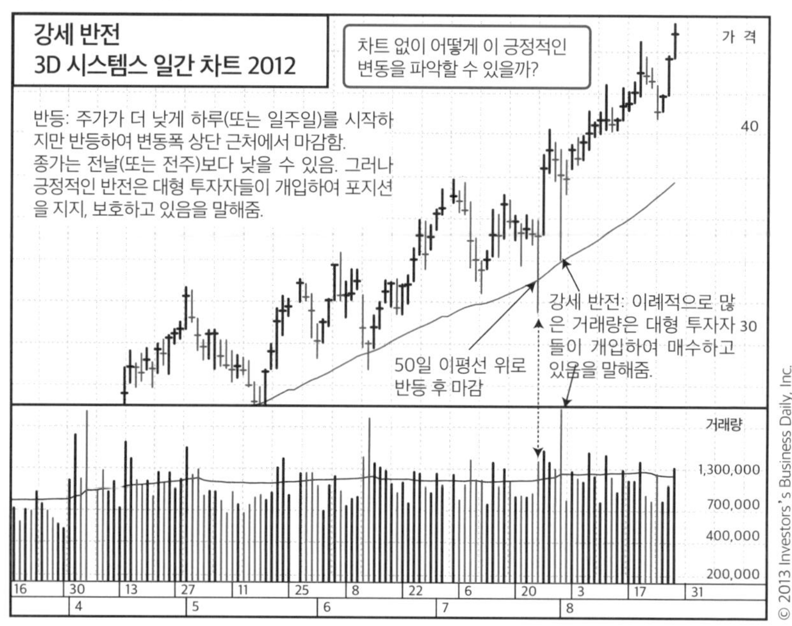

강세 반전
3D 시스템스 일간 차트 2012
차트 없이 어떻게 이 긍정적인 변동을 파악할 수 있을까?
반등: 주가가 더 낮게 하루(또는 일주일)를 시작하지만 반등하여 변동폭 상단 근처에서 마감함. 종가는 전날(또는 전주)보다 낮을 수 있음. 그러나 긍정적인 반전은 대형 투자자들이 개입하여 포지션을 지지, 보호하고 있음을 말해줌.
50일 이평선 위로 반등 후 마감
강세 반전: 이례적으로 많은 거래량은 대형 투자자들이 개입하여 매수하고 있음을 말해줌.
가 격
40
30
거래량
1,300,000
700,000
400,000
200,000
16 30 13 27 11 25 8 22 6 20 3 17 31
4 5 6 7 8
© 2013 Investors's Business Daily, Inc.

강세 반전은 투자자들이 개입하여 주가를 떠받치고 있음을 말해준다.

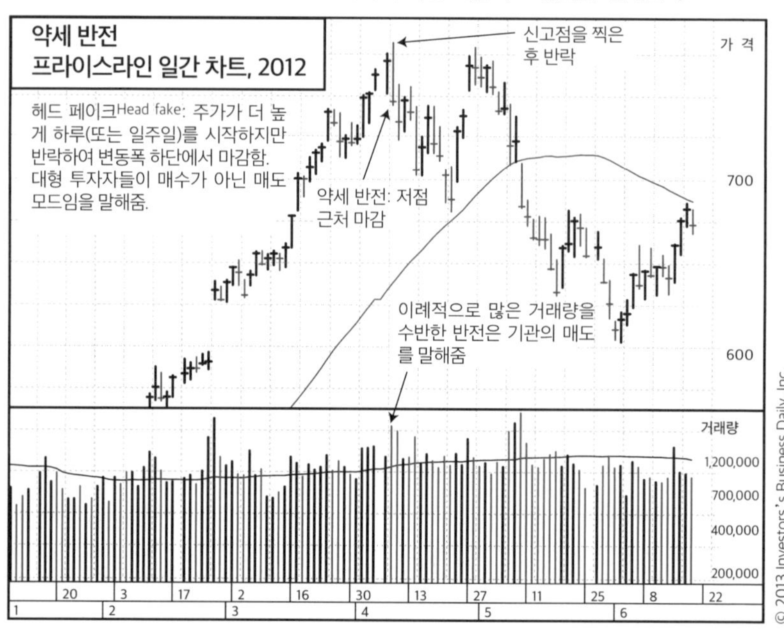

대규모 거래량을 수반한 약세 반전은 대형 투자자들이
초기의 주가 상승을 매도 기회로 활용하고 있음을 말해준다.

거래량이 중요하다

다음은 거래량을 바라보는 또 다른 방식이다.

당신이 작은 옷가게를 운영하며, 여름 시즌을 위해 어떤 옷들을 매입할지 결정해야 한다고 가정하자. 업계지에 실린 설문 결과에 따르면 70퍼센트의 여성은 올해 빨간색 수영복을 구매할 계획이다. 그래서 당신은 '빨간색 수영복으로 진열대를 채워야겠군'이라고 생각할 수 있다.

그러나 추가 조사를 통해 해당 설문의 응답자가 10명뿐이라는 사실을 발견했다!

그래도 여전히 10명의 의견을 바탕으로 재고를 확보할 것인가? 당연히 아니다. 만약 설문이 적절한 표본을 확보하여 전문적으로 실시되었고, 1만 명이 응답했다면 그 결과를 더 신뢰할 수 있을 것이다.

거래량의 경우도 마찬가지다. 주가가 하루에 2퍼센트 상승한다는 사실은 그다지 많은 것을 말해주지 않는다. 거래량을 확인하기 전까지는 말이다. 거래량이 이례적으로 많았는가? 아니면 평균보다 적었는가?

거래량 정보가 없는 상태에서는 가격 변동이 실제로 어떤 의미인지 파악할 수 없다. 대형 펀드의 매니저들이 진정한 열의를 보이면서 대량 매수하고 있는가? 아니면 그저 헤드 페이크에 불과한가?

많은 금융 뉴스 프로그램과 발행물들은 'IBM이 오늘 1퍼센트 상승 마감했다'고만 말할 뿐, 거래량을 언급하지 않는다. 이는 마치 여론조사기관이 몇 명을 대상으로(즉, 거래량) 조사하여 결론에 도달했는지 설명하지 않고 '여성 10명 중 7명은 빨간색 수영복을 좋아한다'고 말하는 것과 같다.

사람들은 부동산은 오로지 '입지, 입지, 입지'가 핵심이라고 말한다. 차트를 활용하여 매수 및 매도 적기를 파악할 때도 오로지 '거래량, 거래량, 거래량'이 핵심임을 알게 될 것이다. 그러니 주가 변화가 정말로 말하는 것이 무엇인지 알려면 **언제나 거래량을 확인하라**.

차트 읽기 기초: 주가가 지지선을 찾거나 저항선에 부딪혔다면?

이제 주가와 거래량의 중요한 관계에 대해 기본적인 감을 잡았으니 차트 읽기와 관련된 또 다른 핵심 개념인 지지선과 저항선을 살펴보자.

이들을 마루(지지선)와 천장(저항선)으로 생각하라.

우리가 논의하는 차트 패턴과 '매수 지점'은 모두 이 단순한 생각에 기반한다. 매수할 때 주가가 내려가기보다 올라갈 가능성을 높이려면 먼저 상승의 토대가 될 견고한 마루(지지선)가 이미 깔려있는지 확인해야 한다. 그다음 주가가 천장(저항선)을 뚫고 새로운 상승을 위한 길을 열면서 진정한 힘을 보여주기를 기다려야 한다.

이번에도 기본 개념을 이해할 수 있도록 몇 가지 흔한 시나리오를 살펴보자.

거래량에 주목해야 하는 이유

이 시나리오들에서 거래량 변화에 주의를 기울여라. 가령 주가가 저항 구간을 돌파할 때 이례적으로 많은 거래량이 나와야 한다. 이는 기관투자자들이 열성적으로 그리고 공격적으로 매수하고 있음을 말해준다. 적은 거래량은 망설임과 확신의 부족을 드러낸다. 이는 주가가 더 높이 오르지 못하고 곧 저항 구간 아래로 떨어질 것임을 뜻한다.

10주 이평선 또는 50일 이평선에서의 지지 및 저항

당신의 종목이 이평선 근처에서 어떻게 움직이는지 지켜보는 것은 매우 중요하다. 특히 주간 차트의 10주 이평선과 일간 차트의 50일 이평선에 주목해야 한다. 그 이유는 간단하다. 전문 투자자들이 이 선들을 주요 기준선으로 삼기 때문이다. 이 핵심 이평선 근처의 주가 변동을 관찰하면 펀드 매니저와 다른 대형 투자자들이 해당 종목을 떠받치는지 아니면 매도하는지 알 수 있다.

- **지지:** 기관투자자들이 여전히 해당 종목에 대해 긍정적인 전망을 갖고 있다면 주가가 조정받거나 이평선 아래로 떨어질 때 종종 개입하여 더 많은 주식을 사들이고 포지션을 보호한다.

  이 시나리오에서 대개 주가는 적은 거래량과 함께 50일 또는 10주 이평선으로 떨어진다(기관이 공격적으로 매도하지 않고 있음을 보여줌). 그리고 뒤이어 대규모 거래량과 함께 이 선들 위로 반등한다(펀드 매니저들이 개입하여 더 많은 주식을 매수하고 있음을 보여줌).

● **투매:** 주가가 기준선에서 지지되지 않고 대규모 거래량과 함께 그 아래로 급락하는 것은 무슨 의미일까? 그 의미는 대형 투자자들이 이제 포지션을 떠받치는 것보다 그냥 빠져나가는 데 더 관심이 많다는 것이다.

다시 말하지만 주요 관찰 대상은 거래량이다. 이평선을 아래로 뚫을 때 특히 거래량이 많다면 이는 분명한 경고 신호다. 반면 거래량이 적다면 매도가 덜 심각하다는 뜻일 수 있다.

10주 이평선에서의 지지

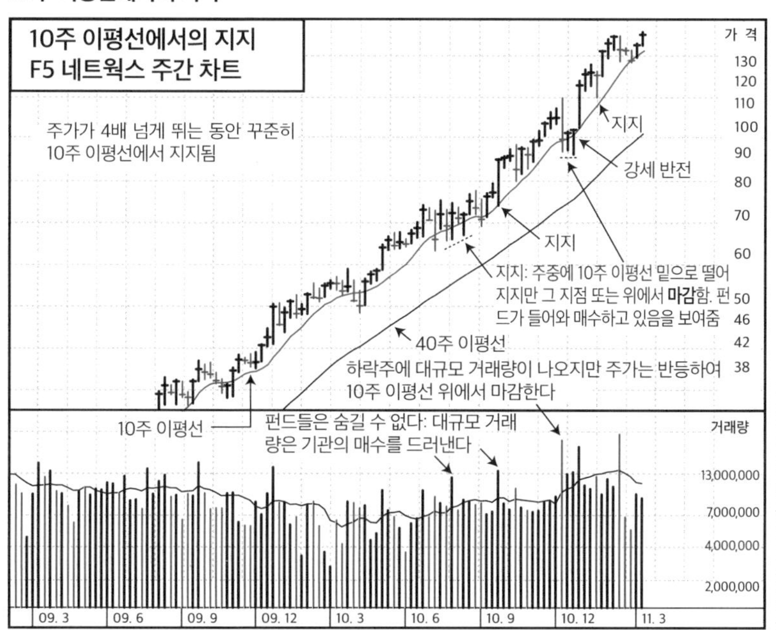

10주 이평선에서의 지지
F5 네트웍스 주간 차트
주가가 4배 넘게 뛰는 동안 꾸준히
10주 이평선에서 지지됨
가 격
130
120
110
100
90
80
70
60
50
46
42
38
지지
강세 반전
지지
지지: 주중에 10주 이평선 밑으로 떨어
지지만 그 지점 또는 위에서 **마감**함. 펀
드가 들어와 매수하고 있음을 보여줌
40주 이평선
하락주에 대규모 거래량이 나오지만 주가는 반등하여
10주 이평선 위에서 마감한다
10주 이평선
펀드들은 숨길 수 없다: 대규모 거래
량은 기관의 매수를 드러낸다
거래량
13,000,000
7,000,000
4,000,000
2,000,000
09. 3
09. 6
09. 9
09. 12
10. 3
10. 6
10. 9
10. 12
11. 3

주가가 10주 및 50일 이평선에서 지지되는지 확인하라!
이는 주식을 계속 보유하면서 잠재적으로 더 큰 수익을 올리는 데 도움이 된다.

10주 이평선에서의 급락

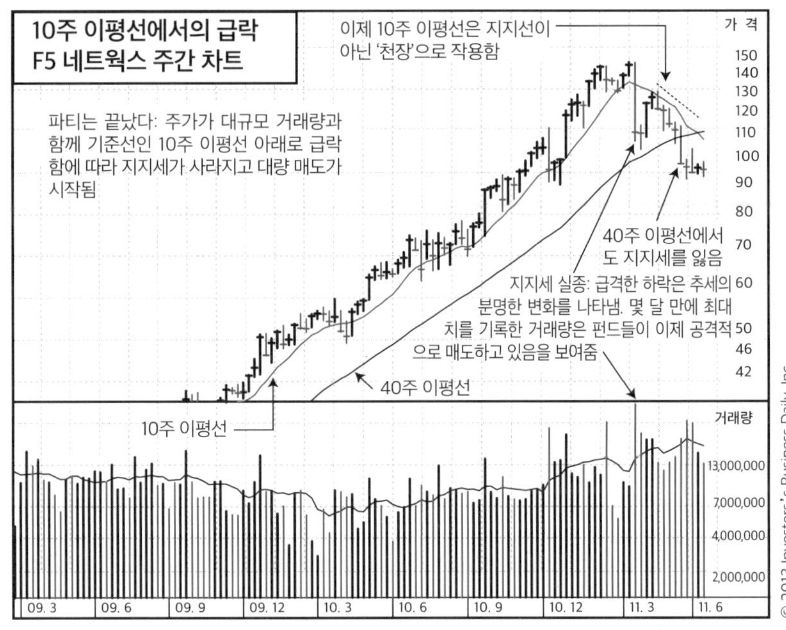
10주 이평선에서의 급락
F5 네트웍스 주간 차트
이제 10주 이평선은 지지선이 아닌 '천장'으로 작용함
가 격
파티는 끝났다: 주가가 대규모 거래량과 함께 기준선인 10주 이평선 아래로 급락함에 따라 지지세가 사라지고 대량 매도가 시작됨
40주 이평선에서도 지지세를 잃음
지지세 실종: 급격한 하락은 추세의 분명한 변화를 나타냄. 몇 달 만에 최대치를 기록한 거래량은 펀드들이 이제 공격적으로 매도하고 있음을 보여줌
40주 이평선
10주 이평선
150
140
130
120
110
100
90
80
70
60
50
46
42
거래량
13,000,000
7,000,000
4,000,000
2,000,000
09. 3
09. 6
09. 9
09. 12
10. 3
10. 6
10. 9
10. 12
11. 3
11. 6

주가가 대규모 거래량과 함께 급락하여 10주 이평선 밑에서 마감하면 조심해야 한다. 앞으로 추가 매도가 이뤄진다는 뜻일 수 있다.

위에 나오는 F5 네트웍스의 차트에서 볼 수 있듯이 전반적인 추세가 여전히 상승하는 동안에도 주가가 10주 또는 50일 이평선 아래로 며칠 내지 몇 주 동안 내려가는 일은 드물지 않다. 그래서 주가가 이 주요 기준선 중 하나 밑으로 떨어진다고 해서 자동으로 매도해야 하는 것은 아니다. 이 문제와 구체적인 매도 신호에 대해서는 매도 체크리스트에서 보다 자세히 다룰 것이다.

구체적인 가격 지점에서의 지지 또는 저항

주가가 이평선 근처에서 어떻게 움직이는지 지켜보는 일에 더하여 특정 가격 영역에서의 지지와 저항에 대한 신호도 확인해야 한다. 이는 나중에 살필 예고적 차트 패턴이 최적의 매수 시기를 집어내는 데 도움을 주는 양상과 이유를 이해하는 데 필수적인 요소다.

이 개념은 매수 후에도 주가가 핵심 영역에서 지지되면서 '디딤돌'을 놓기 때문에 계속 보유해야 하는지 아니면 '마루'를 뚫고 무너지기 때문

주요 가격 지점에서의 저항

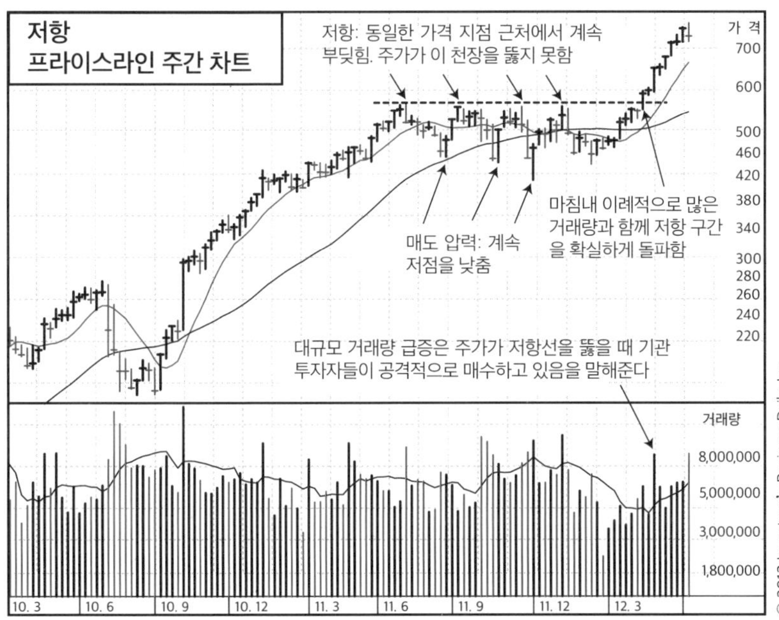

저항
프라이스라인 주간 차트
저항: 동일한 가격 지점 근처에서 계속 부딪힘. 주가가 이 천장을 뚫지 못함
가 격
700
600
500
460
420
380
340
300
280
260
240
220
마침내 이례적으로 많은 거래량과 함께 저항 구간을 확실하게 돌파함
매도 압력: 계속 저점을 낮춤
대규모 거래량 급증은 주가가 저항선을 뚫을 때 기관 투자자들이 공격적으로 매수하고 있음을 말해준다
거래량
8,000,000
5,000,000
3,000,000
1,800,000
10. 3
10. 6
10. 9
10. 12
11. 3
11. 6
11. 9
11. 12
12. 3
© 2013 Investor's Business Daily, Inc.

저항 영역은 중요한 시험장이다.
주가가 대규모 거래량과 함께 저항 영역을 돌파하는지 확인해야 한다.

이전 저항 영역은 지지 영역이 된다

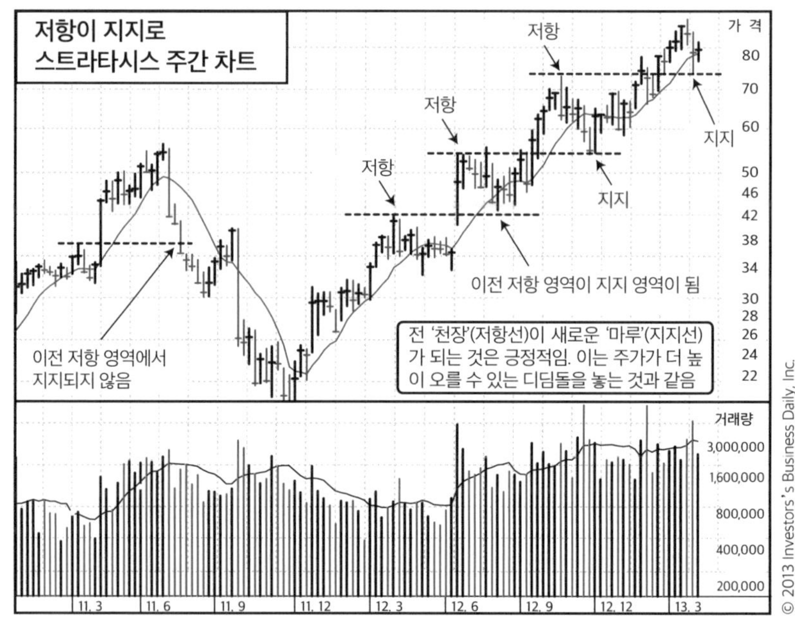

이전 저항 영역이 지지 영역이 되는지 확인해야 한다.
이런 지점은 주가가 한 번에 한 계단씩 오르는 동안 해당 종목을
계속 보유하는 데 도움을 준다.

에 매도해야 하는지 아는 데 도움을 준다. 다음 사례는 차트에서 지지선과 저항선이 어떤 양상인지 보여준다. 각 사례에 제시된 설명 내용을 읽을 때 가격과 거래량의 중요한 관계에 특히 주의를 기울여야 한다.

다음 과제: 방금 배운 세 가지 개념을 활용하여 큰 폭의 주가 상승을 촉발하는 예고적 패턴을 포착해 보자.

큰 폭의 주가 상승을 촉발하는 세 가지 예고적 패턴

나는 정치사 덕후로서 수십 년, 심지어 수 세기가 지나도록 상황이 크게 바뀌지 않는다는 점에 언제나 놀라움을 느낀다. 새로운 인물과 이슈가 나타났다가 사라지곤 하지만 핵심 주장과 논쟁은 근본적으로 같다. 왜 그럴까? 모두가 결국 인간 본성으로 귀결되며, 인간 본성은 결코 바뀌지 않기 때문이다.

주식시장의 경우도 마찬가지다. 인간 본성을 이해하고 받아들이면 혼란스러워 보이는 시장의 행동을 이해할 수 있다. 그리고 당신은 더 많은 돈을 벌 수 있다.

내가 이 사실을 언급하는 이유는 잠재적 대규모 변동을 알리는 세 가지 주된 패턴을 살피는 동안 그들이 차트에 나타나는 무작위적 형태가 아니라는 것을 명심해 주었으면 하고 바라기 때문이다. 그런 패턴들은 희망과 공포, 탐욕이라는 인간적 감정을 반영한다. 그리고 가격과 거래량 변동처럼 이야기를 들려준다.

패턴은 바뀌지 않는다

인간 본성은 바뀌지 않기 때문에 이 예고적 패턴의 형태도 동일하게 유지된다.

윌리엄 오닐은 《최고의 주식 최적의 타이밍》의 서두에서 지난 100여 년 동안 최고의 상승률을 기록한 100개 종목의 차트를 보여주었다. 1915년의 제너럴 모터스든, 1934년의 코카콜라든, 2006년의 프라이스라인이든, 해당 패턴('바닥'이라고도 불림)은 동일했다. 또한 지금 그리고 10년 후에도 같은 패턴을 볼 수 있을 것이다.

바닥을 포착하는 법을 배우면 해마다 최고의 종목에 일찍 들어갈 수 있다.

차트 패턴을 '발사대', 즉 주가가 새로운 대규모 상승을 시작할 출발점이라고 생각하라. 그래서 이 세 가지 흔한 바닥을 포착하는 법을 배우면 '이륙' 시간에 맞춰 도착할 수 있다. 차트 패턴을 활용하여 매수 시기를 정하는 것이 대단히 많은 수익을 안기는 이유가 거기에 있다.

앞서 말한 대로 차트를 제대로 읽으려면 시간과 노력이 필요하다. 그래도 끈기를 발휘하라. 생각하는 것만큼 어렵지 않다. 또한 다음 페이지의 표가 보여주듯이 그 보상은 인생을 바꿀 수 있다.

우리는 먼저 모든 대박 종목의 대규모 상승을 촉발한 세 가지 주 패턴을 살펴볼 것이다. 바로 **손잡이가 달린 컵, 쌍바닥, 평평한 바닥**이다. 기본 패턴을 포착하는 방법을 알고 난 후에는 '형태 너머를 보라' 부분에서 추가적인 단서를 살펴볼 것이다.

예고적 패턴들이 대규모 상승을 촉발한 양상

기업	시작 연도	패턴 유형	총액
애플	2004	손잡이가 달린 컵	199주 동안 1,528%
인튜이티브 서지컬	2004	손잡이가 달린 컵	180주 동안 1,826%
CME 그룹	2005	쌍바닥	113주 동안 224%
데커스 아웃도어	2007	평평한 바닥	46주 동안 173%
바이두	2009	손잡이가 달린 컵	93주 동안 401%
치폴레 멕시칸 그릴	2010	손잡이가 달린 컵	84주 동안 186%
룰루레몬 애슬레티카	2010	쌍바닥	44주 동안 196%
럼버 리퀴데이터스	2012	손잡이가 달린 컵	48주 동안 167%
리제네론 파마슈티컬	2012	컵	45주 동안 136%
3D 시스템스	2012	컵	40주 동안 178%

그다음에는 양호한 수익을 안길 수 있는 두 가지 다른 매수 기회를 다룰 것이다. **3주 조밀 패턴**과 **50일 또는 10주 이평선 반락 패턴**이다.

주목할 다른 패턴과 가격 변동도 있다. 그러나 이 패턴들이 훨씬 흔하게 나오며, 솔직히 가장 수익성이 좋다. 그러니 처음 시작할 때는 단순하게 가면서 이 패턴들에만 초점을 맞춰라.

이 패턴들을 살필 때 가격과 거래량 그리고 지지선과 저항선이 말해주는 '이야기'에 대해 앞서 논의한 내용을 명심하라. 그 내용은 이 차트 패턴들에서 어떤 일이 일어나고 있으며, 그것이 중요한 이유가 무엇인지에 대한 배경과 설명을 제공한다.

패턴 1:
손잡이가 달린 컵

가장 흔하고 수익성 좋은 패턴

- 대박 종목은 종종 이 패턴을 형성하면서 대규모 상승을 시작한다
- 옆에서 본 찻잔 모양과 비슷하다

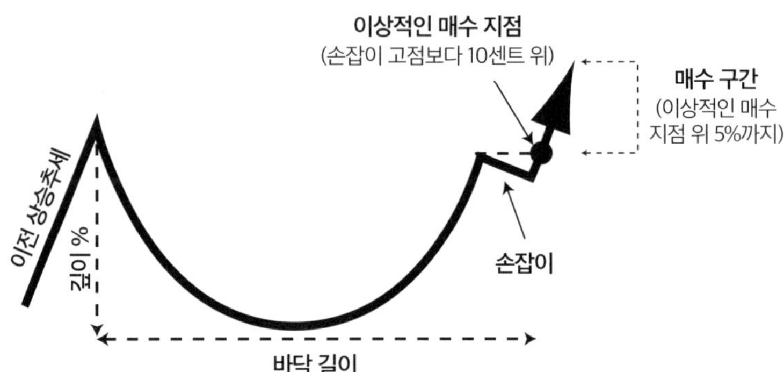

확인할 점

대규모 상승의 초기 단계에 있는 대박 종목을 어떻게 찾을 수 있을까? 손잡이가 달린 컵을 포착하는 법을 배우면 가능하다. 해마다 최대 상승 종목은 종종 이 패턴을 돌파하면서 상승을 시작한다.

앞으로 여러 사례를 살필 것이다. 먼저 손잡이가 달린 컵에서 무엇을 확인해야 할지 알아보자.

동시에 차트가 바닥을 형성하면서 어떤 '이야기'를 들려주는지도 살필 것이다. 이는 차트 패턴과 매수 지점이 작용하는 양상, 감정과 인간 본성이 큰 역할을 하는 양상을 이해하는 데 도움을 준다.

IBD TV와 함께 차트 분석 능력이 향상되는 모습을 확인하라

▶ 무료 '일간 종목 분석'과 '마켓 랩' 동영상들을 보면서 차트를 분석하고 시기적절하게 관심종목을 구성하는 방법을 파악하라. www.investors.com/GettingStartedBook에서 그 방법을 확인하라.

☑ 이전 상승추세: 30퍼센트 이상

적절한 '바닥' 또는 차트 패턴을 형성하려면 그 이전에 상승추세가 필요하다. 바닥의 이면에 깔린 개념은 양호한 상승 이후에 해당 종목이 더 높은 상승에 대비하여 한숨을 돌리면서 이전 상승을 소화한다는 의미이기 때문이다. 다시 말해서 지지선과 저항선 부분에서 언급한 '디딤돌'을 형성하는 것이다.

배경 설명

이전 상승추세는 대개 전체 시장이 상승할 때 발생한다. 상승추세가 조정 국면으로 접어들면 최고의 캔 슬림 종목도 기간조정을 거치면서 새로운 바닥을 형성할 가능성이 높다.

그러면 상승추세 때 일찍 들어간 투자자들은 수익을 실현하기 시작한다. 아마 이 무렵 20~25퍼센트 수익 실현 규칙이 발동될 것이다.

반면 일찍 들어가지 못하고 이전 상승추세의 막바지에 매수한 사람들의 경우 이야기가 완전히 달라진다. 그들은 매수 체크리스트와 같은 적절한 매수 규칙을 갖고 있지 않다. 그래서 전체 시장이 약화되고 해당 종목도 하락하기 시작할 때 매수해 버렸다. 그들은 적절한 매도 규칙도 갖고 있지 않을 것이다. 따라서 조만간 큰 손실을 끌어안게 된다.

☑ 바닥 깊이: 15~30%

컵의 좌측에 있는 고점에서 저점('바닥')까지의 폭으로 측정하는 바닥 깊이는 15~30퍼센트 사이여야 한다. 심각한 약세장에서는 깊이가 40~50퍼센트일 수 있다. 일반적으로 시장 조정 때 잘 버티는 종목을 찾아라. 관심종목 중 하나가 35퍼센트 하락한 반면 다른 종목의 바닥 깊이는 20퍼센트에 불과하다면, 다른 모든 조건이 동일한 경우 후자가 더 강력한 바닥을 형성할 수 있다.

배경 설명

이전 상승추세 때 너무 늦게 매수한 사람들을 기억하는가? 그들은 이제 상당한 손실을 끌어안고 있다. 어떻게든 본전이라도 찾기를 바라고 기도하면서 말이다.

그동안 해당 종목은 바닥을 다진 후 이제 컵의 우측을 형성하기 시작한다. 왜 그럴까? 기관투자자들이 매도를 멈추고 매수를 시작하기 때문이다. 그래서 주가가 다시 오르기 시작한다.

☑ 바닥 길이: 최소 7주

- 바닥에서 첫 하락주를 1주차로 계산

손잡이가 달린 컵의 최소 길이는 7주다. 그러나 일부는 여러 달 또는 1년 넘게 훨씬 오래 지속될 수 있다. 손잡이가 달린 컵 형태를 지녔지만 길이가 5주밖에 안 되는 모든 패턴을 조심하라. 5주는 대체로 이전 상승을 소화하기에 충분한 기간이 아니다. 그래서 상승하기보다는 바닥이 붕괴될 가능성이 더 높다.

배경 설명

손잡이가 달린 컵의 길이는 대개 전체 시장 조정 구간의 길이에 영향받는다. 길고 깊은 약세장에서는 길고 깊은 손잡이가 달린 컵이 형성되는 경우가 많다. 반면 짧고 얕은 일시적 조정에서는 같은 변동 양상을 닮은 바닥이 나올 것이다.

☑ 손잡이

- 손잡이 부분의 거래량은 적어야 한다.
- 손잡이의 깊이는 약 10~12퍼센트여야 한다.
- 바닥의 상단에서 형성되어야 한다.
- 손잡이의 고점은 컵 좌측에 있는 전고점의 15퍼센트 이내여야

한다.

손잡이는 비교적 적은 거래량을 수반한 가벼운 조정이어야 한다. 이는 장기 보유에 대한 의지가 없는 약한 보유자들을 '털어내기' 위한 것이다. 대규모 거래량을 수반한 12~15퍼센트 이상의 급락은 성공적인 상승을 막는 보다 심각한 투매를 나타낸다.

손잡이는 바닥의 상단에서 형성되어야 한다. 손잡이가 너무 일찍(즉, 하단에서) 형성되는 것은 현재 기관의 매수세가 주가를 밀어올릴 만큼 강하지 않다는 것을 뜻한다.

'N'은 '신고점New High'을 뜻하기도 한다

앞서 살핀 대로 캔 슬림의 'N'은 '새로운New' 제품이나 산업 추세를 뜻한다. 그리고 52주 신고점을 가리키기도 한다.

각각의 예고적 패턴들(손잡이가 달린 컵, 쌍바닥, 평평한 바닥)에 있어서 핵심 요건은 주가가 바닥을 돌파할 때 신고점이나 그 근처에 있어야 한다는 것이다. 이것이 강세를 나타내는 신호다. 또한 다음과 같은 역사적 사실을 상기시키는 중요한 요소이기도 하다.

- 신고점을 찍는 종목은 더 오르는 경향이 있다.
- 신저점을 찍는 종목은 더 내리는 경향이 있다.

그러니 할인 품목과 재고 정리 세일은 쇼핑몰에서나 찾아라! 주식을 매수할 때는 새로운 고지에 오르고 타당한 차트 패턴을 돌파하면서 강세를 보이는 종목에만 초점을 맞춰야 한다.

배경 설명

손잡이에서 털어내기에 당하는 약한 보유자들은 누구일까? 바로 이전 상승추세의 막바지에 뒤늦게 매수하여 큰 손실을 입은 사람들이다. 수익을 내는 것은 더 이상 그들의 목표가 아니다. 그들은 단지 손실 중 일부를 만회할 수 있기를 바랄 뿐이다. 그래서 주가가 전고점(및 약한 보유자들의 손익분기점) 근처까지 오르면 매도하기 시작한다.

털어내기가 유익한 이유는 다음과 같다. 어떤 종목에 '약한 보유자'들이 많으면 주가가 오를 때마다 선불리 매도한다. 그래서 주가가 다시 밀린다. 그들이 사라져야 주가가 더 수월하게 오른다.

반면 주가가 컵의 오른쪽을 형성하는 동안 주식을 담는 대형 투자자들은 어떨까?

그들은 의지가 강하며, 계속 포지션을 유지한다. 손잡이 부분의 거래량이 적은 이유가 거기에 있다. 약한 보유자들만 매도하기 때문이다. 대형 기관들은 새로운 상승을 기대하며 관망한다.

☑ 이상적인 매수 지점

- 손잡이 고점보다 10센트 위
- 매수 구간: 이상적인 매수 지점에서 5퍼센트 위까지
- 언제나 이상적인 매수 지점에 최대한 가깝게 매수하라!

손잡이 고점이 가령 30달러라면 10센트를 더한 30.10달러가 이상적인 매수 지점이다.

매수 구간은 30.10달러부터 5퍼센트 위인 31.60달러까지다.

이상적인 매수 지점에 최대한 가깝게 매수해야 한다. 낮 동안 시장을 지켜볼 수 없다면 사전에 자동 매매 기능을 설정할 수 있다(4장).

주가가 이상적인 매수 지점보다 5퍼센트 넘게 오르면 이는 적절한 매수 구간을 넘어서 '초과된' 것으로 간주한다. **초과된 종목은 사지 마라.**

주가는 종종 돌파 이후 약간 떨어진다. 너무 늦게 매수하면 '털어내기'에 당할 가능성이 높다. 매도 체크리스트에서 살핀 7~8퍼센트 규칙이 발동되기 때문이다.

배경 설명

손잡이 고점이 최근의 저항 영역인 점에 주목하라. 즉, 주가는 최근에 이 천장에 부딪혀서 떨어졌다.

그래서 손잡이 고점은 새로운 시험장이며, 우리가 그것을 바탕으로 매수 지점을 정하는 이유도 거기에 있다.

주가가 대규모 거래량과 함께 해당 영역을 돌파하는가? 이는 기관투자자들이 열성적으로 매수하고 있으며, 주가를 더 밀어올릴 의지가 있음을 뜻한다.

모든 바닥에 대해 우리는 최근의 저항 영역에 10센트를 더하여 이상적인 매수 지점을 정한다. 이는 해당 종목이 저항 영역에 부딪히기만 하는 것이 아니라 실제로 돌파하고 있음을 확인하기 위한 것이다.

☑ 돌파일 거래량: 최소한 평균보다 40~50% 증가

주가가 이상적인 매수 지점을 돌파하는 날에 거래량은 통상적인 수준보다 최소 40~50퍼센트 증가해야 한다. 이는 강한 기관의 매수세를 말해준다. 돌파의 경우 거래량은 대부분 평균보다 100퍼센트나 200퍼센트 또는 그 이상 급증한다. 적거나 평균 이하의 거래량은 주가 변동이 헤드 페이크에 불과하며, 해당 종목은 큰 폭의 상승을 이룰 준비가 되지 않았다는 뜻이다.

분기 실적 발표 전후에 주의하라

손잡이가 달린 컵이나 다른 패턴의 경우 돌파는 최근 분기 실적 발표 때 많이 이뤄진다. 그러니 계속 주의를 기울이되 동시에 신중하라. 오히려 주가가 급락할 수도 있다. 어닝 시즌 대처법에 대한 자세한 내용은 3장을 참고하라.

손잡이가 달린 컵의 바닥에서 매수하면 안 되는 이유

지난 일은 잘 보이는 법이다. 패턴이 완성된 후 뒤늦게 '바닥에서 매수했으면 돈을 더 벌었을 텐데'라고 말하기는 쉽다. 지나고 나서 보면(오직 그때만) 맞는 말이다. 그러나 여전히 바닥이 형성되는 동안에 어떻게 주가가 정말로 바닥을 쳤는지 알 수 있을까?

패턴이 완성되기 전에 매수하려는 시도는 불필요한 리스크를 감수하는 것에 불과하다.

바닥이 완성되고 주가가 대규모 거래량과 함께 돌파를 이루면 리스크가 크게 줄어든다. 또한 큰 수익을 올릴 잠재력도 여전히 충분하게 남아 있다.

손잡이가 달린 컵을 토대로 한 대규모 상승

지금부터 손잡이가 달린 컵 패턴을 토대로 크게 상승한 대박 종목들의 사례를 살펴보겠다. 일간 차트와 주간 차트가 모두 포함되었다. 주간 차트는 장기 추세를 보여주는 반면 일간 차트는 실제 돌파일의 변동을 보여준다. 그러니 반드시 둘 다 활용하라!

사례들을 대충 훑어보지 마라. 시간을 들여서 설명을 읽고 해당 패턴이 어떻게 적절한 손잡이가 달린 컵의 핵심 요건을 충족하는지 살펴라. 그리고 언제나 그렇듯 바닥에서 나오는 가격 및 거래량 변동에 긴밀한 주의를 기울이고, '지지와 저항' 개념이 어떻게 작용하는지 보라.

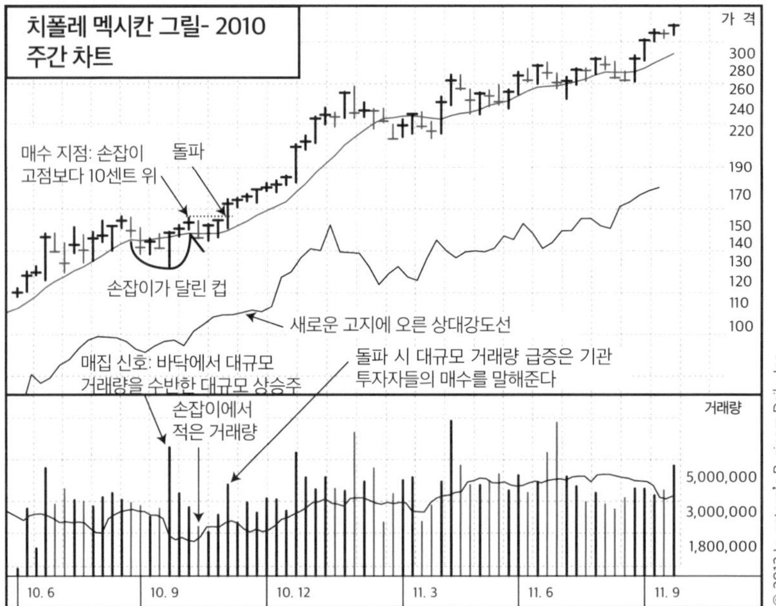

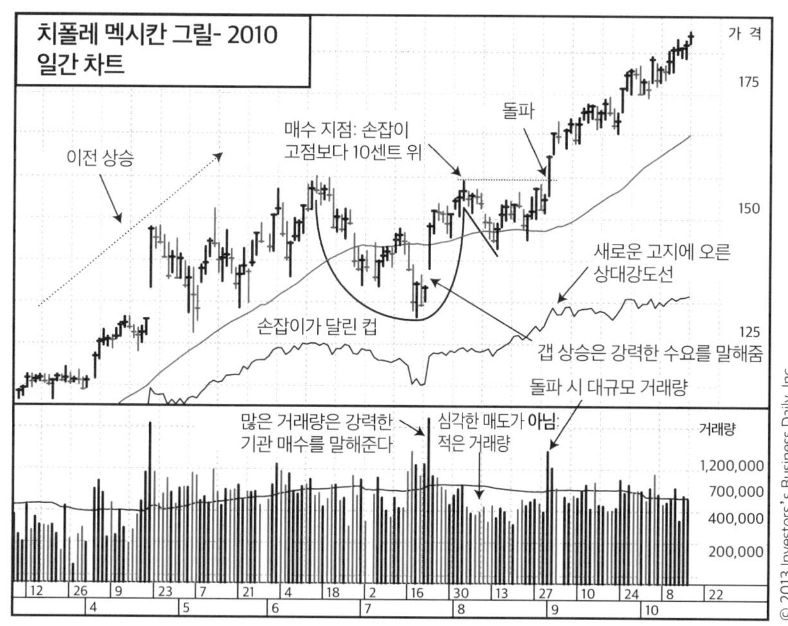
치폴레 멕시칸 그릴- 2010
일간 차트
가 격
175
150
125
이전 상승
매수 지점: 손잡이
고점보다 10센트 위
돌파
새로운 고지에 오른
상대강도선
손잡이가 달린 컵
갭 상승은 강력한 수요를 말해줌
돌파 시 대규모 거래량
많은 거래량은 강력한
기관 매수를 말해준다
심각한 매도가 아님:
적은 거래량
거래량
1,200,000
700,000
400,000
200,000
12 26 9 23 7 21 4 18 2 16 30 13 27 10 24 8 22
4 5 6 7 8 9 10
© 2013 Investor's Business Daily, Inc.

치폴레 멕시칸 그릴은 2010년 9월부터 2012년 4월까지 186퍼센트 상승했다.

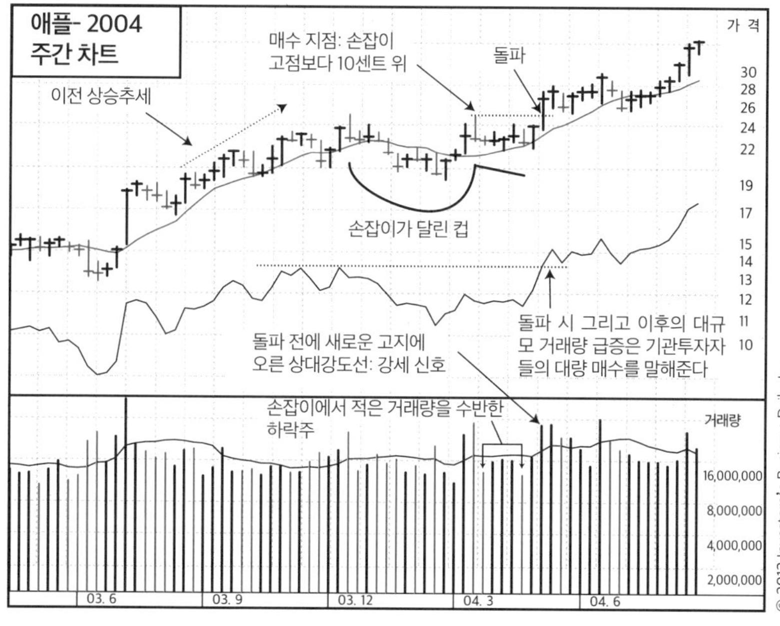
애플- 2004
주간 차트
가 격
30
28
26
24
22
19
17
15
14
13
12
11
10
이전 상승추세
매수 지점: 손잡이
고점보다 10센트 위
돌파
손잡이가 달린 컵
돌파 전에 새로운 고지에
오른 상대강도선: 강세 신호
돌파 시 그리고 이후의 대규
모 거래량 급증은 기관투자자
들의 대량 매수를 말해준다
손잡이에서 적은 거래량을 수반한
하락주
거래량
16,000,000
8,000,000
4,000,000
2,000,000
03. 6
03. 9
03. 12
04. 3
04. 6
© 2013 Investor's Business Daily, Inc.

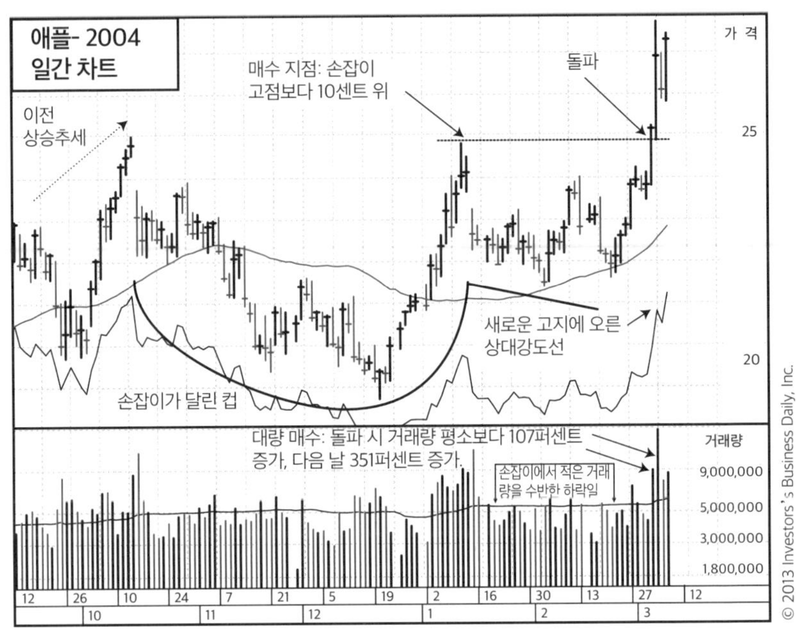

애플은 2004년 3월부터 2006년 1월까지 596퍼센트 상승했다.

또한 IBD가 당신을 위해 많은 일을 한다는 사실을 명심하라. 일간 및 주간 루틴(4장)의 일부로 <IBD 50>과 <당신의 주말 리뷰>, <종목 스포트라이트> 그리고 다른 코너들을 살피면 손잡이가 달린 컵과 다른 패턴을 형성하는 종목에 대한 하이라이트를 볼 수 있다.

잘못된 손잡이가 달린 컵

때로 무엇이 통하는지 살피는 최고의 방법은 무엇이 실패하는지 분석하는 것이다.

아래 이어지는 차트 패턴을 살펴보고 적절한(그리고 성공적인) 손잡이가 달린 컵 형태와 어떻게 다른지를 찾아보라.

결함을 포착하는 방법을 배우는 일은 종목 선정 타율을 크게 높이는 데 도움이 된다.

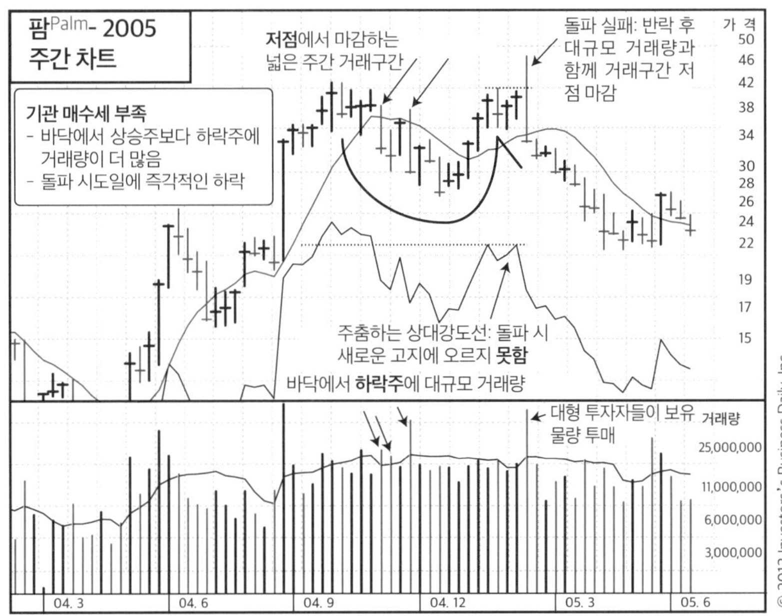

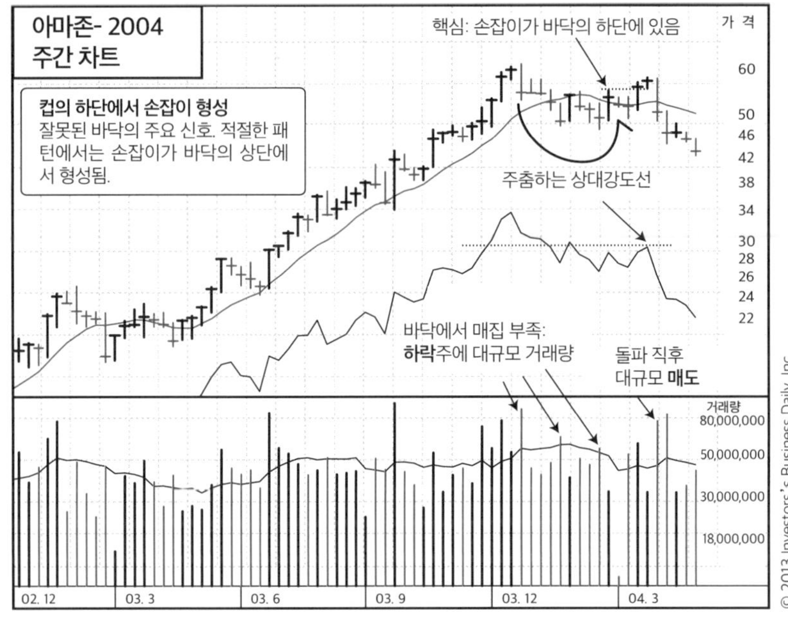
아마존- 2004
주간 차트
컵의 하단에서 손잡이 형성
잘못된 바닥의 주요 신호. 적절한 패턴에서는 손잡이가 바닥의 상단에서 형성됨.
핵심: 손잡이가 바닥의 하단에 있음
주춤하는 상대강도선
바닥에서 매집 부족:
하락주에 대규모 거래량
돌파 직후
대규모 매도
가 격
60
50
46
42
38
34
30
28
26
24
22
거래량
80,000,000
50,000,000
30,000,000
18,000,000
02. 12
03. 3
03. 6
03. 9
03. 12
04. 3
© 2013 Investor's Business Daily, Inc.

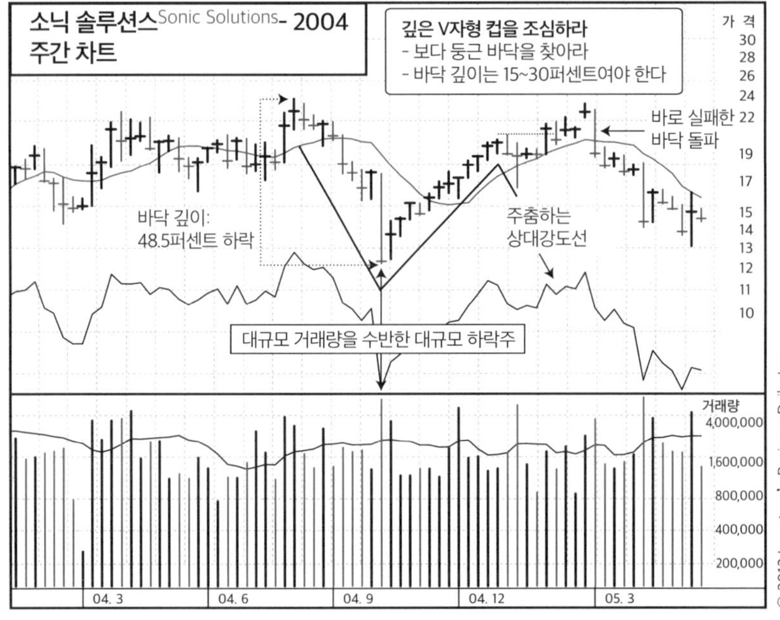
소닉 솔루션스Sonic Solutions- 2004
주간 차트
깊은 V자형 컵을 조심하라
- 보다 둥근 바닥을 찾아라
- 바닥 깊이는 15~30퍼센트여야 한다
바로 실패한
바닥 돌파
바닥 깊이:
48.5퍼센트 하락
주춤하는
상대강도선
대규모 거래량을 수반한 대규모 하락주
가 격
30
28
26
24
22
19
17
15
14
13
12
11
10
거래량
4,000,000
1,600,000
800,000
400,000
200,000
04. 3
04. 6
04. 9
04. 12
05. 3
© 2013 Investor's Business Daily, Inc.

결함 찾기

<IBD 50>과 <당신의 주말 리뷰>는 바닥에서 드러난 경고 신호와 잠재적 결함을 알려준다. 이 역시 스스로 그것들을 찾아내는 것이 도움이 된다.

14 뉘앙스 커뮤니케이션스Nuance Comm(NUAN) 그룹 11 시가 $24.63
2억 2,260만 주 / 종합 점수 99 / EPS 94 / 상대강도(RS) 97 / ROE 18%
고객서비스 중심 산업을 위한 내장형 음성 및 디지털 이미징 소프트웨어 개발
연 EPS 증가율 +14% / PE 18 / 일 평균 거래량 475만 5,200주 / 부채 비율 34% / 마지막 분기 EPS +27% / 이전 분기 +17% / 마지막 분기 매출 +18% / 2분기 EPS > 15% / EPS 발표일 2/9
24
21
19
매집/분산 B+ 17
공급/수요 85 15
11. 1
4
7
10
45000
15000
첫 단계에서 손잡이가 너무 낮게 형성되어 바닥 위 바닥 패턴이 됨

손잡이가 없는 컵

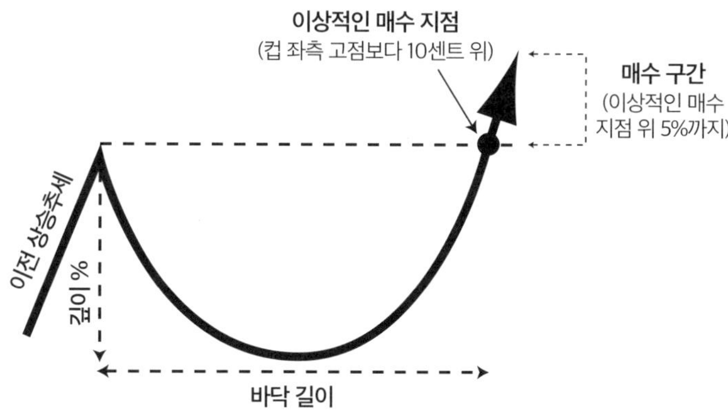

손잡이가 없는 컵(컵 모양 바닥 또는 그냥 컵으로 불리기도 함)은 손잡이가 달린 컵 패턴의 변형이다. 이름에서 알 수 있듯이 이 패턴은 근본적으로 손잡이가 달린 컵 패턴과 같지만 손잡이가 없다. 매수 지점을 제외한 모든 속성은 같다.

컵 모양 바닥의 매수 지점은 최근 저항선인 좌측 고점에 10센트를 더하여 계산한다.

다음은 구글이 컵 모양 바닥을 형성한 후 10개월 안에 119퍼센트나 상승한 사례다.

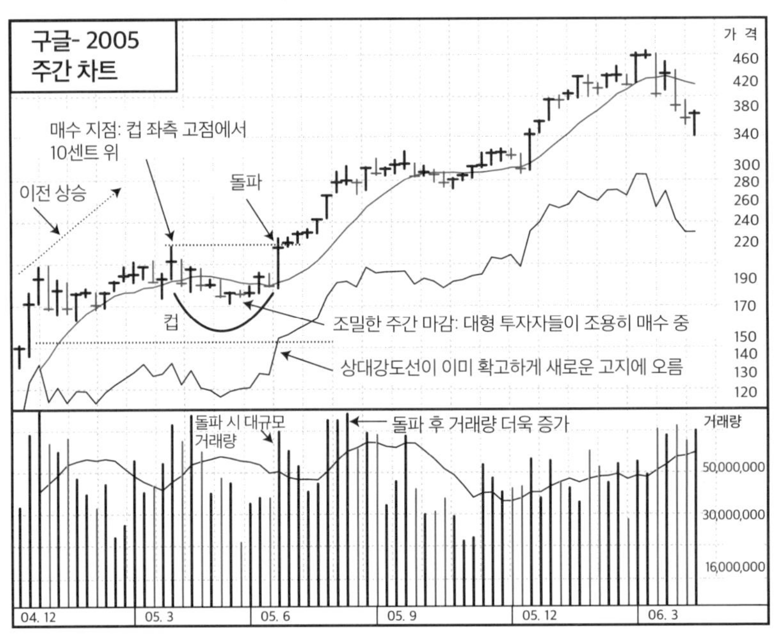

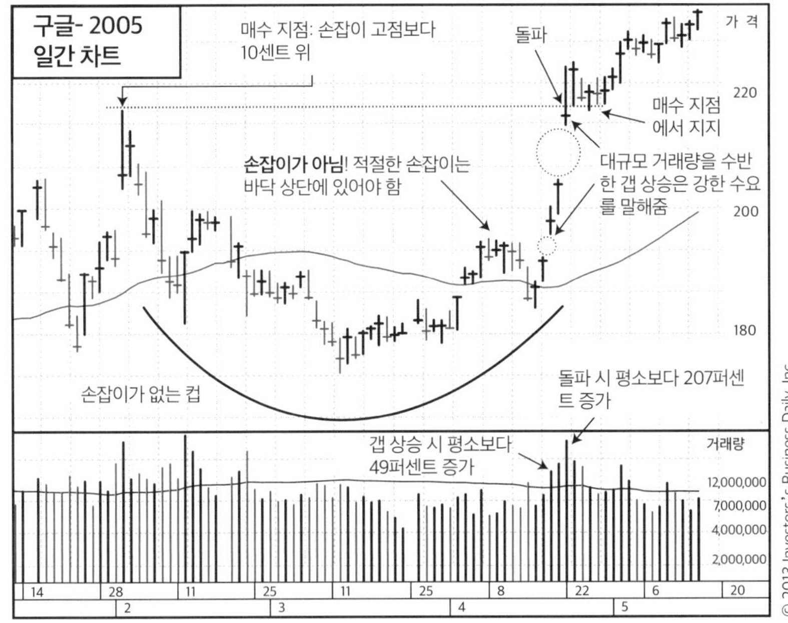

구글은 2005년 4월부터 2006년 1월까지 119퍼센트 상승했다.

손잡이가 달린 컵을 포착하는 방법을 알아보자

▶ www.investors.com/GettingStartedBood에 있는 짧은 동영상을 시청하라.

패턴 2:
쌍바닥

두 번째로 흔한 패턴

- 한쪽이 처진 'W'처럼 생김
- 종종 전체 시장이 들쑥날쑥하거나 변동성이 심할 때 발생함
- 역시 대규모 주가 상승을 위한 토대가 될 수 있음

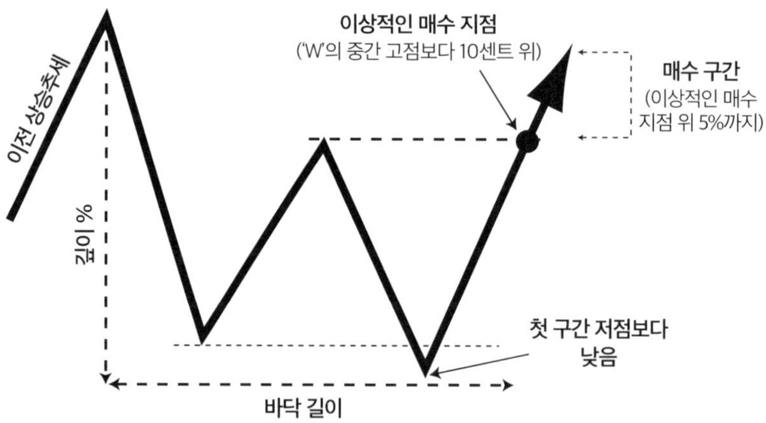

확인할 점

쌍바닥의 형태는 손잡이가 달린 컵과 다르지만 핵심 개념과 배경 설명은 같다.

- **시장 반영**: 쌍바닥은 대개 전체 시장의 변동성이 심할 때 형성되며, 그 변동성이 형태에 반영된다. 먼저 주가가 하락 구간을 지난 후 반등을 시도한다. 그러나 저항선에 부딪혀 반락하면서 두 번째 하락 구간을 형성한다. 이후 주가는 다시 반등하여 마침내 저항선을 뚫고 상승한다. 돌파는 대개 전체 시장이 조정 구간에서 반등하여 새로운 상승추세로 접어들 때 나온다.
- **지지와 저항**: 손잡이가 달린 컵 및 다른 모든 패턴처럼 쌍바닥의 매수 지점은 최근 저항 영역에 10센트를 더하여 계산한다. 이는 'W'의 중간 고점에 해당한다. 이례적으로 많은 거래량과 함께 이 저항선을 돌파하는 것은 기관투자자들이 다시 돌아와 공격적으로 주식을 쓸어담고 있음을 말해준다.
- **털어내기**: 손잡이가 달린 컵의 손잡이 부분이 약한 보유자들을 털어낸다는 설명을 기억하는가? 여기서도 같은 개념이 적용된다. 다만 위치가 다를 뿐이다. 쌍바닥 두 번째 구간의 저점이 첫 번째 구간의 저점보다 낮은 점에 주목하라. 이는 약한 보유자들을 제거하여 새로운 상승을 위한 지지선을 형성하는 보다 확고한 투자자들만 남겨둔다.

다음은 쌍바닥에서 확인해야 할 핵심 속성의 간략한 목록이다.

☑ **이전 상승추세: 30퍼센트 이상**

☑ **바닥 깊이: 40퍼센트 이하**

☑ **바닥 길이: 최소 7주**

- 바닥에서 첫 하락주를 1주차로 계산

☑ **'W'의 중간 고점**

- 바닥 상단에서 형성되어야 함
- 좌측 고점 아래에 있어야 함

☑ **저점 하락: 두 번째 구간의 저점이 첫 번째 구간의 저점보다 낮아야 함**

☑ **이상적인 매수 지점**

- 'W' 중간 고점보다 10센트 위
- 매수 구간: 이상적인 매수 지점부터 5퍼센트 위까지
- 언제나 이상적인 매수 지점에 최대한 가깝게 매수하라!

☑ **돌파일 거래량: 최소 평균보다 40~50퍼센트 증가**

쌍바닥을 토대로 한 대규모 상승

이제 쌍바닥을 토대로 주가가 크게 상승한 대박 종목들을 살펴본다.

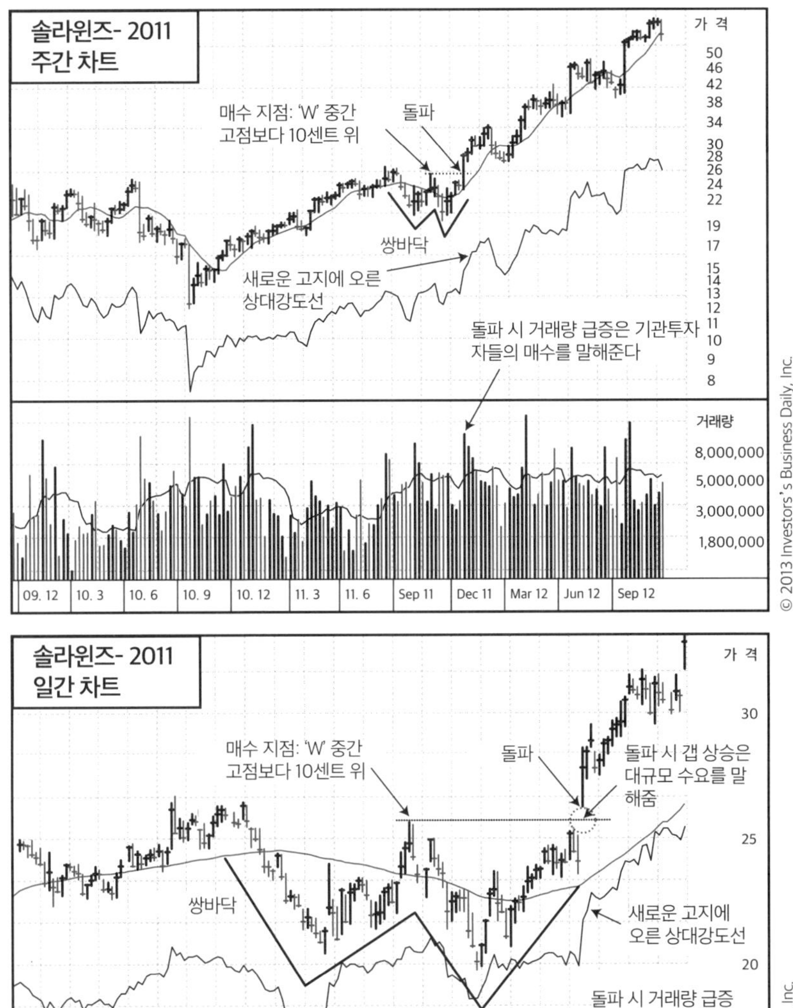

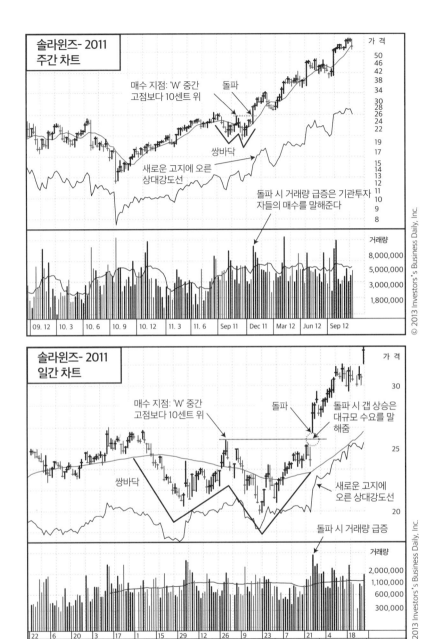

솔라윈즈는 2011년 10월부터 2012년 9월까지 137퍼센트 상승했다.

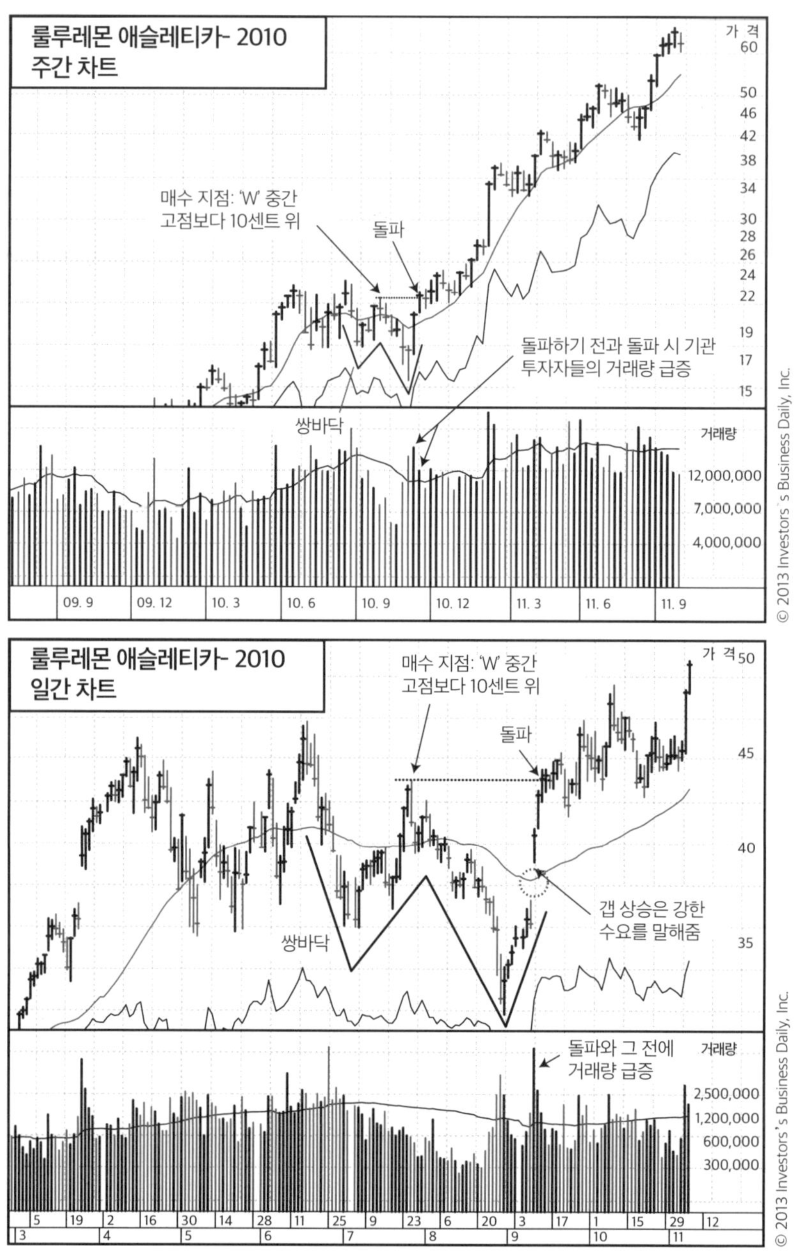

룰루레몬 애슬레티카- 2010
주간 차트
가 격
60
50
46
42
38
34
30
28
26
24
22
19
17
15
매수 지점: 'W' 중간
고점보다 10센트 위
돌파
돌파하기 전과 돌파 시 기관
투자자들의 거래량 급증
쌍바닥
거래량
12,000,000
7,000,000
4,000,000
09. 9
09. 12
10. 3
10. 6
10. 9
10. 12
11. 3
11. 6
11. 9
© 2013 Investors's Business Daily, Inc.
룰루레몬 애슬레티카- 2010
일간 차트
가 격
50
45
40
35
매수 지점: 'W' 중간
고점보다 10센트 위
돌파
갭 상승은 강한
수요를 말해줌
쌍바닥
돌파와 그 전에
거래량 급증
거래량
2,500,000
1,200,000
600,000
300,000
5
19
2
16
30
14
28
11
25
9
23
6
20
3
17
1
15
29
12
3
4
5
6
7
8
9
10
11
© 2013 Investors's Business Daily, Inc.

룰루레몬 애슬레티카는 2010년 9월부터 2011년 7월까지 196퍼센트 상승했다.

이 사례들 역시 대충 훑어보지 마라. 쌍바닥 패턴이 일간 차트와 주간 차트에서 어떤 모양으로 나오는지 살피고, 돌파 시 거래량이 급증했는지 확인하라.

잘못된 쌍바닥

다음은 잠재적 쌍바닥 패턴을 검토할 때 확인해야 할 흔한 결함들이다.

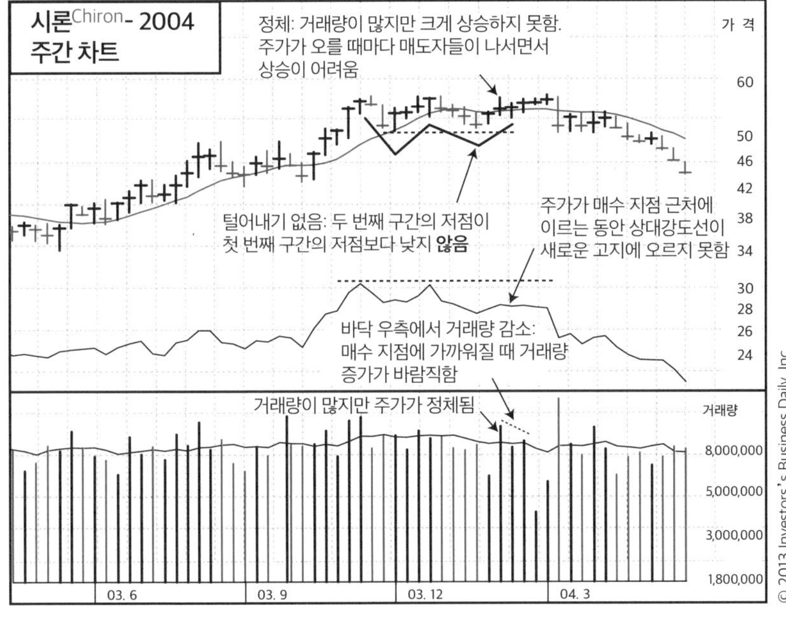

쌍바닥에서 반드시 두 번째 구간의 저점이 첫 번째 구간의 저점보다 낮아야 한다.

쌍바닥을 포착하는 방법을 알아보자

▶ www.investors.com/GettingStartedBood에 있는 짧은 동영상을 시청하라.

패턴 3:
평평한 바닥

주로 2단계 바닥

- 종종 손잡이가 달린 컵이나 쌍바닥 이후에 발생함
- 새로운 포지션을 시작하거나 기존 포지션을 추가할 또 다른 기회를 제공함
- 손잡이가 달린 컵과 쌍바닥보다 덜한 하락
- 보다 짧은 기간(최소 5주)

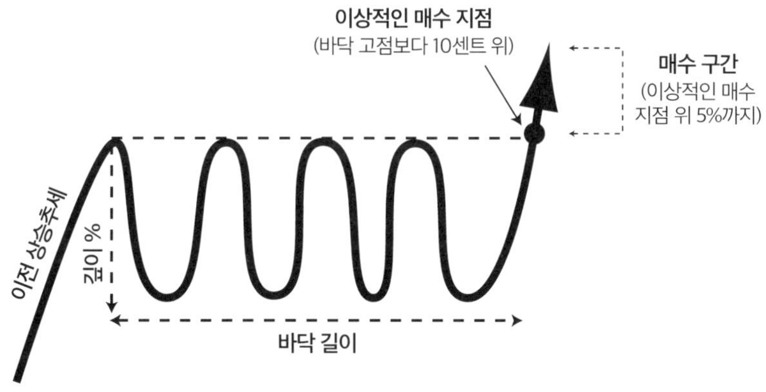

확인할 점

최고의 종목은 크게 상승하는 과정에서 '디딤돌'을 형성한다고 했던 말을 기억하는가? 그들은 한동안 오르다가 반락하면서 새로운 바닥을 형성한다. 그다음 상승을 재개하면서 돈을 벌 복수의 기회를 제공한다.

평평한 바닥은 그 전형적인 사례다. 이 패턴은 대개 손잡이가 달린 컵이나 쌍바닥 돌파를 통해 주가가 양호하게 상승한 후에 형성된다. 종종 '2차' 바닥으로 간주되는 이유가 거기에 있다(자세한 내용은 뒤에 나오는 '형태 너머를 보라'에서 다룰 것이다).

다음은 당신이 알아야 할 요점이다.

- **앞선 상승을 '소화'하기 위한 횡보**: 손잡이가 달린 컵이나 쌍바닥 패턴을 돌파한 종목은 종종 20퍼센트 이상 상승한다. 그다음 횡보하면서 평평한 바닥을 형성한다. 하락폭은 15퍼센트 이하로서 다른 패턴보다 작다.

  가격 구간은 대개 바닥 전체에 걸쳐 상당히 조밀하게 유지된다. 이는 대규모 포지션을 구축하기 위해 수만 주 또는 그 이상 매수해야 하는 기관투자자들이 특정 가격 구간에서 조용히 매수하고 있음을 뜻한다. 그들은 이런 식으로 평균 매수단가를 크게 높이지 않으면서 보유 물량을 늘린다.
- **지지와 저항**: 이번에도 매수 지점은 바닥 최고점인 최근 저항 영역에 10센트를 더하여 정해진다. 주가가 (바람직하게는 대규모 거래량과 함께) 이 '천장'을 뚫기 전까지는 다음 상승 구간으로 나아가지

못할 것이다.

- **털어내기:** 평평한 바닥도 우리가 계속 언급하는 약한 보유자들을 털어내는 방법 중 하나다. 다만 손잡이가 달린 컵의 손잡이나 쌍바닥의 두 번째 구간 저점만큼 급격하게 주가를 낮추지 않는다. 그보다 느리고 끈질기게 털어내기가 이뤄진다. 약한 보유자들은 불분명한 횡보 움직임에 지쳐서 결국 인내심을 잃고 매도한다.

다음은 평평한 바닥에서 확인해야 할 핵심 속성의 간략한 목록이다.

☑ **이전 상승추세: 30퍼센트 이상**

☑ **바닥 깊이: 15퍼센트 이하**

☑ **바닥 길이: 최소 5주**

- 바닥에서 첫 하락주를 1주차로 계산

☑ **이상적인 매수 지점**

- 바닥 고점에서 10센트 위
- 매수 구간: 이상적인 매수 지점에서 5퍼센트 위까지
- 언제나 이상적인 매수 지점에 최대한 가깝게 매수하라!

☑ **돌파일 거래량: 평균보다 최소 40~50퍼센트 증가**

평평한 바닥을 토대로 한 대규모 상승

다음은 평평한 바닥을 토대로 크게 상승한 대박 종목의 사례다.

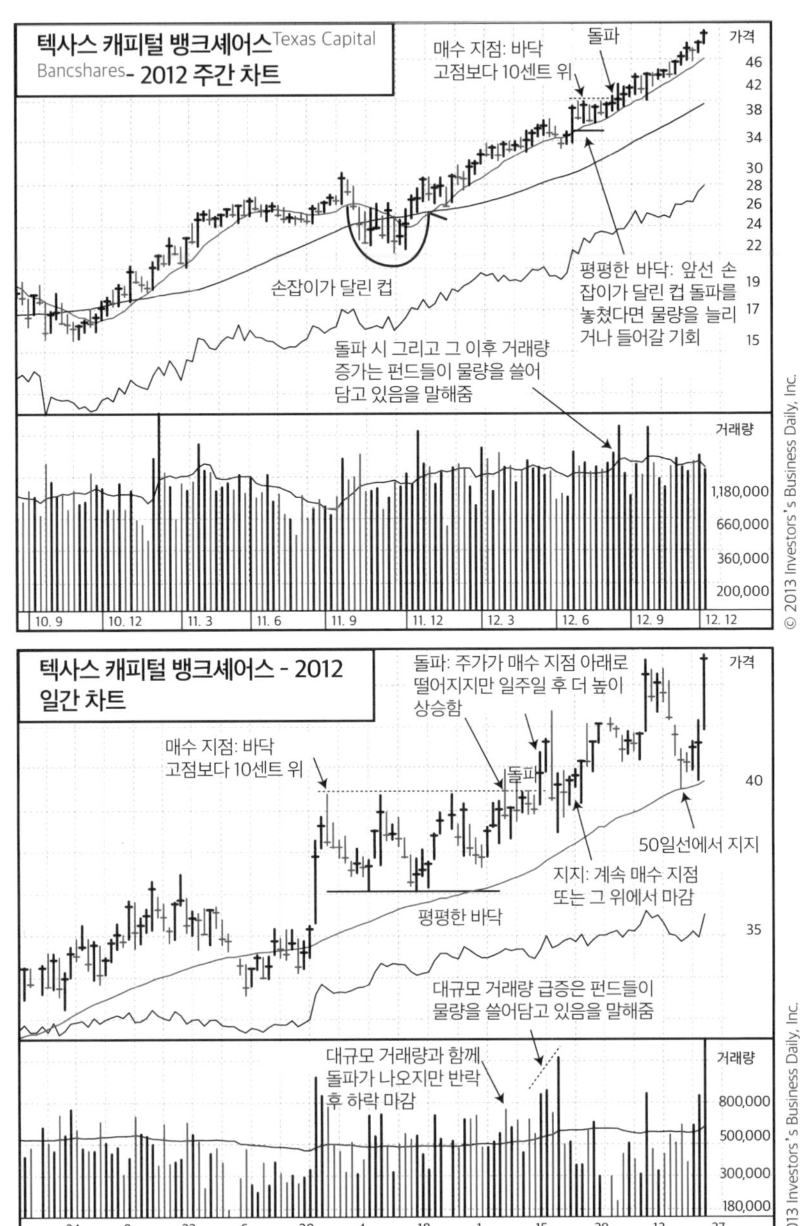

텍사스 캐피털 뱅크셰어스Texas Capital Bancshares- 2012 주간 차트
매수 지점: 바닥 고점보다 10센트 위
돌파
가격
손잡이가 달린 컵
평평한 바닥: 앞선 손잡이가 달린 컵 돌파를 놓쳤다면 물량을 늘리거나 들어갈 기회
돌파 시 그리고 그 이후 거래량 증가는 펀드들이 물량을 쓸어 담고 있음을 말해줌
거래량
© 2013 Investor's Business Daily, Inc.
텍사스 캐피털 뱅크셰어스 - 2012 일간 차트
돌파: 주가가 매수 지점 아래로 떨어지지만 일주일 후 더 높이 상승함
매수 지점: 바닥 고점보다 10센트 위
돌파
50일선에서 지지
지지: 계속 매수 지점 또는 그 위에서 마감
평평한 바닥
대규모 거래량 급증은 펀드들이 물량을 쓸어담고 있음을 말해줌
대규모 거래량과 함께 돌파가 나오지만 반락 후 하락 마감
거래량
© 2013 Investor's Business Daily, Inc.

텍사스 캐피털 뱅크셰어스는 2012년 6월부터 10월까지 33퍼센트 상승했다.

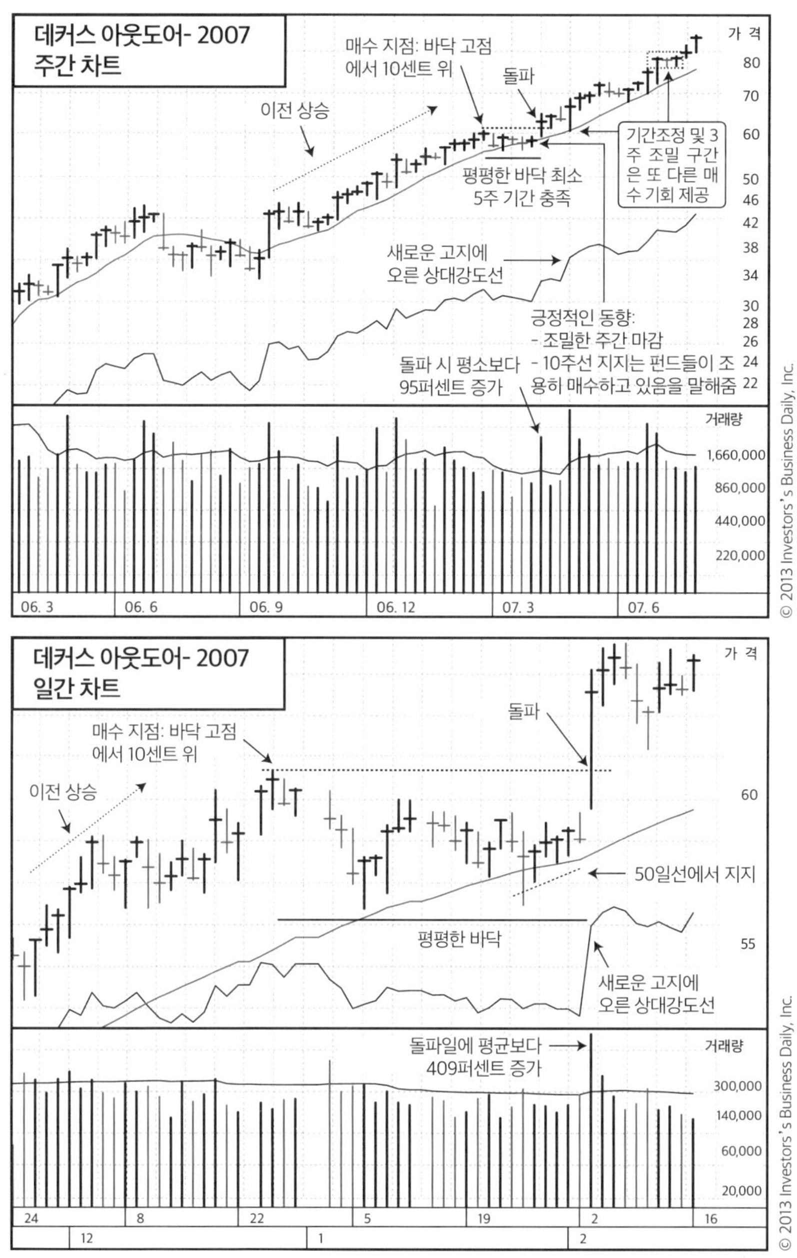
데커스 아웃도어- 2007
주간 차트
매수 지점: 바닥 고점
에서 10센트 위
돌파
이전 상승
평평한 바닥 최소
5주 기간 충족
기간조정 및 3
주 조밀 구간
은 또 다른 매
수 기회 제공
새로운 고지에
오른 상대강도선
긍정적인 동향:
- 조밀한 주간 마감
- 10주선 지지는 펀드들이 조
용히 매수하고 있음을 말해줌
돌파 시 평소보다
95퍼센트 증가
가 격
80
70
60
50
46
42
38
34
30
28
26
24
22
거래량
1,660,000
860,000
440,000
220,000
06. 3
06. 6
06. 9
06. 12
07. 3
07. 6
© 2013 Investor's Business Daily, Inc.
데커스 아웃도어- 2007
일간 차트
돌파
매수 지점: 바닥 고점
에서 10센트 위
이전 상승
50일선에서 지지
평평한 바닥
새로운 고지에
오른 상대강도선
가 격
60
55
돌파일에 평균보다
409퍼센트 증가
거래량
300,000
140,000
60,000
20,000
24
8
22
5
19
2
16
12
1
2
© 2013 Investor's Business Daily, Inc.

데커스 아웃도어는 2007년 2월부터 12월까지 175퍼센트 상승했다.

'바닥 위 바닥'을 통한 더 많은 기회

때로 손잡이가 달린 컵이나 쌍바닥을 돌파한 종목이 일반적인 20~25퍼센트 상승에 실패하는 경우가 있다. 이런 종목은 새로운 패턴을 형성하기 시작한다.

이를 우리는 '바닥 위 바닥' 형태라 부른다. 이 형태는 강력한 상승으로 이어질 수 있다.

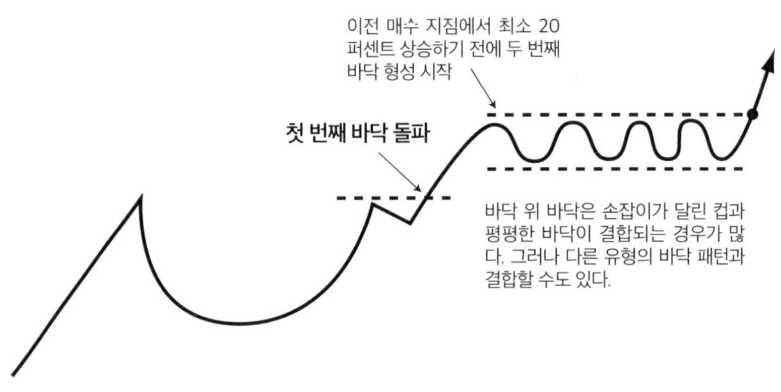

이전 매수 지점에서 최소 20퍼센트 상승하기 전에 두 번째 바닥 형성 시작
첫 번째 바닥 돌파
바닥 위 바닥은 손잡이가 달린 컵과 평평한 바닥이 결합되는 경우가 많다. 그러나 다른 유형의 바닥 패턴과 결합할 수도 있다.

다음은 바닥 위 바닥에 대해 알아야 할 두 가지 핵심 사항이다.

- **이전 패턴의 이상적인 매수 패턴에서 최소 20퍼센트 상승하기 전에 새로운 바닥을 형성하기 시작해야 한다.**

  그 양상은 다음과 같다.

  어떤 종목이 손잡이가 달린 컵을 돌파했으며, 이상적인 매수 지점은 100달러라고 가정하자. 이 종목이 115달러까지만(15퍼센트 상승)

오르고 평평한 바닥을 형성하기 시작하면, 앞선 손잡이가 달린 컵 그리고 새로운 평평한 바닥을 '바닥 위 바닥' 형태로 볼 수 있다.

- **이상적인 매수 지점은 두 번째 바닥이 어떤 패턴인가에 좌우된다.**

  바닥 위 바닥의 두 번째 바닥은 어떤 패턴이라도 될 수 있다. 다만 평평한 바닥이 되는 경우가 많다. 어떤 형태이든 해당 패턴에 대한 모든 일반 요건이 여전히 적용된다.

  그래서 평평한 바닥인 경우 이상적인 매수 지점은 바닥 고점에서 10센트 위가 된다.

  바닥 위 바닥의 두 번째 패턴이 손잡이 달린 컵이라면 매수 지점은 손잡이 고점에서 10센트 위가 된다.

이번에도 시장 반영

쌍바닥이 대개 전체 시장의 변동성이 심할 때 형성되는 것처럼 바닥 위 바닥 패턴도 종종 불확실성이나 상당한 매도세가 있을 때 나타난다.

먼저 이전 패턴에서 초기 돌파가 이뤄진다. 그러나 전체 시장이 약화되면서 빠른 반락을 통해 2차 바닥이 형성된다.

좋은 소식은 시장의 하락추세나 매도세라는 무거운 '짐'이 치워지면 선도종목들이 이 바닥 위 바닥 및 다른 패턴을 돌파하여 빠르게 새로운 상승을 이룬다는 것이다.

다음 사우스웨스턴 에너지와 애플의 차트는 바닥 위 바닥 패턴이 어떤 수익을 안길 수 있는지 보여주는 사례다.

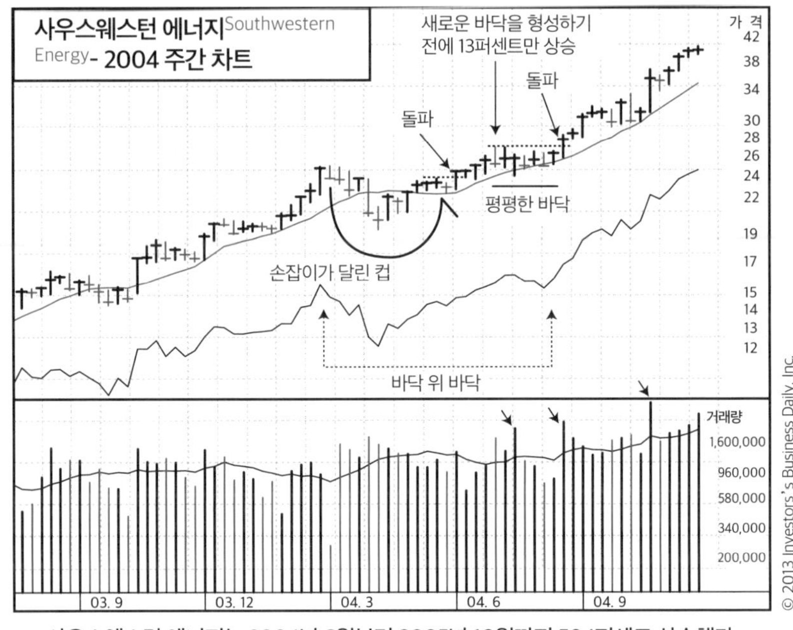

사우스웨스턴 에너지는 2004년 6월부터 2005년 10월까지 504퍼센트 상승했다.

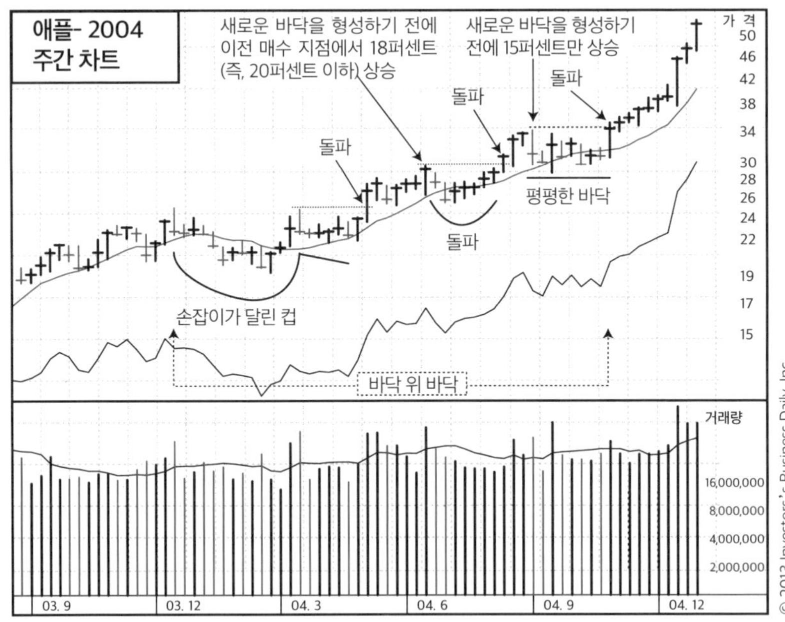

애플은 2004년 8월부터 2006년 1월까지 402퍼센트 상승했다.

평평한 바닥을 포착하는 방법을 알아보자

▶ www.investors.com/GettingStartedBood에 있는 짧은 동영상을 시청하라.

차트 패턴 너머를 보라

차트 패턴의 형태를 포착했다면 바닥에서 '매집'(기관의 매수)과 지지의 신호도 찾아라. 이를 통해 타당한 패턴과 잠재적인 결함을 지닌 패턴을 구분할 수 있다.

이 내용은 앞서 논의한 기본 요건 3, 즉 기관투자자들이 대량 매수하는 종목을 사고, 대량 매도하는 종목을 피하라는 요건으로 돌아간다.

'일간 종목 분석' 동영상에서 '단서'를 구하라

▶ 인베스터스닷컴의 <IBD TV> 섹션에서 이 무료 동영상들을 꾸준히 시청하면 차트 읽기 기술을 개선할 수 있다. www.investors.com/GettingStartedBook에서 그 방법을 확인하라.

기관 매수의 신호

이 신호들은 대형 기관투자자들이 해당 종목에 열성적이며, 매수를 통해 상승의 연료를 제공하고 있음을 추가로 확증한다.

● 바닥에서 대규모 거래량을 수반한 하락주보다 상승주가 더 많음

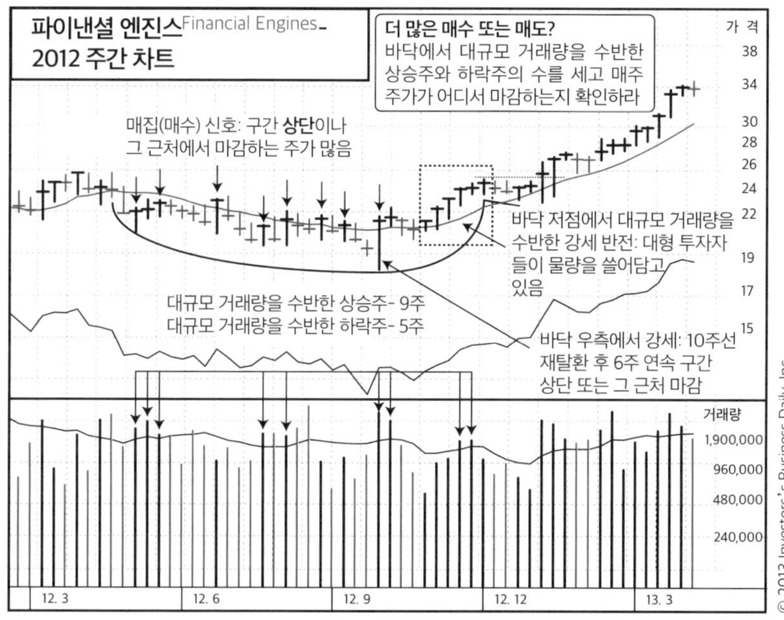

파이낸셜 엔진스는 2012년 11월부터 2013년 3월까지 48퍼센트 상승했다.

● 대규모 거래량을 수반한 갭 상승

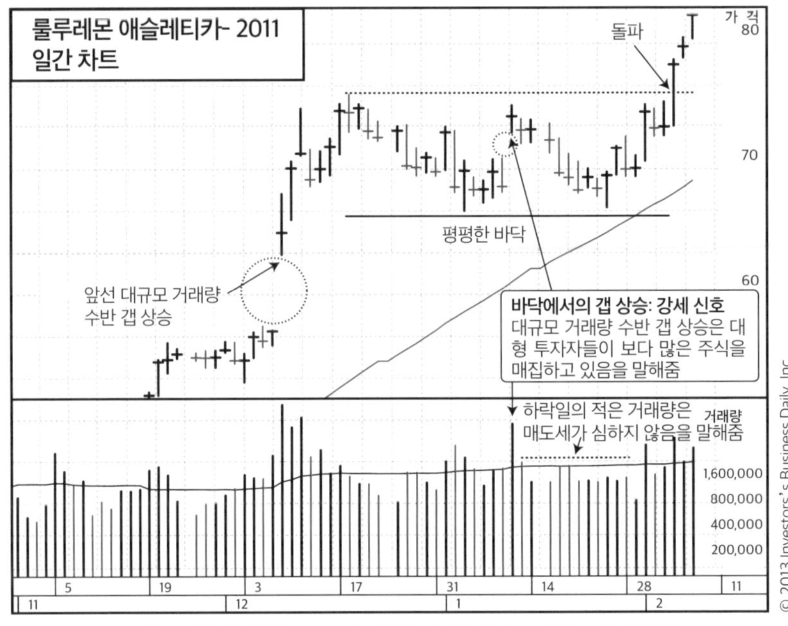

룰루레몬 애슬레티카는 2011년 2월부터 7월까지 72퍼센트 상승했다.

● 긍정적인 반전과 구간 상단 마감

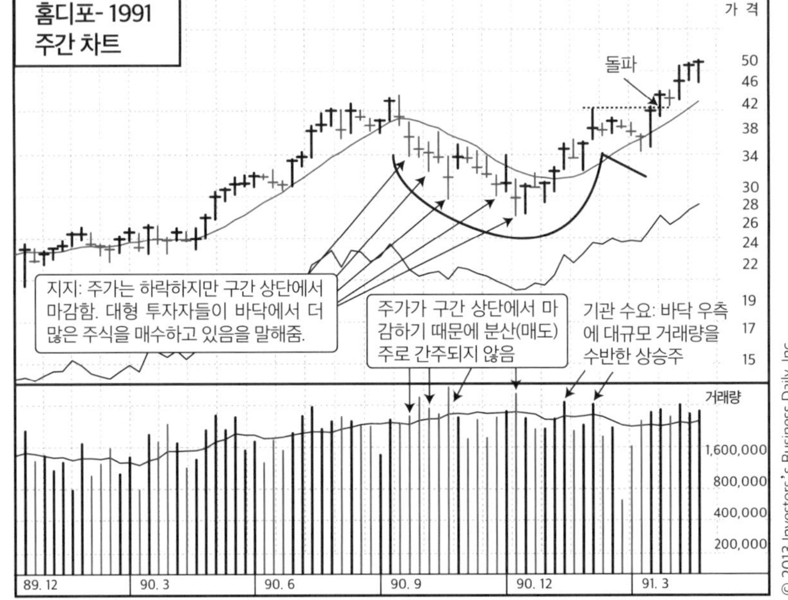

홈디포는 1991년 1월부터 1993년 1월까지 275퍼센트 상승했다.

경고 신호

손잡이가 달린 컵이나 다른 패턴에서 이런 기관 매도의 신호나 불확실성이 보이면 신중을 기하라. 이런 바닥은 큰 폭의 상승을 촉발할 가능성이 낮으며, 실패할 가능성이 높다.

● 대규모 거래량을 수반한 하락주가 너무 많음

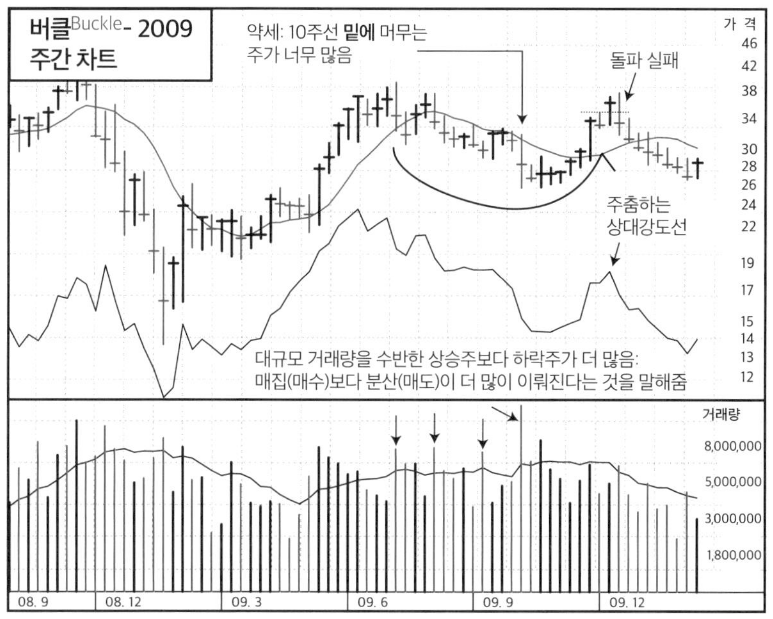

● 대규모 거래량을 수반한 갭 하락

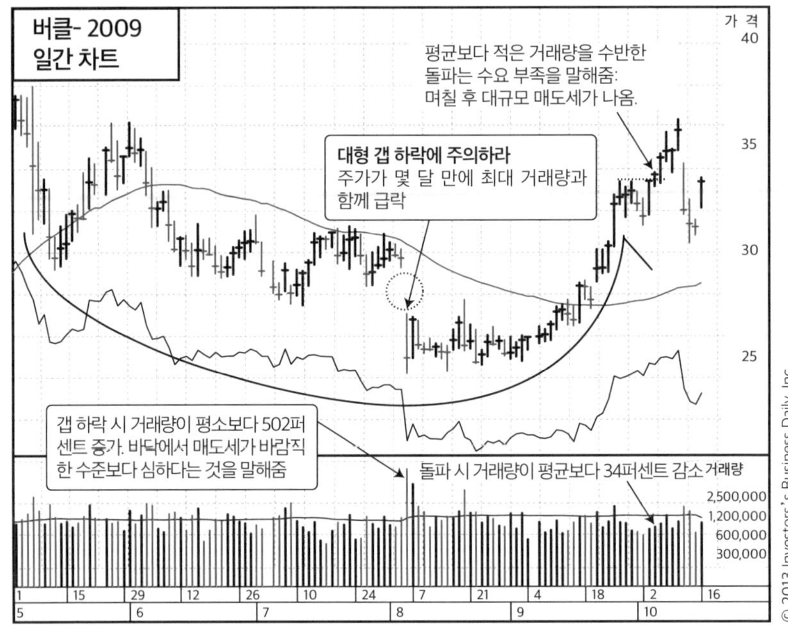
버클- 2009
일간 차트
가 격
평균보다 적은 거래량을 수반한
돌파는 수요 부족을 말해줌:
며칠 후 대규모 매도세가 나옴.
대형 갭 하락에 주의하라
주가가 몇 달 만에 최대 거래량과
함께 급락
갭 하락 시 거래량이 평소보다 502퍼
센트 증가. 바닥에서 매도세가 바람직
한 수준보다 심하다는 것을 말해줌
돌파 시 거래량이 평균보다 34퍼센트 감소
거래량
2,500,000
1,200,000
600,000
300,000
© 2013 Investors's Business Daily, Inc.

● 폭넓고, 느슨하며, 변동성 심한 매매 동향

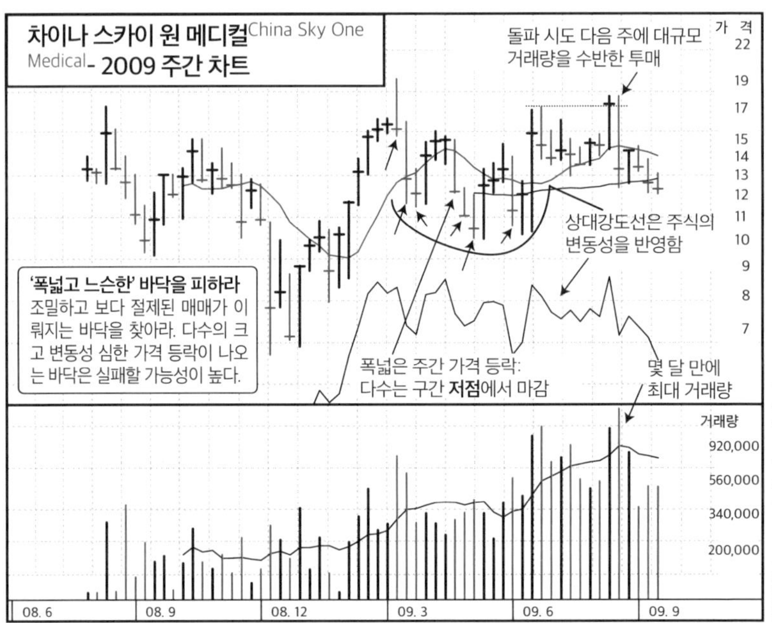
차이나 스카이 원 메디컬China Sky One Medical- 2009 주간 차트
가 격
돌파 시도 다음 주에 대규모
거래량을 수반한 투매
상대강도선은 주식의
변동성을 반영함
'폭넓고 느슨한' 바닥을 피하라
조밀하고 보다 절제된 매매가 이
뤄지는 바닥을 찾아라. 다수의 크
고 변동성 심한 가격 등락이 나오
는 바닥은 실패할 가능성이 높다.
폭넓은 주간 가격 등락:
다수는 구간 저점에서 마감
몇 달 만에
최대 거래량
거래량
920,000
560,000
340,000
200,000
08. 6
08. 9
08. 12
09. 3
09. 6
09. 9
© 2013 Investors's Business Daily, Inc.

후반 바닥을 조심하라

영원히 오르는 종목은 없다.

앞서 확인한 대로 큰 수익은 초기 단계, 대개 새로운 강세장의 첫 1~2년 동안 나온다. 이 기간에 이전 약세장은 지난 부진을 지우고, 새로운 선도종목들이 차트 패턴을 돌파하면서 더 높이 날아오른다.

선도종목들은 상승하는 도중에 휴식을 취하면서 평평한 바닥 같은 또 다른 차트 패턴을 형성할 가능성이 높다. 이것이 2차 바닥이다.

재설정 버튼

일반적으로 약세장은 '바닥 수', 즉 대규모 상승을 시작한 이후 형성된 차트 패턴의 수를 재설정한다. 즉, 새로운 강세장의 첫 번째 돌파가 나온 바닥을 1차 바닥으로 간주한다. 참고로 약한 '중간 조정'은 바닥 수를 재설정하지 않는다 (3장, 기본 요건 1).

3차 또는 4차 바닥이 생기기 시작하는 무렵에는 추세가 다소 오래되었을 수도 있다. 그 이유는 다음과 같다.

- **종목 자체가 이미 많이 상승했다.** 즉, 주가가 100퍼센트 넘게 올랐을 수 있다. 기관투자자들이 수익을 실현하면서 주가를 급락시키기 전까지 얼마나 더 오를 수 있을까?
- **전체 시장이 상승세를 잃어갈 수 있다.** 강세 주기의 3년차에 접어들면 시장의 변동성이 심해지고 지수가 요동칠 수 있다. 이는 선도종목들에게 영향을 미친다. 그래서 추가 상승이 힘들 수 있다.

이것이 3차 심지어 그 이후 바닥에서 돌파가 나올 때 매수에 주의해야 하는 기본적인 이유다.

후반 패턴도 통할 수 있으며, 때로 양호한 수익으로 이어진다. 그러나 확률을 유리하게 유지해야 성공적인 투자가 될 가능성도 높다. 후반 바닥은 더 많은 리스크를 수반한다는 사실을 명심하라. 후반 돌파에 매수하는 경우 주가가 추진력을 얻는 데 실패하면 손절을 더 빨리, 가령 3~4퍼센트에서 하는 것이 좋다.

바닥을 '세는' 법을 확인하라

▶ 이것은 '말'로 설명하기보다 '영상'으로 보여주는 편이 더 쉽다. 후반 바닥에 대해 더 알고 싶다면 www.investors.com/GettingStartedBook에서 해당 주제에 대한 짧은 동영상을 시청하라.

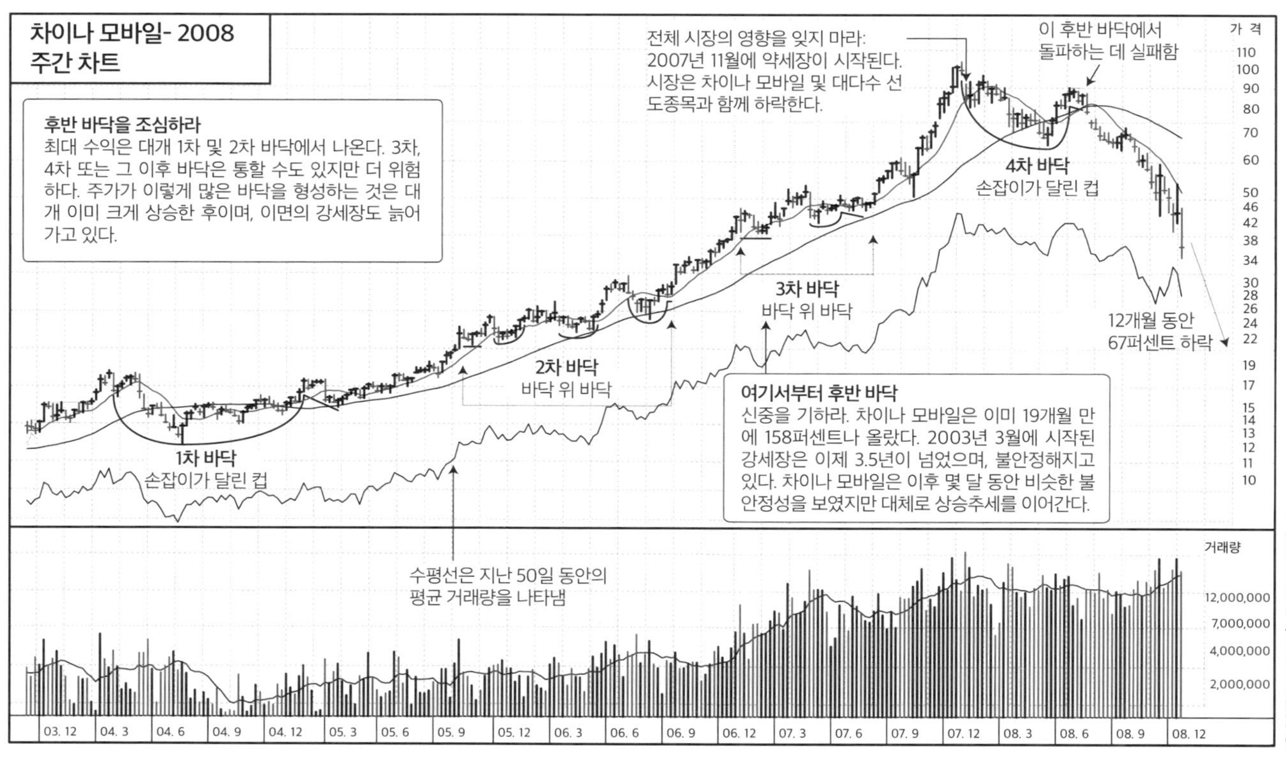

후반 바닥도 좋은 수익으로 이어질 수 있다. 그러나 1차, 2차 패턴보다 더 많은 리스크를 수반한다.

패턴이
보이는가?

이제 지금까지 배운 내용에 대해 테스트를 하겠다.

그 방법은 다음과 같다.

1. 326~328페이지에 나온 종목들의 차트를 살펴서 각 차트에서 패턴을 포착할 수 있는지 보라. 포착할 수 있다면 바닥의 유형을 제시하고 이상적인 매수 지점을 파악할 수 있는가?
2. 패턴을 포착한 후 '형태 너머를 보라'에서 논의한 '단서들'을 찾아라. 단서가 보이는가? 그 단서들은 해당 종목과 차트 패턴에 대해 무엇을 말해주는가? 상대강도선은 새로운 고지 또는 그 근처에 있는가?
3. 뒤에 나오는 동일한 차트에 표기된 내용을 보고 당신이 파악한 내용과 비교해 보라.

많이 공부할수록 더 많은 수익을 올릴 수 있다

이 모든 내용을 단번에 익힐 수 있다고 생각지 마라! 한 번에 하나씩 차트 읽기를 공부하다 보면 곧 모든 내용이 맞물리게 될 것이다.

나는 이렇게 제안한다. **이 시험을 치르기 전 그리고/또는 후에 각 차트 패턴에 대한 설명의 마지막에 제시한 동영상을 시청하고, 간단한 주말 루틴을 실행하라.** 그러면 당신의 차트 읽기 기술을 개선하고, 세 가지 예고적 패턴을 형성하는 종목을 어디서 찾을지 파악하는 데 도움이 될 것이다.

잊지 말고 무료 투자자 교육을 이용하라

머리글에서 언급한 '필수' 단계를 실행했는가?

- 집 근처에 있는 지역 IBD 미트업을 확인하라.
- 온라인 'IBD 프로덕트 트레이닝IBD Product Training'을 신청하라.

모두 무료이며, 차트 읽기 기술을 개선하는 데 도움을 줄 것이다. 또한 당신이 가진 모든 의문에 대한 답을 구하도록 도와줄 것이다. 지금 www.investors.com/GettingStartedBook에서 두 단계를 밟을 수 있다.

테스트: 스스로 패턴을 분석해 보라

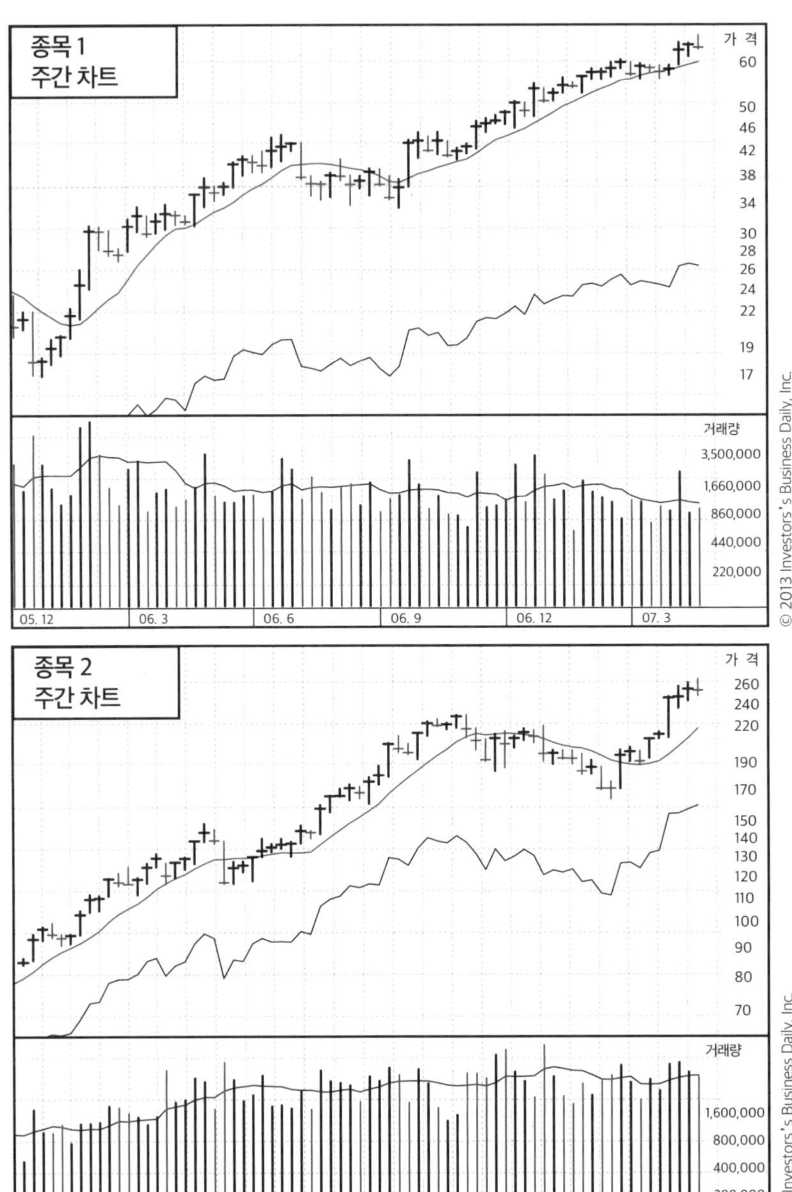

종목 1
주간 차트
가 격
60
50
46
42
38
34
30
28
26
24
22
19
17
거래량
3,500,000
1,660,000
860,000
440,000
220,000
05. 12
06. 3
06. 6
06. 9
06. 12
07. 3
© 2013 Investors's Business Daily, Inc.
종목 2
주간 차트
가 격
260
240
220
190
170
150
140
130
120
110
100
90
80
70
거래량
1,600,000
800,000
400,000
200,000
04. 6
04. 9
04. 12
05. 3
05. 6
© 2013 Investors's Business Daily, Inc.

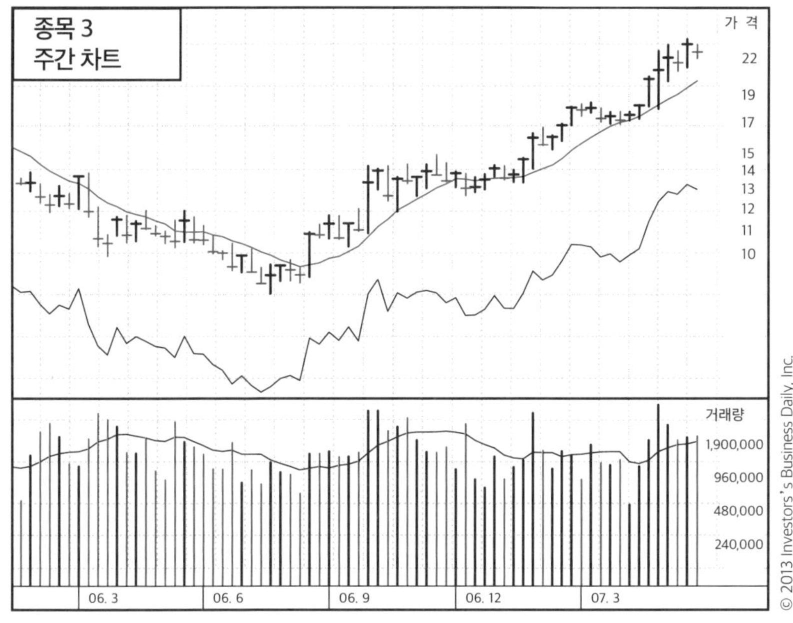
종목 3
주간 차트
가 격
22
19
17
15
14
13
12
11
10
거래량
1,900,000
960,000
480,000
240,000
06. 3
06. 6
06. 9
06. 12
07. 3
© 2013 Investor's Business Daily, Inc.

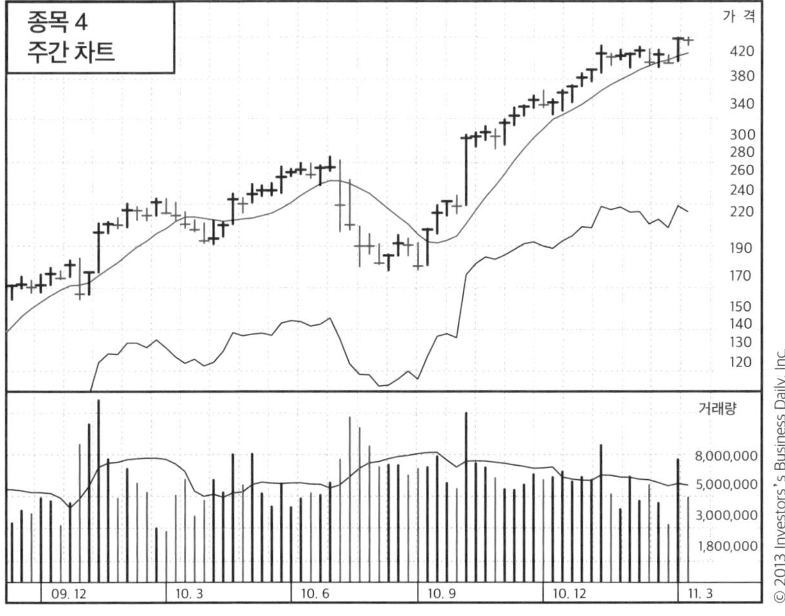
종목 4
주간 차트
가 격
420
380
340
300
280
260
240
220
190
170
150
140
130
120
거래량
8,000,000
5,000,000
3,000,000
1,800,000
09. 12
10. 3
10. 6
10. 9
10. 12
11. 3
© 2013 Investor's Business Daily, Inc.

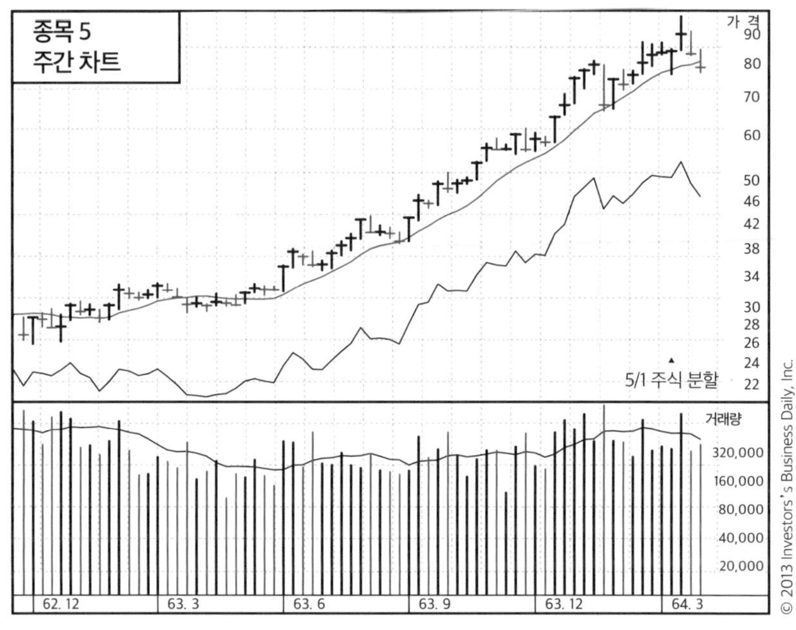
종목 5
주간 차트
가 격
90
80
70
60
50
46
42
38
34
30
28
26
24
22
5/1 주식 분할
거래량
320,000
160,000
80,000
40,000
20,000
62. 12
63. 3
63. 6
63. 9
63. 12
64. 3
© 2013 Investor's Business Daily, Inc.

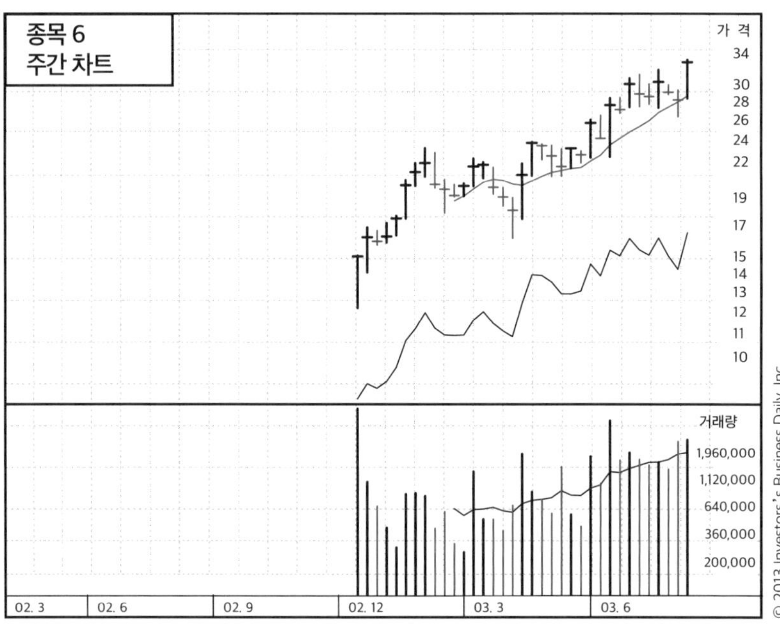
종목 6
주간 차트
가 격
34
30
28
26
24
22
19
17
15
14
13
12
11
10
거래량
1,960,000
1,120,000
640,000
360,000
200,000
02. 3
02. 6
02. 9
02. 12
03. 3
03. 6
© 2013 Investor's Business Daily, Inc.

아래의 내용과 스스로 분석한 내용을 비교해 보라

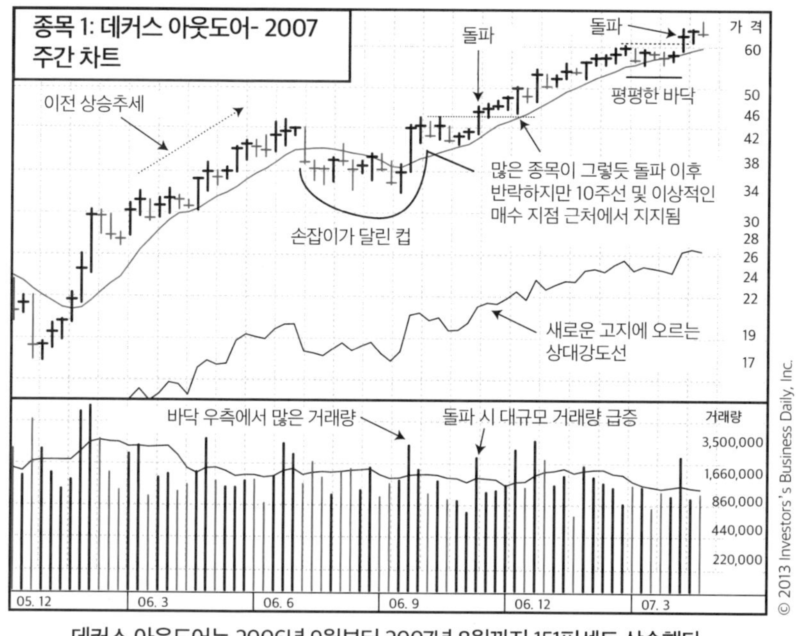

데커스 아웃도어는 2006년 9월부터 2007년 8월까지 151퍼센트 상승했다.

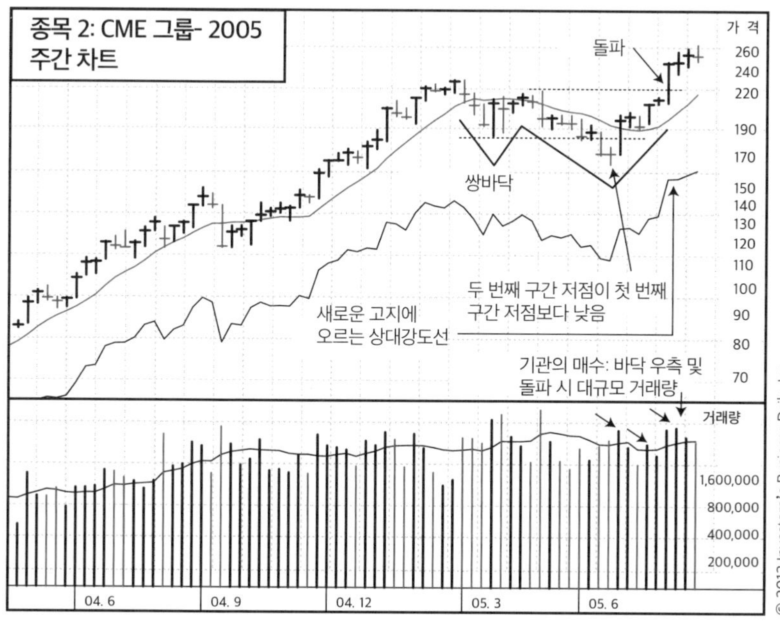

CME 그룹은 2005년 6월부터 2007년 12월까지 224퍼센트 상승했다.

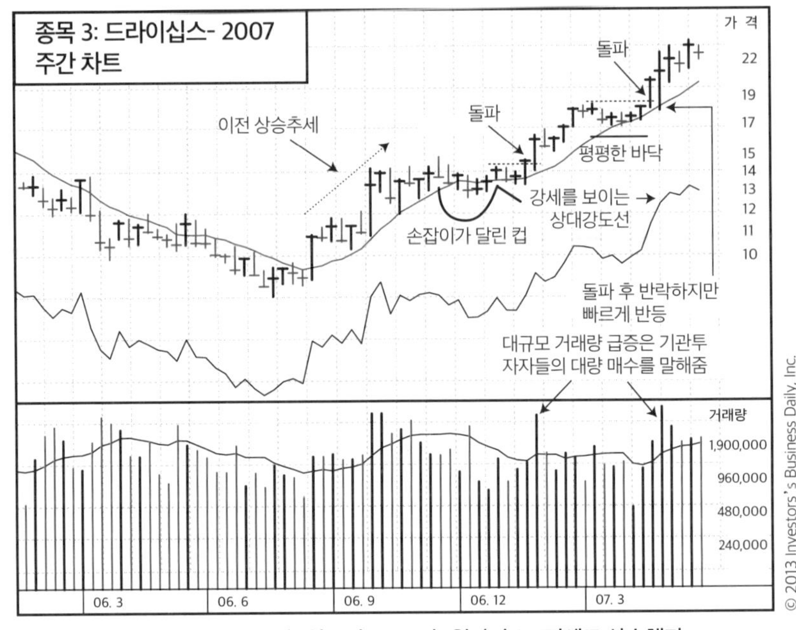

드라이십스는 2006년 1월부터 2007년 1월까지 815퍼센트 상승했다.

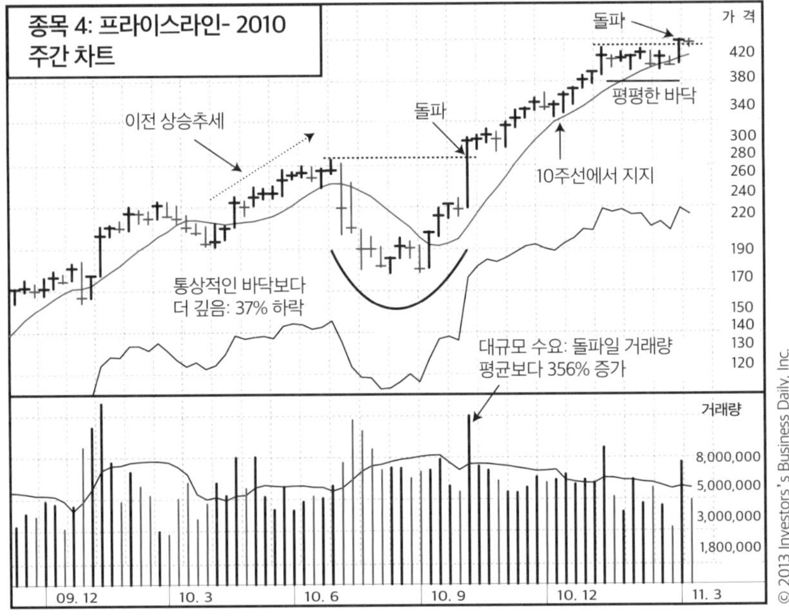

프라이스라인닷컴은 2010년 8월부터 2011년 5월까지 105퍼센트 상승했다.

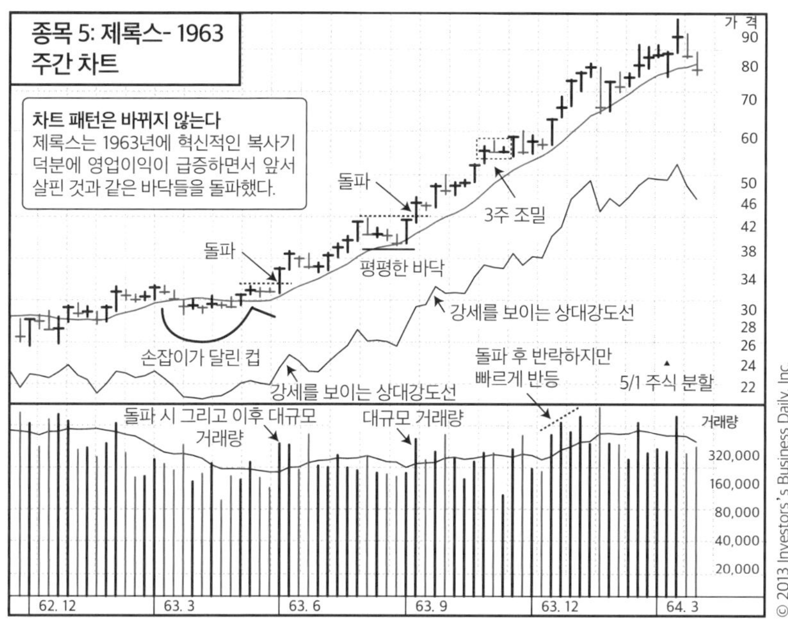

제록스는 1963년 4월부터 1966년 4월까지 660퍼센트 상승했다.

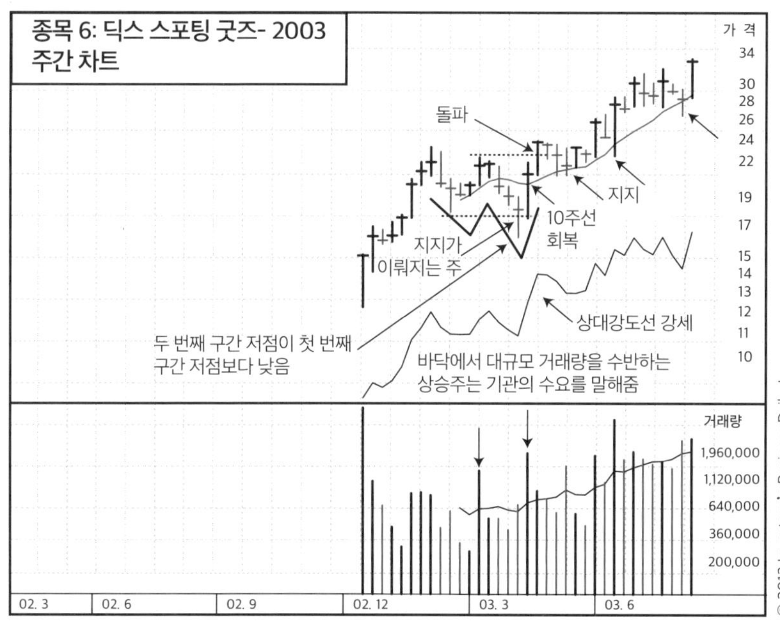

딕스 스포팅 굿즈는 2003년 2월부터 2004년 4월까지 181퍼센트 상승했다.

끈기 있게 공부하라!

Investors.com/IBDtv에서 '일간 종목 분석'과 '마켓 랩' 동영상들을 꾸준히 보면서 시기적절한 관심종목을 구성하는 동시에 차트 읽기 기술을 계속 개선하라.

그 외의 매수 지점 찾기

손잡이가 달린 컵, 쌍바닥, 평평한 바닥은 대규모 상승을 촉발하는 주요 패턴이다. 이 패턴들에서 나온 돌파를 놓쳤다면 어떻게 해야 할까? 걱정하지 마라. 아직 기회는 있다!

대박 종목들은 대개 다른 매수 기회를 만든다. 이 기회를 활용하여 새로 포지션을 잡거나 앞서 돌파를 잡아냈다면 포지션을 추가할 수 있다.

작은 것이 더 낫다

이 방법을 따를 경우에는 2차 매수 지점이기 때문에 손잡이가 달린 컵을 토대로 삼을 때보다 포지션의 규모를 줄이는 것이 좋다. 이미 보유한 종목의 물량을 늘리는 경우에는 더욱 그렇다. 이때 항상 첫 돌파 때 매수한 물량보다 적게 사야 한다. 그래야 평균 매수단가가 너무 오르지 않는다.

다음은 가장 흔한 매수 기회 두 가지다.

3주 조밀

이 패턴은 평평한 바닥처럼 돌파 이후에 발생하여 한동안 상승하다가 멈춰서 상승분을 소화한다. 또한 이름에서 알 수 있듯이 만들어지는 데 3주밖에 걸리지 않는다. 다음은 핵심 요점이다.

☑ **각 주는 이전 주 종가의 약 1퍼센트 내에서 마감해야 한다.**

이를 통해 차트에서 볼 수 있는 '조밀한' 구간이 만들어진다. 주간 종가에 초점을 맞춰야 한다는 것을 명심하라. 일주일 동안 주가는 약간 오르내릴 수 있다. 중요한 것은 금요일에 어디서 마감하느냐다.

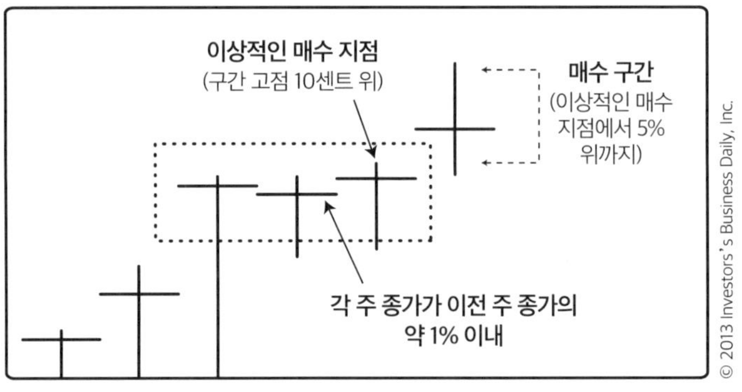

조밀한 주간 종가는 무엇을 말해줄까? 기관투자자들이 포지션을 유지하고 있음을 말해준다.

펀드 매니저와 다른 전문가들은 해당 종목에서 더 많은 것을 기대한다. 그래서 수익을 실현하지 않고 있다. 사실 그들은 더 많은 주식을 조용히 매집하고 있다. 그 때문에 주가가 조밀하고 좁은 구간으로 유지되는 것이다.

☑ 이상적인 매수 지점

- 구간 고점(즉, 최근 저항 영역)에서 10센트 위
- 매수 구간: 이상적인 매수 지점부터 5퍼센트 위까지
- 언제나 이상적인 매수 지점에 최대한 가깝게 매수하라!

☑ 돌파일 거래량: 평균보다 최소 40~50퍼센트 증가

모든 바닥의 경우처럼 돌파 시 거래량은 평소보다 40~50퍼센트 증가해야 한다. 이는 펀드 매니저와 다른 전문 투자자들이 뛰어들고 있음을 말해준다.

다음 페이지의 차트는 대박 종목이 계속 상승하는 동안 3주 조밀 패턴이 물량을 늘릴 기회를 주는 양상을 보여주는 사례다.

3주 조밀 패턴을 포착하는 방법을 확인하라

▶ www.investors.com/GettingStartedBook에서 짧은 동영상을 시청하라.

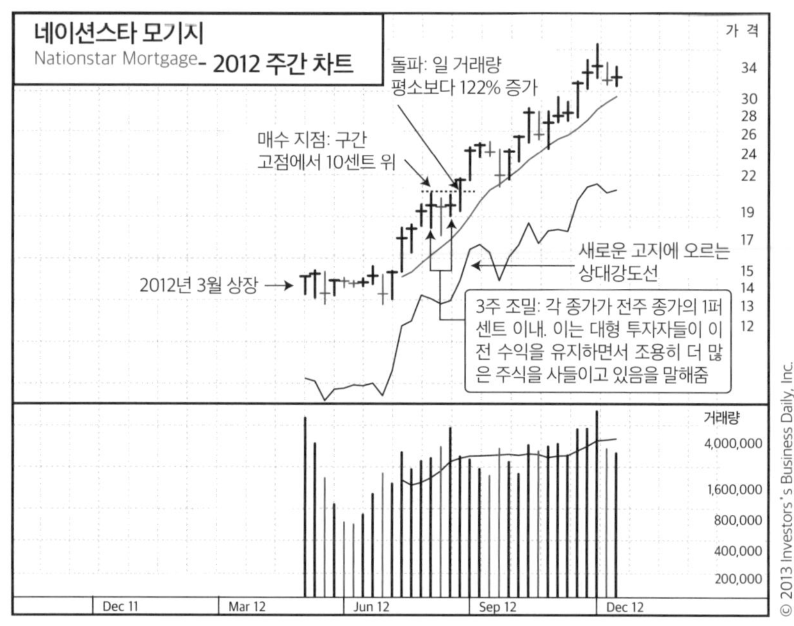

네이션스타 모기지는 2012년 6월부터 10월까지 82퍼센트 상승했다.

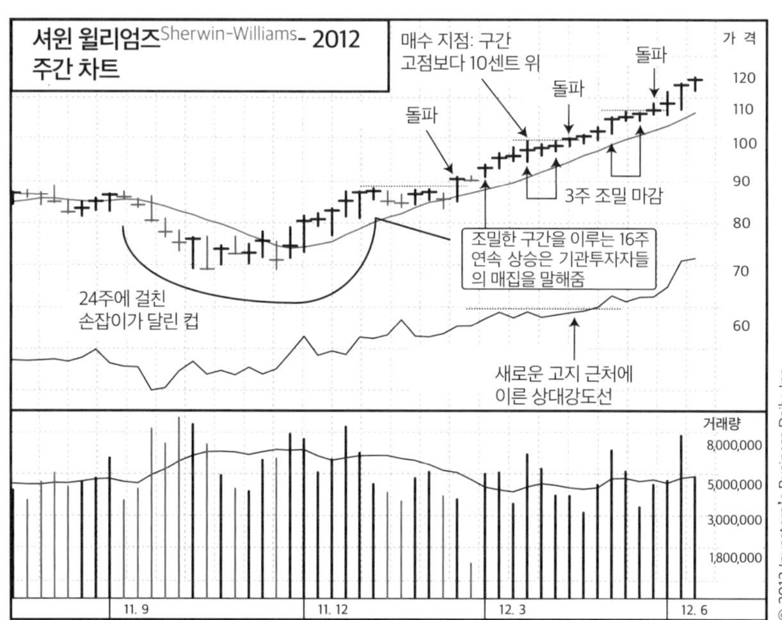

셔윈 윌리엄즈는 2012년 2월부터 10월까지 57퍼센트 상승했다.

10주 또는 50일 이평선 반락

적절한 차트 패턴을 돌파한 주가는 앞서 논의한 기준선인 10주 또는 50일 이평선으로 반락할 수 있다. 이후 주가가 이평선에서 반등하여 대규모 거래량을 수반한 채 상승한다면 물량을 늘릴 기회일 수 있다.

이런 유형의 변동은 기관투자자들이 개입하여 주가를 '지지'하고 방어하고 있음을 말해준다. 또한 이 이평선들이 중심이 되는 이유는 전문투자자들이 핵심 기준선으로 삼기 때문이다('차트 읽기 기초'를 참고하라).

'저점 매수'를 하지 마라

전문가들이 '저점 매수'에 대해 이야기하는 것을 종종 들었을 것이다. 저점 매수란 현재 주가가 낮으며, '헐값'처럼 보이기 때문에 매수하는 것이다. 이는 극히 위험한 전략이다. 주가가 하락하는 데는 그럴 만한 이유가 있다.

그 이유 중 하나로 펀드 매니저들이 물량을 처분하면서 발을 빼고 있기 때문일 수 있다. '기본 요건 3: 기관투자자들이 대량 매수하는 종목을 사고, 대량 매도하는 종목을 피하라'를 명심하라.

그러면 '반락'에 매수하는 것은 어떻게 다를까?

간단하다. 주가가 지지받은 후 대규모 거래량과 함께 상승할 때까지 기다렸다가 매수하는 부분이 다르다. 다시 말해서 주가가 계속 하락하면 절대 매수하지 마라!

다음은 반락에 적절하게 매수하는 방법에 대한 몇 가지 기본적인 지침이다.

☑ **반락 시 거래량이 적은지 확인하라.**

이는 전문 투자자들이 공격적으로 매도하고 있지 않다는 것을 말해준다. 조정 기간에 특정한 날이나 주에는 거래량이 평균보다 많을 수 있다. 그러나 전체적으로는 주가가 이평선에 가까워짐에 따라 거래량이 '마르거나' 줄어야 한다.

☑ **주가가 이평선에서 반등하여 대규모 거래량과 함께 상승하는지 확인하라.**

매수하기 전에 주가가 반등하면서 약세가 아니라 강세를 보여야 한다. 절대 하락하는 종목을 사지 마라.

☑ **이평선에 최대한 가깝게 매수하라.**

주가가 50일이나 10주 이평선에서 반등할 때 그 선에 최대한 가깝게 매수해야 한다. 그 선에서 멀리 떨어져서 매수할수록 리스크가 커진다.

☑ **첫 두 번의 반락에 초점을 맞춰라.**

최고의 수익은 대개 10주선으로 떨어지는 첫 두 번의 반락에서 나온다. 주가가 세 번이나 네 번 후퇴할 무렵에는 이미 충분히 올랐을 가능성이 높다. 그래서 반락이 보다 심각한 하락의 시작일 수 있다.

다음에 나오는 넷플릭스의 일간 및 주간 차트를 살펴보라. 이 차트들은 반락이 이미 수익을 낸 포지션을 늘릴 기회 또는 앞선 돌파를 놓쳤다면 주식을 매수할 두 번째 기회를 주는 양상을 보여준다.

또한 이 차트들은 수익 종목이 크게 상승하는 동안 계속 관찰해야 하는 이유를 잘 상기시킨다. 이런 종목은 대개 진입하여 수익을 낼 기회를 여러 번 제공한다.

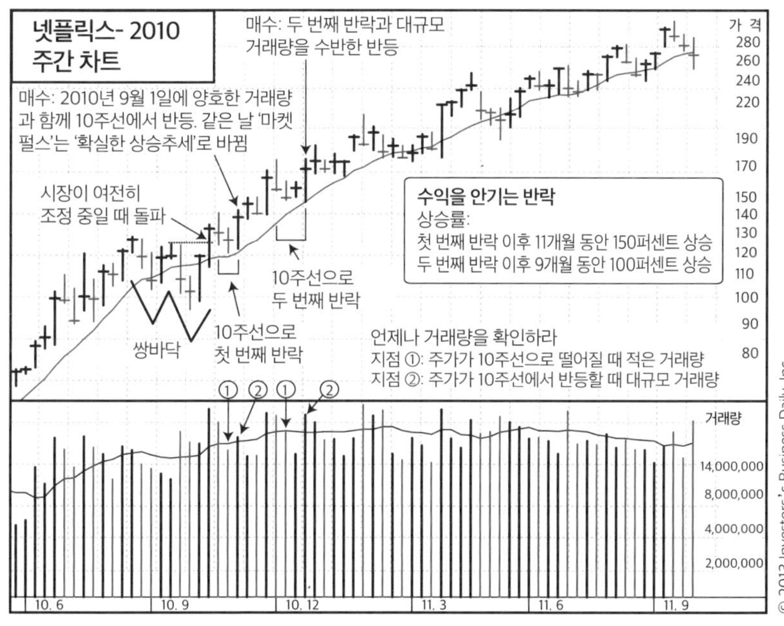

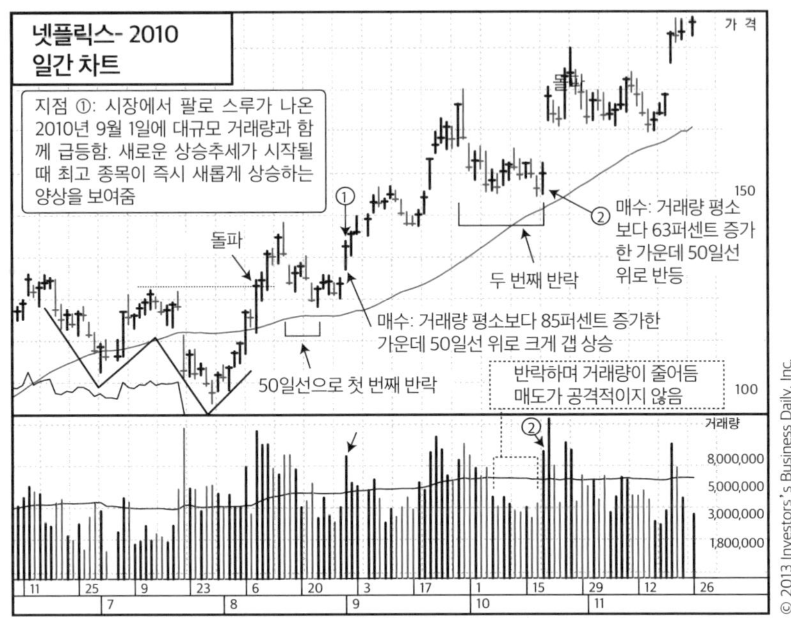

넷플릭스는 2010년 9월부터 2011년 7월까지 150퍼센트 상승했다.

반락 시 매수하는 방법에 대한 5가지 간략한 지침

▶ www.investors.com/GettingStartedBook에서 반락 시 매수하는 올바른 방법에 대한 나의 '2분 팁' 동영상을 시청하라.

다음 과제: 이제 차트 읽기 기초와 수익을 안기는 차트 패턴을 포착하는 법을 살폈으니 매수 및 매도 체크리스트에서 '차트 분석' 항목을 점검하는 방법을 알아보도록 하자.

차트를 활용한 체크리스트 점검

앞서 다룬 매수 및 매도 체크리스트에서 〈종목 점검〉과 몇 가지 기본 규칙을 활용하여 대다수 매수 및 매도 요건을 빠르게 점검하는 방법을 확인했다.

이제 차트 읽기의 기본도 다뤘으니 두 체크리스트의 '차트 분석' 항목을 점검하는 방법을 알아보도록 하자.

연습은 도움이 된다

당신이 차트에 익숙지 않다면 방금 살핀 모든 패턴과 개념을 아직 소화하는 중일 것이다. 지금까지 계속 말한 대로 모든 내용을 흡수하고 포괄하기 위해서는 약간의 시간이 필요하다. 다만, 무엇을 하든 절대 차트 읽기를 포기하지 마라!

지금 당신이 하는 연습은 나중에 반드시 보상을 안길 것이다. 그러니 끈기를 발휘하라. '간단한 주말 루틴'을 계속하고, 〈종목 분석〉과 다른 IBD TV 동영상을 시청하라. 곧 당신도 자연스럽게 차트에서 매수 및 매도 신호를 포착하게 될 것이다.

그러면 매수 체크리스트를 간략하게 점검하는 일부터 시작하자.

차트 분석을 통한 매수 체크리스트

차트 분석: 큰 상승을 촉발하는 흔한 패턴에서 돌파하는 종목을 매수하라.

- ❑ 타당한 바닥이나 다른 매수 지점 돌파
- ❑ 돌파 시 거래량 평균보다 최소 40~50퍼센트 증가
- ❑ 새로운 고지에 오르는 상대강도선
- ❑ 이상적인 매수 지점에서 5퍼센트 위 이내

이 내용을 살필 때 타당한 매수 규칙을 따르는 일을 계속해서 강조하는 이유를 잊지 마라.

매수 체크리스트를 통과하는 종목은 크게 상승할 잠재력이 가장 크다.

매수하기 전에 각 종목이 유효한지 확인하면 올바로 출발할 확률, 즉 손실 대신 양호한 수익을 올릴 가능성이 크게 높아진다. 언제나 이 체크리스트를 출발점으로 삼아야 하는 이유가 거기에 있다. 리스크는 줄어들고 보상은 늘어나기 때문이다.

☑ 타당한 바닥이나 다른 매수 지점 돌파

손잡이가 달린 컵이나 쌍바닥, 평평한 바닥 또는 3주 조밀이나 10주선 반락 같은 다른 매수 영역의 이상적인 매수 지점 근처인가?

분석에 도움이 되도록 인베스터스닷컴에서 해당 종목을 검색하여 IBD가 최근 차트 동향에 대해 어떻게 썼는지 확인하라. <IBD 50>이나 <당신의 주말 리뷰>, <업종 선도종목>, <IBD 빅 캡Big Cap 20>에서 해당 종목을 다뤘다면 최근 차트 분석 내용을 확인하라. 당신이 파악한 내용과 일치하는가?

반면 인식 가능한 패턴이나 매수 지점이 형성되지 않았다는 것은 무엇을 말하는가?

이는 인내심을 가져야 한다는 뜻이다. 규칙을 지키면서 적절한 매수 지점이 나올 때까지 기다려라. 약간의 절제력은 수익을 올리고 지키는 데 큰 도움이 된다!

패턴이 타당한가 아니면 의심스러운가? 바닥 체크리스트를 통해 확인하라

손잡이가 달린 컵이나 다른 패턴을 빠르게 평가하는 데 도움이 되는 간단한 '커닝 쪽지'를 다운로드하고 인쇄하라. www.investors.com/GettingStartedBook에서 바닥 체크리스트를 찾을 수 있다.

☑ 돌파 시 거래량 평균보다 최소 40~50퍼센트 증가

거래량이 평균보다 적거나 아주 조금 많은 것은 돌파를 더 의심스럽게 만든다. 거래량 급증을 통해 기관의 열성적인 매수가 드러나는지 확인하라. 40~50퍼센트는 최소 기준이다. 강한 돌파의 경우 종종 평균보다 100퍼센트나 200퍼센트 또는 그 이상의 거래량이 나온다.

거래량이 이례적으로 많거나 적은지 어떻게 알 수 있을까?

● **'거래량 증감률' 수치를 확인하라.**

IBD만의 '거래량 증감률' 항목은 거래일 내내 거래량이 평균보다 많은지, 적은지 알려준다. 이 항목은 인베스터스닷컴에서 종목 호가창을 띄우면 나온다.

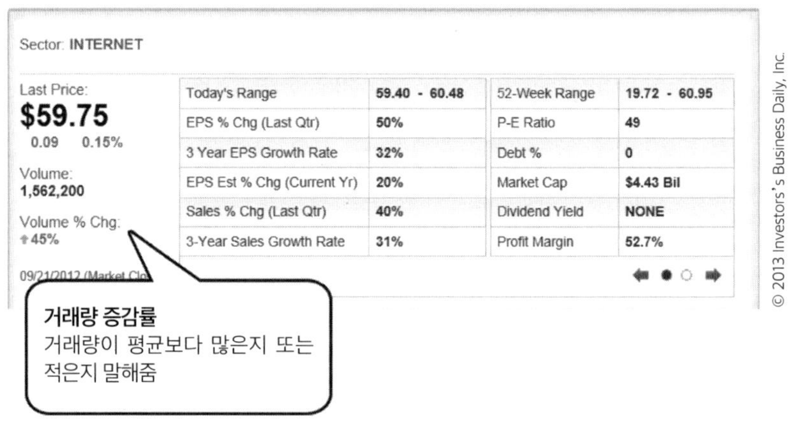

<종목 점검>과 인베스터스닷컴의 호가 페이지 그리고
'IBD 스마트 NYSE+나스닥 테이블'(7장)에서 '거래량 증감률'을 확인할 수 있다.

돌파가 이뤄질 때 해당 지점까지의 거래량을 토대로 예상 거래량 증감률을 확인할 수 있다. 그래서 40~50퍼센트 기준을 충족할지 쉽게 판단할 수 있다.

● 일간 차트를 확인하라.

일부는 거래량이 돌파일에는 40~50퍼센트 기준에 못 미치다가 하루나 이틀 뒤에 크게 늘어난다. 이는 이상적인 상황이 아니다. 하지만 해당 종목이 캔 슬림 속성을 지녔고, 여전히 매수 구간(즉, 이상적인 매수 지점에서 5퍼센트 이내)에 있으며, 거래량이 특별히 많다면 매수할 수 있다.

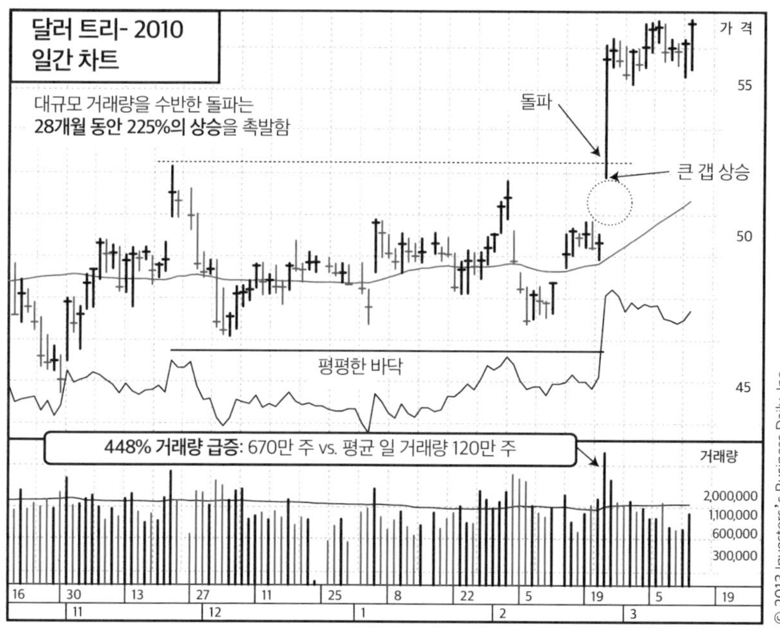

돌파 시 이례적인 대규모 거래량은 기관의 강력한 매수세를 말해준다.

☑ 새로운 고지에 오르는 상대강도선

상대강도선은 지난 52주에 걸쳐 해당 종목의 상승률과 S&P 500의 상승률을 비교한다.

- 상대강도선이 상승하는 것은 해당 종목의 상승률이 전체 시장의 상승률보다 높다는 뜻이다.
- 상대강도선이 하락하는 것은 해당 종목의 상승률이 전체 시장의 상승률보다 낮다는 뜻이다.

바닥이 완성되고 돌파가 나올 때 상대강도선이 이미 새로운 고지에

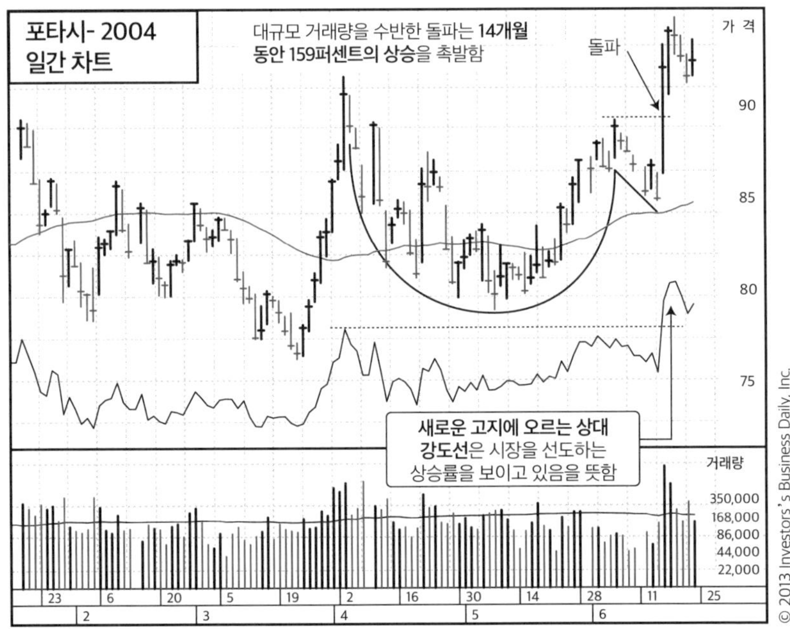

차트 패턴을 평가할 때 언제나 상대강도선을 확인하라.

오르는 것은 강세 신호다. 이는 해당 종목이 조정 국면에서 반등했으며, 현재 시장을 선도하는 힘을 보여주고 있음을 확증한다.

☑ 이상적인 매수 지점으로부터 5퍼센트 위 이내

앞서 본 대로 여러 바닥 패턴의 매수 지점과 매수 구간은 모두 기본적으로 같은 방식에 따라 계산된다.

- **이상적인 매수 지점:** 최근 저항 영역보다 10센트 위
- **매수 구간:** 이상적인 매수 지점에서 5퍼센트 이내

이상적인 매수 지점에 최대한 가깝게 매수하는 것을 목표로 삼아야 한다. 다만 해당 지점에서 최대 5퍼센트까지는 여전히 매수할 수 있으나 5퍼센트 매수 구간을 넘어 '초과된' 종목은 절대 쫓아가지 마라.

불필요한 리스크에 노출될 뿐이다. 돌파 이후 종종 반락이 나오며, 이상적인 매수 지점에서 멀리 매수할수록 7~8퍼센트 매도 규칙에 따라 '털어내기'에 당할 가능성이 높아진다.

그러니 돌파를 놓쳤다면 기차를 쫓아가고 싶은 유혹에 맞서라. 대신 기차가 다음 역에 들어서서 새로운 바닥 또는 반락이나 3주 조밀 같은 다른 매수 지점을 형성하기를 기다려라. 그러면 보다 안전하고 합당하게 올라탈 수 있다.

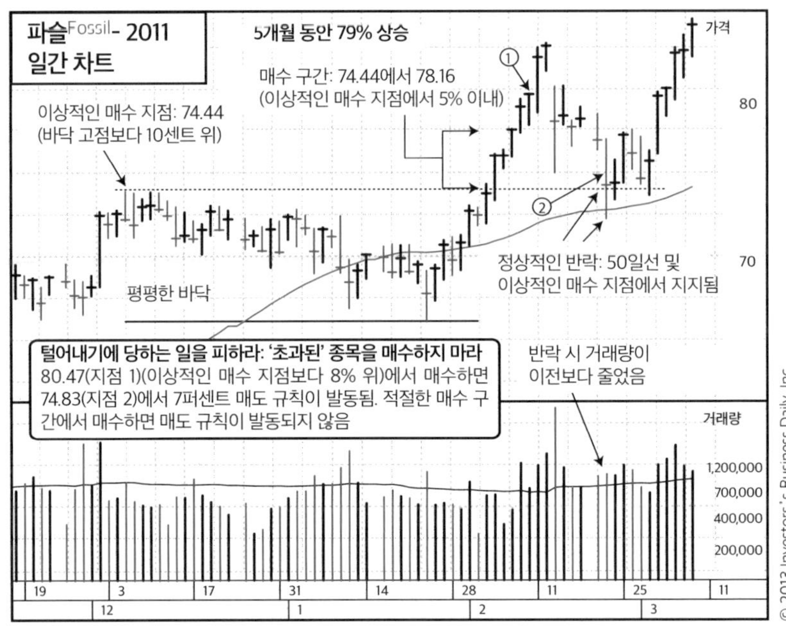

절제력을 발휘하여 적절한 매수 구간에 속한 종목만 매수하라.

차트를 보고 매수 신호 확인하기

▶ www.investors.com/GettingStartedBook에서 매수 체크리스트의 '차트 분석' 항목을 적용하는 방법에 대한 짧은 동영상을 시청하라.

다음 과제: 차트와 매도 체크리스트를 활용하여 조기 경고 신호를 찾아보도록 하자.

차트를 활용한
매도 체크리스트

차트 분석: 다음 신호가 보이면 일부 또는 전부 매도를 고려하라.

- ❑ 몇 달 만에 최대 거래량을 수반한 상승 이후 최대폭 일일 하락
- ❑ 몇 달 만에 최대 거래량을 수반한 50일 이평선 아래로의 급락
- ❑ 대규모 거래량을 수반한 10주 이평선 아래 급락 및 마감

기본적인 매도 계획을 다시 한 번 강조하겠다.

- 20~25퍼센트에서 대부분의 수익을 실현한다.
- 7~8퍼센트 이하로 손실을 제한한다.
- 시장의 하락추세가 시작되면 방어 조치를 취한다.

이는 양호한 수익을 확정하고 심각한 손실을 피하는 간단하고도 효과적인 방법이다.

이제 차트를 투자 도구함에 더했으니 차트를 활용한 방법으로 조기 경고 신호를 포착할 수 있다. 차트를 활용할 수 있어야 이런 신호를 볼

수 있다. 차트가 수익을 올리는 데 상당한 우위를 제공한다는 사실이 시간이 지날수록 명확해질 것이다.

차트에 익숙해지면 때가 아닐 때 물러나 수익을 지키는 데 도움이 되는 다른 기법들을 발견하게 될 것이다. 다만 처음에는 다음과 같은 흔한 문제 신호를 접하고 당황하곤 한다.

☑ 몇 달 만에 최대 거래량을 수반한 상승 이후 최대폭 일일 하락

몇 달 만에 최대 거래량을 수반한 대규모 하락은 즉, 기관투자자들이 공격적으로 물량을 처분하고 있다는 뜻이다.

일부 펀드 매니저는 아예 포지션을 청산하고 있을지 모른다. 이는 해당 종목을 계속 보유한다면 당신에게 심각한 문제가 될 것이다.

앞으로 반등이 나올 수도 있다. 그러나 이런 유형의 급락은 추세를 바꾼다. 계속 하락할 가능성이 높다.

이 매도 규칙의 맥락 안에서 '차트 읽기 기초'에서 살핀 오픈테이블의 차트를 다시 살펴보도록 하자. 오픈테이블은 식당들이 온라인 예약을 받고, 고객에게 홍보를 할 수 있도록 도와주는 새로운 플랫폼으로 수익성 있는 틈새시장을 확보했다. 또한 젊고 혁신적인 기업이자 시장 선도 종목이었다. 2011년 봄에 궤도가 급변하기 전까지는 말이다.

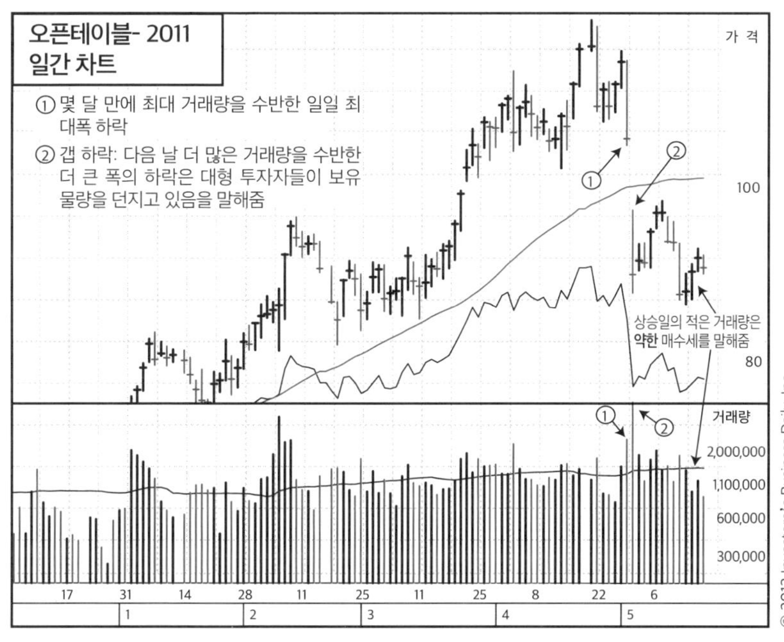

대규모 거래량을 수반한 큰 폭의 하락은
대형 투자자들이 공격적으로 매도하고 있음을 말해준다.

다음은 오픈테이블의 주간 차트에서 보이는 양상이다.

'차트 읽기 기초'에서 오픈테이블의 차트에 대해 간략하게 언급한 대로 이 매도 신호가 반짝이기 전부터 다른 경고 신호들이 나왔다. 이런 신호들을 포착하는 법을 배우는 일은 분명 도움이 된다. 다만 처음 시작할 때는 최소한 이 규칙만이라도 준수하라. **몇 달 만에 최대 거래량을 수반한 채 주가가 급락하면 적어도 일부 물량을 매도할 때다.**

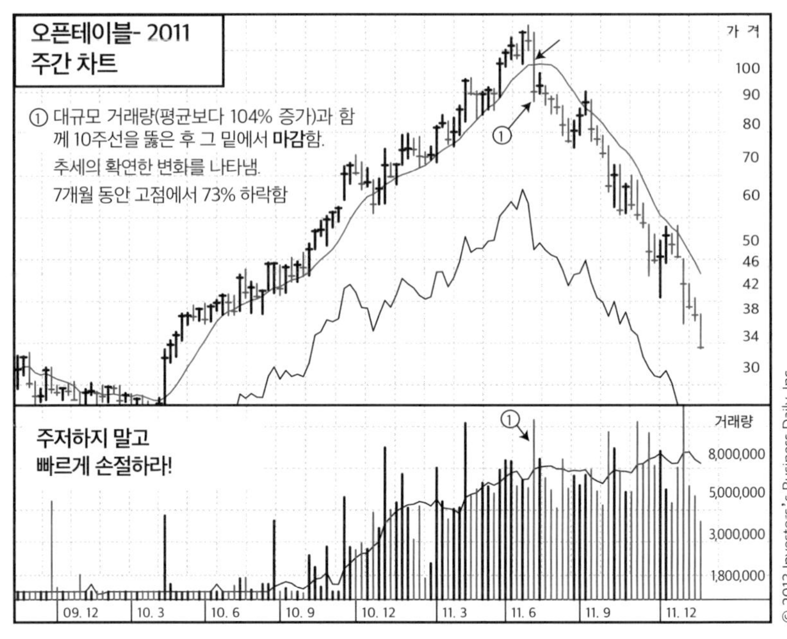

대규모 투매와 함께 추세가 바뀐 양상이 보이는가?

전체 시장 여건은 어떤가?

매도 체크리스트에서 중요한 부분은 전체 시장이 약화되기 시작할 때 바로 방어 조치를 취하는 것이다. 다음 페이지 파슬의 사례가 보여주듯이 분산일이 늘어나고 시장의 상승추세가 조정 국면으로 접어들 때 종종 개별 종목에서 경고 신호와 매도 신호가 나타난다. 이런 신호에 주의를 기울인다면 심각한 피해를 입기 전에 수익을 확정하고 발을 빼는 데 도움이 된다.

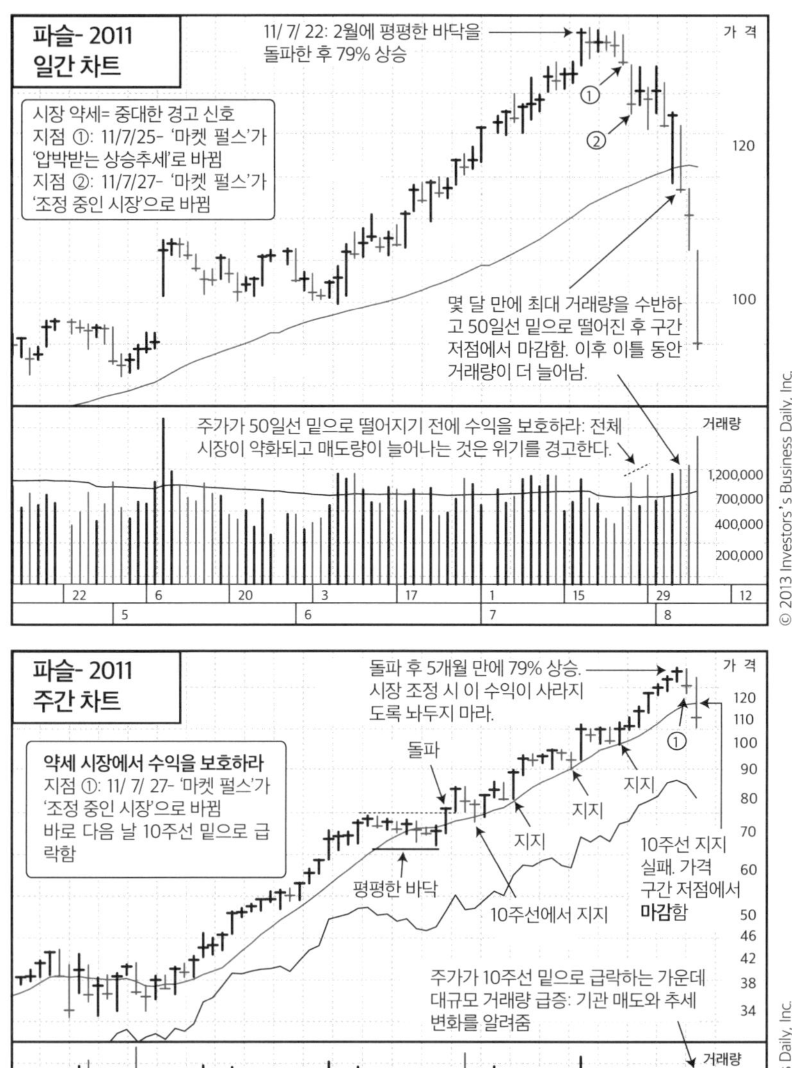

파슬- 2011
일간 차트
11/ 7/ 22: 2월에 평평한 바닥을
돌파한 후 79% 상승
시장 약세= 중대한 경고 신호
지점 ①: 11/7/25- '마켓 펄스'가
'압박받는 상승추세'로 바뀜
지점 ②: 11/7/27- '마켓 펄스'가
'조정 중인 시장'으로 바뀜
①
②
가 격
120
100
몇 달 만에 최대 거래량을 수반하
고 50일선 밑으로 떨어진 후 구간
저점에서 마감함. 이후 이틀 동안
거래량이 더 늘어남.
주가가 50일선 밑으로 떨어지기 전에 수익을 보호하라: 전체
시장이 약화되고 매도량이 늘어나는 것은 위기를 경고한다.
거래량
1,200,000
700,000
400,000
200,000
22 6 20 3 17 1 15 29 12
5 6 7 8
© 2013 Investors's Business Daily, Inc.
파슬- 2011
주간 차트
돌파 후 5개월 만에 79% 상승.
시장 조정 시 이 수익이 사라지지
도록 놔두지 마라.
약세 시장에서 수익을 보호하라
지점 ①: 11/ 7/ 27- '마켓 펄스'가
'조정 중인 시장'으로 바뀜
바로 다음 날 10주선 밑으로 급
락함
돌파
평평한 바닥
지지
지지
지지
①
10주선에서 지지
10주선 지지
실패. 가격
구간 저점에서
마감함
가 격
120
110
100
90
80
70
60
50
46
42
38
34
주가가 10주선 밑으로 급락하는 가운데
대규모 거래량 급증: 기관 매도와 추세
변화를 알려줌
거래량
4,000,000
1,600,000
800,000
400,000
200,000
10. 6 10. 9 10. 12 11. 3 11. 6 11. 9
© 2013 Investors's Business Daily, Inc.

이중고: 시장이 조정받는 가운데 대규모 거래량을 수반한 투매가 발생한다.
방어 조치를 취할 때다.

추세는 더 이상 당신의 친구가 아니다

오픈테이블과 파슬의 주간 차트를 다시 한 번 보라. 그리고 앞서 지지와 저항에 대해 배운 것을 상기해 보라.

두 종목은 급락이 나오기 전까지 몇 달 동안 10주 이평선에서 지지받으며 비교적 꾸준히 상승했다.

그러다가 이례적으로 많은 거래량과 함께 갑자기 급락이 나온 후 그 양상이 바뀐 것이 보이는가? 이런 추세 변화를 무시하지 마라. 이는 대개 앞으로 더 큰 문제가 생길 것이라는 신호다.

☑ 몇 달 만에 최대 거래량을 수반한 50일 이평선 아래로의 급락

지지와 저항을 설명하는 부분에서 확인한 대로 전문 투자자들은 종종 50일 이평선을 핵심 기준으로 삼는다. 그래서 이 선 근처에서 주가가 어떻게 움직이는지 지켜보는 일은 대단히 중요하다.

- 주가가 50일선 위에 머무는 것은 전문 투자자들이 개입하여 주가를 떠받치면서 포지션을 보호하고 있음을 뜻한다.
- 이례적으로 많은 거래량과 함께 주가가 50일선 밑으로 급락하는 것은 기관이 보유물량을 줄이고 있으며, 더 많은 매도가 이뤄질 것임을 뜻할 수 있다.

주가가 50일선 밑으로 떨어졌다고 해서 반드시 전체 포지션을 매도해야 하는 것은 아니다. 그러나 분명한 경고 신호인 것은 맞다. 특히 다음에 해당할 때는 더욱 그렇다.

- 50일선 밑으로 가파르게 하락(특히 큰 갭 하락)
- 일간 가격 구간의 저점에서 마감
- 이례적으로 많은 거래량을 수반한 채 하락

또한 전체 시장이 약화되고 '마켓 펄스'가 '압박받는 상승추세'나 '조정 중인 시장'으로 바뀌는 것은 방어 조치를 취하면서 당신 자신을 보호할 추가적인 이유가 된다.

다음은 주가가 대규모 거래량을 수반한 채 50일선 밑으로 떨어진 사례다.

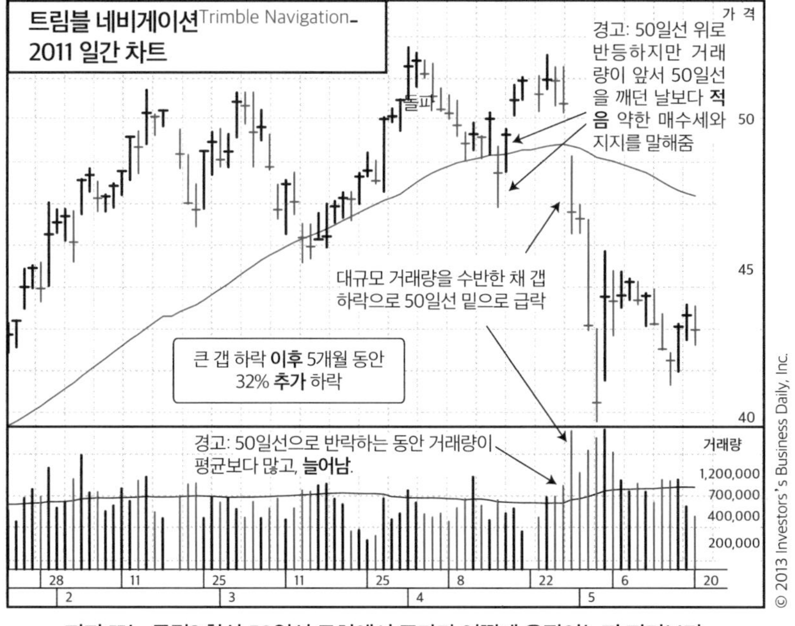

지지 또는 급락? 항상 50일선 근처에서 주가가 어떻게 움직이는지 지켜보라.

갭 하락을 조심하라!

'형태 너머를 보라'에서 대규모 거래량을 수반한 큰 갭 상승이 좋은 이유를 살폈다. 이런 갭 상승은 해당 종목에 대한 수요가 너무 강해서 주가가 순식간에 바로 높은 가격까지 뛰어올랐음을 말해준다.

대규모 거래량을 수반한 갭 하락은 완전히 다른 이야기다. 이는 기관의 매도 의지가 너무 강해서 주가가 낮은 가격까지 바로 떨어졌음을 말해준다.

앞서 나온 오픈테이블과 트림블의 일간 차트를 다시 살펴보라. 대규모 거래량을 수반한 갭 하락이 보이는가? 또한 이후 주가가 더 떨어진 양상이 보이는가? 당신이 보유한 종목에서 이런 양상이 나온다면 이는 분명 포지션을 줄이고 일부 또는 전부를 매도해야 한다는 신호다.

☑ 대규모 거래량을 수반한 10주 이평선 아래 급락 및 마감

주간 차트에 나오는 10주 이평선은 일간 차트에 나오는 50일 이평선과 대략 동일하다. 전문 투자자들은 두 선을 기준으로 삼는다(당신도 그래야 한다!). 다만 10주선은 장기 추세를 더 쉽게 파악하도록 해준다.

방금 살핀 대로 주가가 극도로 많은 거래량을 수반한 채 50일선 밑으로 급락하고, 구간 저점에서 마감하는 것은 위기를 알리는 심각한 신호다. 반면 거래량이 적고, 주가가 반등하여 일 거래구간 고점 근처 또는 50일선 내지 그 바로 아래에서 마감하는 것은 펀드들이 주가를 떠받치고 포지션을 보호하기 위해 주식을 매수하고 있다는 뜻일 수 있다.

매도가 얼마나 심각한지 파악하려면 주간 차트도 함께 확인하라.

그 주에 주가가 어디에서 마감하는가?

매도세가 나온 지 하루나 이틀 후 펀드 매니저들이 들어와 주식을 매수하고, 주 막판에 주가가 10주선 위나 바로 밑에서 마감하는 경우가 있다. 이는 지지의 신호다. 반면 주가가 대규모 거래량을 수반한 채 10주선 밑으로 급락하고 거기서 마감한다면, 이는 기관의 지지가 아니라 매도의 신호다. 그래서 더 많은 매도를 예고하기 때문에 당신 자신을 보호해야 할 때임을 뜻하는 경우가 많다.

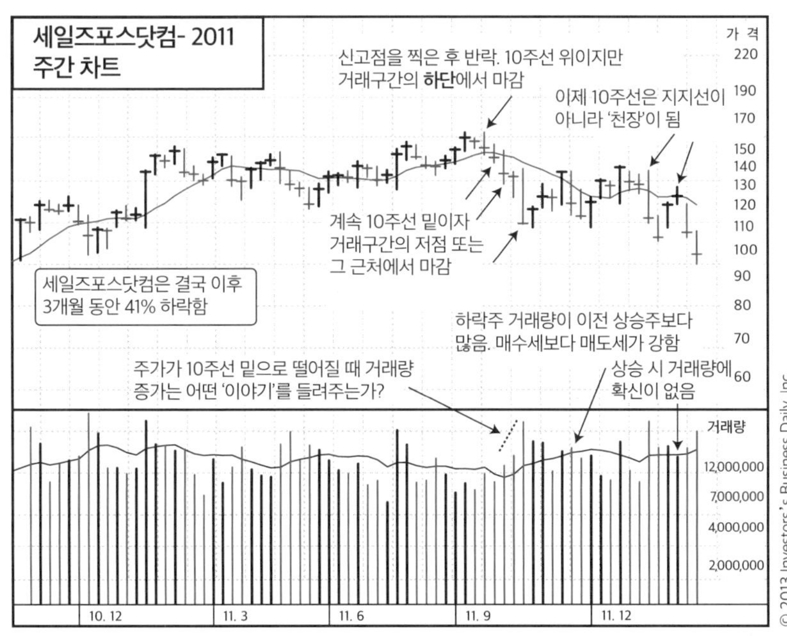

세일즈포스닷컴은 10주선에서 지지되지 않고 계속 하락했다.

첫 번째 세일즈포스닷컴은 주가가 대규모 거래량과 함께 하락하지만 10주선에서 지지되지 않고 마감하는 상황을 보여준다. 두 번째 럼버 리퀴데이터스는 주 막판에 주가가 반등하는 상황을 보여준다.

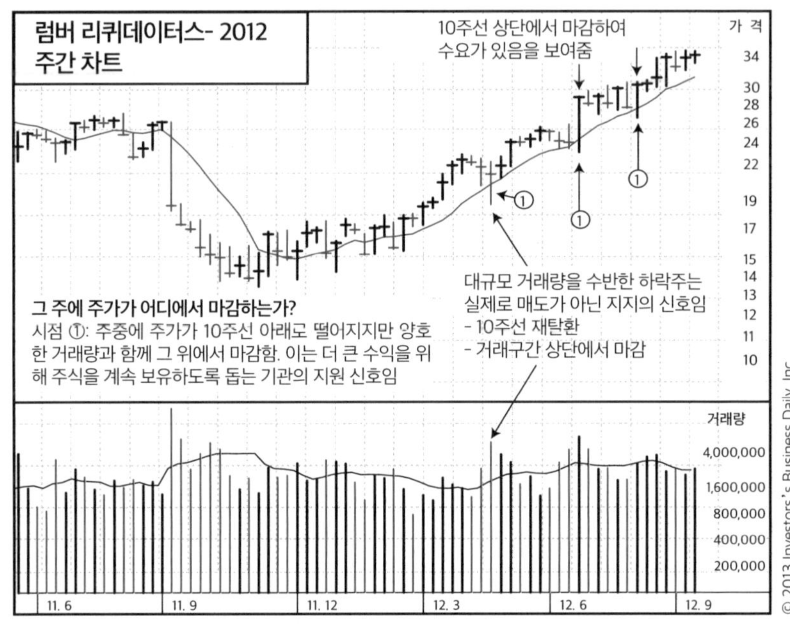

럼버 리퀴데이터스- 2012
주간 차트
10주선 상단에서 마감하여
수요가 있음을 보여줌
가 격
34
30
28
26
24
22
19
17
15
14
13
12
11
10
①
①
①
대규모 거래량을 수반한 하락주는
실제로 매도가 아닌 지지의 신호임
- 10주선 재탈환
- 거래구간 상단에서 마감
그 주에 주가가 어디에서 마감하는가?
시점 ①: 주중에 주가가 10주선 아래로 떨어지지만 양호한 거래량과 함께 그 위에서 마감함. 이는 더 큰 수익을 위해 주식을 계속 보유하도록 돕는 기관의 지원 신호임
거래량
4,000,000
1,600,000
800,000
400,000
200,000
11. 6
11. 9
11. 12
12. 3
12. 6
12. 9
© 2013 Investors's Business Daily, Inc.

그 주에 주가가 어디에서 마감하는지 지켜보는 일은 더 큰 수익을 위해 계속 보유하는 데 도움을 준다.

차트에서 매도 신호를 확인하라

▶ www.investors.com/GettingStartedBook에서 일간 차트 및 주간 차트를 활용하여 문제의 신호를 포착하는 방법에 대한 짧은 동영상을 시청하라.

7장

올바른 시작을 위한 추가 팁과 도구들

More Tips and Tools for Getting Started Right

얼마나 많은 종목을 보유해야 할까?

"많은 투자자들은 과분산over-diversify을 한다.
최고의 결과는 대개 집중을 통해 달성된다.
즉, 당신이 잘 알고 세심하게 지켜보는
소수의 바구니에 달걀을 담아야 한다."

- 윌리엄 오닐

정확하게 몇 개의 종목을 보유해야 하는지 정해주는 마법의 공식은 없다. 다만 명심해야 할 몇 가지 기본적인 지침은 있다.

☑ 적절하게 관리하고 세심하게 지켜볼 수 있는 물량보다 많이 보유하지 마라.

몇 년 전 <머니 쇼Money Show>에서 한 투자자와 대화를 나눈 일이 기억난다. 그녀는 내게 60여 개의 종목을 보유하고 있다고 말했다. 도대체

누가 60개나 되는 종목을 지켜보고 관리할 시간이 있을까? 적어도 나는 아니다! 윌리엄 오닐을 포함해서 인베스터스 비즈니스 데일리에서 일하는 다른 사람들도 마찬가지다.

그러니 무작정 뛰어들어서 많은 종목을 사들이기 전에 스스로에게 간단한 질문을 던져라. 현실적으로 매주 투자에 얼마나 많은 시간을 들일 수 있는가?

가령 당신이 하루에 10~20분만 쓸 수 있고, 주말에 약간 더 시간이 나는 수준이라고 하자. 4장에서 소개한 간단한 루틴을 따른다면 양호한 수익을 올리기에는 분명히 충분하다. 두세 개의 최상위 종목으로만 한정한다면 말이다.

지금까지 간단한 규칙을 따르는 일에 대해 계속 말했던 것을 기억하라. 이는 보유 종목의 수에도 적용된다.

작게 시작하라. 나중에 더 많은 종목을 관리할 수 있겠다는 생각이 들면, 그때는 늘려도 괜찮다. 그러나 처음 시작할 때는 충분히 관리할 수 있는 수보다 많은 종목을 사서는 안 된다.

☑ 올바른 이유에 따라 분산하라.

분산화 자체는 나쁜 것이 아니다. 문제는 너무 많은 투자자들이 잘못된 이유로 종목 분산을 하고, 그래서 곤경에 처한다는 것이다. 몇 가지 사례를 살펴보자.

- **분산화는 결과를 희석할 수 있다.** 당신의 목표는 최대 수익 종목이 최대 포지션이 되도록 만드는 것이다. 포트폴리오에 속한 20개 포지

션 중에서 하나에서만 100퍼센트 수익이 나면, 양호한 수익률이 나오겠지만 수익액은 만족할 만큼 크지 않을 것이다.

- **과분산은 잠재력이나 질이 낮은 종목 매수로 이어질 수 있다.** 열등한 종목을 매수하여 우월한 결과를 낼 수 있을까? 까다로운 테스트를 거쳐 매수 체크리스트를 통과한 최상위 종목에만 투자하라.
- **과분산은 포트폴리오를 보호하지 못한다.** '다수 속의 안전'이라는 개념이 포트폴리오에는 적용되지 않는다. 그 이유는 다음과 같다.

첫째, 15개나 20개 종목을 계속 관찰하려면 조기에 경고 신호를 포착하기가 훨씬 어렵다. 반면 서너 개의 포지션만 점검한다면 아주 빠르게 할 수 있다.

둘째, 많은 종목을 보유하면 또한 전체 포트폴리오를 보호하기 위해 많은 종목을 매도해야 한다. 20개 종목을 보유하고 있을 때 심각한 피해를 피하기 위해 정말로 10개나 15개 종목을 충분히 빠르게 매도할 수 있을까?

하락추세로 들어선 시장은 4개 종목 중 3개를 동반 하락시킨다는 사실을 명심하라. 많은 종목을 보유한다고 해서 이 사실이 바뀌는 것은 아니다. 오히려 리스크를 줄이기가 훨씬 어려워질 뿐이다.

반면 서너 개 종목을 보유하는 경우 자금의 상당 부분을 빠르게 지키기 위해 한두 개 종목만 팔면 된다.

그렇다면 분산하는 이유는 무엇일까?

주된 이유는 모든 자금을 하나의 산업에 투입하지 않으려는 것이다.

가령 반도체 종목이나 주택 종목만(둘 다 경기민감산업) 보유하고 있으면 불필요한 리스크를 지게 된다. 악재나 경기 악화로 갑자기 해당 산업이 흔들리면 당신이 보유한 모든 종목이 바로 급락할 수 있다.

주식은 집단으로 움직인다. 기관투자자들이 특정 산업에 자금을 투입하기 시작하면 해당 사업을 하는 기업의 주식은 대체로 상승한다. 또한 펀드 매니저들이 발을 빼기로 결정하면 해당 산업군의 모든 종목이 위험에 처한다.

이 장의 서두에 나오는 인용구에서 윌리엄 오닐은 모든 달걀을 한 바구니에 담으라고 말하지 않았다. 요점은 단지 사람들이 분산이 '좋거나', '안전하다'고 말한다는 이유만으로 분산하지 말라는 것이다. 대신 '소수의' 바구니에 소수의 종목을 집중하라. 그리고 아주 세심하게 지켜보라.

보유종목 수에 대한 일반적인 지침

위의 개념을 토대로 포트폴리오에 보유할 종목의 수에 대한 기본적인 규칙을 정하자면 다음과 같다.

포트폴리오 규모	권장 보유종목 수
2만 달러 이하	2~3개 종목
2만~20만 달러	4~5개 종목
20만~100만 달러	5~6개 종목

100만~500만 달러	6~8개 종목
500만 달러 이상	7~10개 종목

최대 종목 수를 정하고, 지켜라

투자 계획의 일환으로 한 번에 보유할 최대 종목 수를 정하라. 한도에 도달하면 계속 절제하라. 다른(아마도 더 나은) 종목을 매수하기 전에 먼저 가장 부실한 종목을 매도하여 자리를 만들어라.

결론: 까다로운 자세로 매수 체크리스트를 통과한 최상위 갠 슬림 종목만 매수하라. 그리고 아주 세심하게 지켜보라. 이것이 관리 가능하고 안전하게 포트폴리오를 키우는 방법이다.

실행 가능한 관심종목을 구성하고 유지하는 법

"바라는 일에도 계획하는 일만큼의 에너지가 필요하다."

\- 엘리너 루스벨트Elenor Roosevelt

우월한 결과는 우월한 관심종목에서 시작된다. 다음은 관심종목을 구성하고 꾸준히 갱신하는 4단계 절차다.

☑ 두 가지 관심종목을 만들어라.

- **매수 지점 근처:** 지금 잠재적 매수 지점 근처나 매수 구간에 있는 종목들.
- **레이더 스크린:** 캔 슬림 속성을 지녔지만 현재 매수 지점 근처가 아닌 종목들. 나중에 매수 기회가 생길 수 있으므로 계속 주시해야 함.

관심종목은 어떻게 구성해야 할까?

대다수 사람들은 온라인 증권사나 트레이딩 플랫폼에서 제공하는 도구를 활용한다. 당신이 이용하는 증권사에서 어떤 도구를 제공하는지 알아보라.

몇 개의 종목을 넣어야 할까?

각 목록에 넣을 종목의 수를 제한하라. 관심종목이 가치를 지니려면 실행 가능해야 한다. 그러니 관리 가능한 종목 수를 꼭 지켜라. 매수 지점 근처 목록은 5~10개 종목, 레이더 스크린 목록은 15~20개로 제한할 수 있다. 이 숫자는 당신이 리서치 작업에 쓸 수 있는 시간의 양에 좌우된다.

까다롭게 골라라! 매수 체크리스트를 당당하게 통과하는 종목만 목록에 넣어라. 장기적으로 가장 강한 종목에 집중하면 가장 큰 수익을 올릴 수 있다.

☑ '간단한 주말 루틴'과 IBD 도구를 활용하여 우수 종목을 찾아라.

- '대박 종목을 찾기 위한 간단한 루틴'(4장)과 '대박 종목을 찾는 다른 방법들'(뒤에 나옴)을 참고하라.
- 가장 유망한 종목에 매수 체크리스트를 적용하라. 통과할 경우 매수 지점 근처 목록에 넣어라. 캔 슬림 속성을 지녔지만 현재 매수 지점 근처가 아니라면 레이더 스크린 목록에 넣을 수 있다.

☑ 매수 지점 근처 목록에 있는 종목에 대한 매매 계획을 세워라.

돌파 시 올라타려면 사전에 매매 계획을 세워둬야 한다. 상승을 시작한 후까지 기다리면 너무 늦은 경우가 많다.

최소한 다음 항목을 기록해 둬라.

- 이상적인 매수 지점
- 대규모 거래량과 함께 돌파가 이뤄질 때 매수할 주식 수

자동 매매 기능: 낮 동안 시장을 지켜볼 수 없다면 사전에 자동 매매 기능을 설정할 수 있다(4장).

어닝 시즌: 당신이 지켜보는 종목이 실적 발표를 앞두고 있는지 확인하라. 최신 실적이 발표될 때 위쪽이나 아래쪽으로 주가가 크게 움직일 수 있다(3장).

☑ 꾸준히 관심종목을 점검하고 갱신하라.

관심종목은 초점을 유지하면서 꾸준히 갱신해야만 실행 가능성과 유효성을 지닐 수 있다.

- 주말 그리고/또는 일일 루틴의 일부로 목록을 꾸준히 갱신하라.
- 최다 종목 한계에 도달했다면 새로운 종목을 더하기 전에 가장 약한 종목을 빼라.
- 어떤 종목을 유지하거나 삭제할지 모르겠다면 '기본 요건'에 초점을 맞춰라.

- 어느 종목이 가장 큰 영업이익 증가율을 기록했는가?
- 어느 기업이 가장 혁신적인 제품이나 서비스로 해당 산업을 지배하고 있는가?
- 기관투자자들은 어느 종목을 가장 많이 사들이고 있는가?

강세장이든 약세장이든 항상 관심종목을 유지하라

시장이 하락추세일 때도 계속 관심종목을 구성하고 갱신하라. 최고의 종목은 조정 기간 동안 바닥을 형성한 다음 새로운 상승추세가 시작될 때 빠르게 상승한다. 시장이 상승할 때 이런 대박 종목을 잡아서 큰돈을 벌려면 시장이 하락할 때 준비해야 한다.

실천하기

이 단계들을 밟기 위해 www.investors.com/GettingStartedBook을 방문하라.

- 나의 '2분 팁' 동영상을 시청하라: 수익을 안기는 관심종목을 구성 & 유지하는 5단계5 Steps to Building & Maintaining a Profitable Watch List.
- 관심종목을 만들어라: 매수 지점 근처 및 레이더 스크린(또는 무엇이든 당신에게 맞는 구성)
- 매수 지점 근처에 있는 종목에 대한 매매 계획을 세워라.

수익률이 개선되는 유익한 복기법

"시장에서 진정한 배움을 얻는 유일한 방법은 현금으로 투자하고, 거래 내역을 확인하고, 실수를 공부하는 것이다."

- 제시 리버모어, 전설적인 투자자

최고의 투자자도 실수를 한다. 다만 그들은 거기서 교훈을 얻는다. IBD 설립자인 윌리엄 오닐과 포트폴리오 매니저들이 수십 년에 걸친 투자 경력에도 불구하고 여전히 거래 내역을 꾸준히 복기하는 이유가 거기에 있다. 이는 장기적으로 성공적인 투자자가 되는 최고의(아마도 유일한) 방법이다. 그러니 거래 내역을 잘 관리하고, 적어도 1년에 한 번은 검토하라.

도움이 되는 두 가지 방법을 살펴보도록 하자.

- 유익한 복기에 도움이 되는 5가지 질문
- 기록을 개선하여 수익률을 개선하라.

한두 가지 흔한 실수만 찾아서 고쳐도 당신이 올리는 수익의 금액에 큰 영향을 미칠 수 있다. 어쩌면 당신은 전체 시장이 약할 때 주식을 매수하고 있거나, 너무 오래 주식을 보유하고 있을지도 모른다.

문제가 무엇이든 낙담하지 마라. 어제의 문제를 바로잡을 때마다 그만큼 내일의 수익에 보탬이 된다.

기본적인 규칙에서 출발하고, 그것을 고수하라

이 책에 나오는 매수 및 매도 체크리스트만 따라도 처음부터 많은 문제를 쉽게 피할 수 있다.

복기에 도움이 되는 5가지 질문

이 간단한 질문들은 당신이 바로잡아야 할 습관을 집어내는 데 도움을 준다.

1. **주식을 매수할 때 시장이 상승추세였는가?**

   시장과 싸우지 마라! 시장은 조정받을 때 대부분의 주식을 같이 끌고 내려간다. 그러니 확률을 당신에게 유리하게 만들어라. '마켓 펄스' 전망이 '확실한 상승추세'일 때만 주식을 매수하라.

   '기본 요건 1'을 참고하라(3장).

2. **매수한 종목이 캔 슬림 속성을 지니고 있었는가?**

언제나 7가지 캔 슬림 속성과 기본 요건을 지닌 종목을 찾아서 내일의 대박 종목에 대한 물색 작업을 시작하라. 영업이익 증가율이 크고, 새로운 혁신적인 제품을 가졌으며, 기관투자자들이 대량 매수하는 종목에 초점을 맞춰라.
'매수 체크리스트'를 참고하라(3장).

3. 적절한 매수 지점에서 매수했는가?

대다수 대박 종목은 손잡이가 달린 컵이나 쌍바닥 또는 평평한 바닥을 돌파하면서 큰 폭의 상승을 시작한다. 차트를 활용하여 이 수익 기회를 찾아내지 않으면 대단히 불리한 처지에 놓이게 된다. 차트는 '타이밍이 실로 모든 것'임을 증명한다.
보유종목에 문제가 생기면 매수할 당시 매수 체크리스트를 통과했는지 다시 확인하라.

- 주가가 이미 이상적인 매수 지점보다 5퍼센트 넘게 오른 후에 너무 늦게 매수하지 않았는가?
- 돌파를 예측하려다가 너무 일찍 매수하지 않았는가?
- 돌파 시 거래량이 평균보다 최소 40~50퍼센트 많았는가?
- 후반 바닥은 아니었는가?
- 바닥에 폭넓고 느슨한 가격 변동이나 과도한 분산(매도) 같은 심각한 결점은 없었는가?
- 주가가 떨어지고 차트가 분명한 매도 신호를 말했는데도 영업이익 증가율이 크고 뛰어난 제품을 보유했다는 이유로 계속 들

고 있었는가?

문제가 무엇이든 실수에 연연하지 마라. 지금부터 바로잡아라! 이런 실수를 없애려면 언제나 매수하기 전에 매수 체크리스트를 통과하는지 확인하라.

'매수 체크리스트'(3장)와 '눈을 가린 채 투자하지 마라'(5장)를 참고하라.

4. 타당한 매도 규칙을 따랐는가?

당신은 감정에 휩쓸려서 작은 손실이 큰 손실이 되도록 놔둔 적이 있을지도 모른다. 또는 너무 일찍 매도한 적이 있을지도 모른다. 그래서 보유하고 있던 종목인데 보유하지 않았을 때 크게 상승한 적이 있을지도 모른다.

짜증스런 일이다. 하지만 다행인 점이 있다. 이 모든 문제는 시간의 검증을 거친 매도 규칙을 따르면 바로잡을 수 있다. 또한 지금이라도 매도 체크리스트를 활용하여 가장 중요한 규칙들을 적용할 수 있다.

'매도 체크리스트'(5장)를 참고하라.

5. 지속적으로 부진종목을 솎아내고 최고 수익 종목에 자금을 집중했는가?

많은 투자자들이 저지르는 흔하고도 값비싼 실수는 수익 종목을 팔고 부진 종목을 끌어안고 있는 것이다. 이는 바람직한 행동과 정반대다. 수익이 나는 포트폴리오를 구축하려면 언제나 약하거나 손실이 나는 종목을 먼저 버려라.

손실을 제한하라. 최고 수익 종목이 3주 조밀 또는 다른 매수 지점을 형성할 때 자금을 돌릴 기회를 찾아라. 다시 말해서 최대 수익 종목을 최대 포지션으로 만들어서 수익을 극대화하라.

'성공적인 매도의 8가지 '비법'(5장)과 '다른 매수 지점들'(6장)을 참고하라.

과거의 실수를 미래의 수익으로 바꿔라

각각의 거래에 대해 이 질문들을 제기하면(정직하게 대답해야 한다) 앞으로 같은 실수를 저지르는 일을 피할 수 있다. 그러면 남은 투자 경력 동안 더 큰 수익을 창출할 수 있다.

실천하기

이 단계들을 밟기 위해 www.investors.com/GettingStartedBook을 방문하라.

- 나의 '2분 팁' 동영상을 시청하라. 유익한 복기에 도움이 되는 5가지 질문5 Questions to Help You Do a Profitable Post-Analysis.
- 위에 나오는 질문들을 활용하여 지난 12개월 동안의 모든 거래를 검토하라.

기록을 개선하면 실적이 개선된다

"측정하지 않으면 관리할 수 없다."

- W. 에드워드 데밍W. Edward Deming

당신의 증권사는 매수가나 수량 같은 기본적인 기록을 보관한다. 그러나 기술과 수익률을 체계적으로 개선하고 싶다면 모든 매매의 자세한 내역을 개인적으로 보관해야 한다. 앞으로 확인하겠지만 이 일은 아주 쉽다. 그 보상은 분명히 노력을 기울일 가치가 있다.

거래 내역을 꾸준히 복기하는 일은 성공에 필수적이다. 거래 내역을 잘 관리하면 복기가 훨씬 쉽고, 빨라진다.

또한 거래할 때 그 이유를 적어두면 성급한 매수 및 매매 결정을 방지하는 데 도움이 된다. 이 일은 한 발 물러서서 매수 및 매도 체크리스트를 확실하게 따르도록 만든다. 장담한다. 거래하기 전에 해당 거래에 대한 타당한 논리를 갖추면 훨씬 자신감이 생기고 편안해질 것이다.

다음은 매수 또는 매도 시 각 종목이 어떤 상태였는지 정리하는 간단한 방식이다. 이 단계들을 따르면 언제든 뒤로 돌아가서 거래 시 차트 동향, 등급, 실적 그리고 다른 핵심 요건은 어땠는지 확인할 수 있다.

매수 내역 기록

매수할 때마다 각 종목에 대해 다음 자료를 출력하라.

- 일간 차트 및 주간 차트
- 현재 <IBD 종목 점검>

이 자료를 출력하여 바인더에 보관할 수 있다. 나는 PDF 문서로 만들어서 컴퓨터에 저장하는 방식을 선호한다. 그 편이 정리하기 훨씬 쉽다. 그러나 형식은 중요치 않다. 당신에게 가장 잘 맞는 방식대로 하라. 중요한 것은 매수 시 해당 종목의 상황에 대한 자세한 기록을 보관하는 것이다.

<종목 점검>을 출력하는 일의 장점은 대다수 작업을 대신해 준다는 것이다! 그냥 출력만 하면 매수 당시 상태에 대한 영구적인 기록을 확보할 수 있다.

가령 다음 항목에 대한 합격, 중간, 불합격 여부를 알 수 있다.

- 시장 동향: 상승추세인가 조정 중인가?
- 펀더멘털 퍼포먼스(영업이익 및 매출 증가율, 자기자본이익률 등)
- 기술적 퍼포먼스(펀드 보유 현황, 상대강도점수 등)

이 방식은 약 2초밖에 소요되지 않으며 복기를 훨씬 쉽게 만든다.

다음은 기록해 둬야 할 다른 항목이다. 나는 이 항목들을 차트 PDF에 '코멘트'로 추가한다. 그냥 출력한 뒤 펜으로 적어도 된다.

- **기본 정보**
  - 매수일, 수량, 단가
- **바닥 및 매수 지점**
  - 바닥 유형(가령 손잡이가 달린 컵)이나 다른 매수 지점(가령 10주 이평선 반락)을 기록하고, 차트에 그려라.
- **위험 신호가 보이는가?**
  - 예: 이상적인 수준에 못 미치는 매출 증가율, 다소 낮은 산업군 순위 등
- **주된 매수 이유**
  - 예: 대규모 거래량과 함께 손잡이가 달린 컵 돌파, 혁신적인 신제품, 부상하는 산업 추세 등
- **목표 매도가**
  - 공격적: 대개 이상적인 매수 지점에서 20~25퍼센트 위
  - 방어적: 대개 매수가에서 7~8퍼센트 아래

매도 내역 기록

주식을 매수할 때와 마찬가지로 매도할 때도 다음 자료를 출력하라:

- 일간 차트 및 주간 차트
- 현재 <IBD 종목 점검>

매도는 투자에서 가장 어려운 부분 중 하나다. 그러나 매도 체크리스트를 따르고, 기록을 잘 관리하는 습관을 기르면 적시에 수익을 확정하는 데 너무나 빨리 능숙해지는 것에 놀라게 될 것이다.

다음 내역을 반드시 기록하라.

- **기본 정보**
  - 거래일, 매도가, 수량, 매도 후 남은 수량(있다면), 손익률
- **매도 이유**
  - 예: 이상적인 매수 지점에서 20~25퍼센트 목표 달성, 매수가에서 7퍼센트 하락, 몇 달 만에 최대 거래량과 함께 50일 이평선 밑으로 급락

좋은 기록은 좋은 습관으로 이어진다

장기적으로 돈을 벌려면 좋은 습관과 루틴이 필요하다. 그래서 앞서 살핀 간단한 루틴과 체크리스트를 따르고, 결과를 적절하게 검토할 수 있도록 자세한 기록을 관리해야 한다.

운동선수가 지난 경기를 복기하면서 실력을 개선하듯이 우리는 투자자로서 지난 거래를 검토해야 한다. 그러기 위해서는 '게임 영상'이 필요하며, 위의 단계를 밟으면 그것을 확보할 수 있다. 그러면 신속하고 유

익한 복기를 통해 모든 실수를 최소화하고, 성공을 발판으로 삼을 수 있는 준비를 갖추게 된다.

실천하기

좋은 기록을 관리하고, 꾸준한 복기를 하는 방법에 대한 보다 많은 정보를 얻기 위해 investors.com/GettingStartedBook을 방문하라.

- 거래 기록을 보관할 바인더나 다른 보관 수단을 마련하라.
  - PDF 파일을 제작할 생각이라면 컴퓨터에 기록을 보관할 폴더를 만들어라.
- 모든 거래 내역을 보관하기 시작하라!

IBD를 활용해 손쉽게 수익 종목을 찾는 방법

IBD의 종목 목록과 점수 그리고 기타 코너는 모두 한 가지 공통 목표를 갖고 있다. 바로 오늘의 최고 종목을 알려주는 것이다.

IBD의 종목 목록에서 오늘의 최고 상승 종목을 찾을 수 있다. 그 이유는 전체 시장을 훑어서 캔 슬림 속성을 지닌 종목을 찾아내기 때문이다. 캔 슬림 속성은 최대 상승종목이 대개 큰 폭의 상승을 시작하기 직전에 지니는 7가지 속성이다. 이는 매수 체크리스트(3장)에서 확인하는 속성과 같다.

단순하게 가라

여기서 다룰 코너 중 일부(<IBD 50>, <당신의 주말 리뷰>, <업종 선도종목> 등)은 앞에서 이미 간단하게 살폈다.

바쁘다면 '간단한 주말 루틴'과 '10분 일간 루틴'(4장)의 일부로 다룬 도구와 종목 목록을 먼저 활용할 것을 권한다. 다른 코너는 IBD와 투자 전반에 익숙해지는 과정에서 자세히 알면 된다.

계속해서 등장하는 종목

복수의 목록에 계속 등장하는 종목에 특히 주의를 기울여라. 이런 일이 일어나는 데는 그만한 이유가 있다. 해당 종목은 2배, 3배 상승할 잠재력을 지닌 진정한 시장 선도종목이다.

'우는 아이가 젖을 먹는다'라는 말이 있다. 다음은 '우는 종목'이 수익을 내는 양상에 대한 사례다.

☑ 룰루레몬 애슬레티카: 10개월 만에 196퍼센트 상승

이 요가복 유통업체는 2010년 9월 14일에 쌍바닥을 돌파하면서 폭발적인 상승을 시작했다. 다음은 IBD와 **간단한 주말 루틴**(4장)을 활용하는 사람들에게 '날 봐!'라고 소리친 두어 대목이다.

- 룰루레몬은 돌파 전에 한 달 넘게 지속적으로 〈IBD 50〉(당시에는 〈IBD 100〉)에 소개되었으며, 〈업종 선도종목〉에서 조명되었다.
- **2010년 6월 7일**: '일간 종목 분석' 동영상에 소개됨
- **2010년 9월 10일**: 룰루레몬은 196퍼센트의 상승을 시작하기 4일 전에 거래량이 평소보다 612퍼센트 증가한 가운데 13퍼센트에 이르는 거대한 갭을 내며 상승했다. 이는 투자자들이 대량 매수하고

있다는 분명한 신호였다.

이날은 금요일이었다. 그래서 '간단한 주말 루틴'을 따랐다면 다음과 같은 코너가 해당 상승을 알렸을 것이다.

- 〈빅 픽처〉
- 〈상승세 종목〉
- 〈스마트 테이블 리뷰Smart Table Review〉
- 〈IBD 50〉

● **2010년 9월 13일**: '10분 일간 루틴'(4장)을 따랐다면 룰루레몬이 〈빅 픽처〉와 〈상승세 종목〉에 다시 소개되었다는 사실을 알게 되었을 것이다.

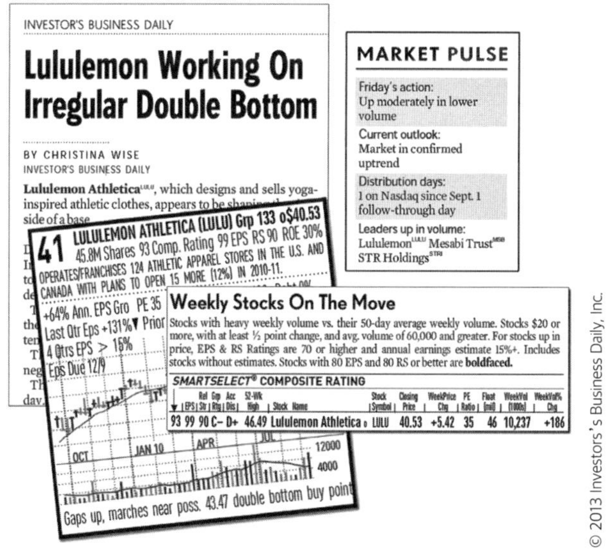

INVESTOR'S BUSINESS DAILY

Lululemon Working On Irregular Double Bottom

BY CHRISTINA WISE
INVESTOR'S BUSINESS DAILY

Lululemon Athletica[LULU], which designs and sells yoga-inspired athletic clothes, appears to be shaping ... side of a base ...

41 LULULEMON ATHLETICA (LULU) Grp 133 o$40.53
45.8M Shares 93 Comp. Rating 99 EPS RS 90 ROE 30%
OPERATES/FRANCHISES 124 ATHLETIC APPAREL STORES IN THE U.S. AND CANADA WITH PLANS TO OPEN 15 MORE (12%) IN 2010-11.
+64% Ann. EPS Gro PE 35
Last Qtr Eps +131%▼ Prior
4 Qtrs EPS > 15%
Eps Due 12/9
Gaps up, marches near poss. 43.47 double bottom buy point

MARKET PULSE

Friday's action:
Up moderately in lower volume

Current outlook:
Market in confirmed uptrend

Distribution days:
1 on Nasdaq since Sept. 1 follow-through day

Leaders up in volume:
Lululemon[LULU] Mesabi Trust[MSB] STR Holdings[STRI]

Weekly Stocks On The Move

Stocks with heavy weekly volume vs. their 50-day average weekly volume. Stocks $20 or more, with at least ½ point change, and avg. volume of 60,000 and greater. For stocks up in price, EPS & RS Ratings are 70 or higher and annual earnings estimate 15%+. Includes stocks without estimates. Stocks with 80 EPS and 80 RS or better are **boldfaced.**

SMARTSELECT® COMPOSITE RATING

▼	EPS	Rel Str	Grp Rtg	Acc Dis	52-Wk High	Stock Name	Stock Symbol	Closing Price	WeekPrice Chg	PE Ratio	Float (mil)	WeekVol (1000s)	WeekVol% Chg
93	99	90	C−	D+	46.49	Lululemon Athletica ₀	LULU	40.53	+5.42	35	46	10,237	+186

룰루레몬 애슬레티카는 10개월 동안 196퍼센트 상승하기 전 IBD에 여러 번 소개되었다.

● **요점**

- 룰루레몬에 대한 이 모든 언급은 돌파 후 10개월 만에 196퍼센트 상승하기 전에 나왔다.
- 그래서 룰루레몬을 관심종목에 넣고(이 장의 '실행 가능한 관심종목을 구성하고 유지하는 법'), 상승을 시작할 때 적시에 올라탈 수 있도록 자동 매매 기능(4장)을 설정할 충분한 시간이 있었다.

모든 강력한 시장 상승추세에서 비슷한 사례를 찾을 수 있다. 흔히 좋은 주식을 찾기는 힘들다고 말한다. 그러나 IBD에서는 좋은 주식을 놓치기가 힘들다! 아래에 소개된 종목 목록과 코너들을 활용하면 이 말의 의미를 알게 될 것이다.

단지 IBD에 소개되었다고 해서 바로 매수하지 마라!

종목 소개는 매수 추천이 아니다. 그 목적은 최고의 잠재력을 보이는 종목을 알려주는 것이다. 언제나 투자하기 전에 매수 체크리스트를 통과하는지 확인하라.

〈빅 픽처〉

앞서 거듭 확인한 대로 대다수 종목은 전체 시장과 같은 방향으로 움직인다. 그래서 성공적인 투자자가 되려면 기본적인 질문에서 출발해야 한다. 시장이 현재 위쪽으로 향하고 있는가 아니면 아래쪽으로 향하고 있는가?

<빅 픽처> 칼럼의 '마켓 펄스'를 확인하면 언제나 그 답을 알 수 있다.

'마켓 펄스'에서는 다른 것도 알 수 있다. 바로 **거래량 수반 상승 선도종목**이다. 일간 또는 주간 루틴을 따르면서 <빅 픽처>를 훑어볼 때 반드시 이 목록을 보고 그날 어떤 최상위 종목이 크게 움직였는지 파악하라. 이는 양호한 상승의 시작을 알린다.

THE BIG PICTURE

Stocks Deliver Nice Finish; Distribution Count Drops

BY VICTOR REKLAITIS
INVESTOR'S BUSINESS DAILY

Stocks displayed positive action by rallying into the close Tuesday, starting a holiday-shortened week with moderate gains.

The tally of distribution days, which are sessions with significant selling, also moved in the right direction.

The Nasdaq lost its Dec. 13 distribution day, because enough time has passed that it's no longer relevant. That leaves the Nasdaq and NYSE with four distribution days, while the S&P 500 has just three.

The NYSE fared best Tuesday, climbing 0.5%. The S&P 500 added 0.4%. The Nasdaq tacked on 0.3%, after spending most of the session in negative territory.

In economic news, the National Association of Realtors said existing-home sales slowed to an annualized rate of 4.94 million in December, missing forecasts.

But the report didn't hurt the ly rated railroad, leapt 5% in heavy volume after its quarterly earnings beat estimates. The stock gapped up beyond a buying range established by a recent buy point at 84.08.

On the downside, **SodaStream International**SODA tried to break out from a three-weeks-tight pattern.

The Israel-based maker of in-home soda machines popped as much as 6% intraday in fast trade, clearing a 50.08 buy point, then closed below that level with a 2% gain.

After the market's close, several big names delivered upbeat quarterly earnings reports.

MARKET PULSE

Tuesday's action:
Rallies into the close as volume falls

Current outlook:
Confirmed uptrend

언제 & 어디서

IBD와 인베스터스닷컴의 <메이킹 머니> 섹션에서, 매일

<IBD 50>

<IBD 50>은 상위 50개 성장주를 소개한다. 즉, 시장을 선도하는 영업이익 증가율과 높은 자기자본이익률 그리고 핵심 캔 슬림 속성을 지닌 종목이 이 목록에 오른다. <IBD 50>을 확인할 때 반드시 <인사이드 더 50Inside the 50> 칼럼을 읽고 최고 상승 종목에 대한 더 많은 통찰을 얻어라.

INVESTOR'S BUSINESS DAILY　　　　MONDAY, FEBRUARY 4, 2013　B1

INVESTOR'S BUSINESS DAILY

IBD 50

SMARTSELECT® COMPOSITE RATING

Rank	Company	Price	Composite Rating	EPS Rtg	Rel Str Rtg	Annual EPS Est %Chg	Last Qtr EPS %Chg	Next Qtr EPS %Chg	Last Qtr Sales %Chg	ROE	Pretax mrgn	Mgt Own %
	COMPANIES 1-15											
1	Three D Systems Competes with Stratasys in the 3D prototype modeling system market.	58.54	99	99	98	+70	+78	+138	+57	18	16	12
2	FleetCor Tech ▶Its credit service caters to commercial accounts in 19 countries.	60.03	97	98	95	+34	+48	+34	+39	25	50	38
3	Green Mtn Coffee Best known for the Keurig single-cup coffee brewing system.	46.92	97	96	98	+12	+36	+8	+33	18	15	14
4	Air Methods Corp No. 1 U.S. provider of emergency medical air-transportation services.	43.39	96	98	93	+82	+44	+38	+20	18	11	13

각 종목의 강세에 대한 간단한 일람표를 확인하라

〈IBD 50〉, 〈당신의 주말 리뷰〉, 〈업종 선도종목〉, 〈IBD 빅 캡 20〉에는 각 종목에 대해 다음과 같은 항목을 알려주는 차트도 나와 있다.

- 현재 점수 및 다른 필수 데이터
  - IBD 스마트셀렉트 점수
  - 현 분기 및 연 영업이익 증가율
  - 자기자본이익률
  - 산업군 점수
- 잠재적 매수 지점 제시
  - 6장, '눈을 가린 채 투자하지 마라' 참고

언제 & 어디서

IBD와 <메이킹 머니> 섹션에서 매주 월, 수

인베스터스닷컴의 <스크린 센터Screen Center>

〈업종 선도종목〉

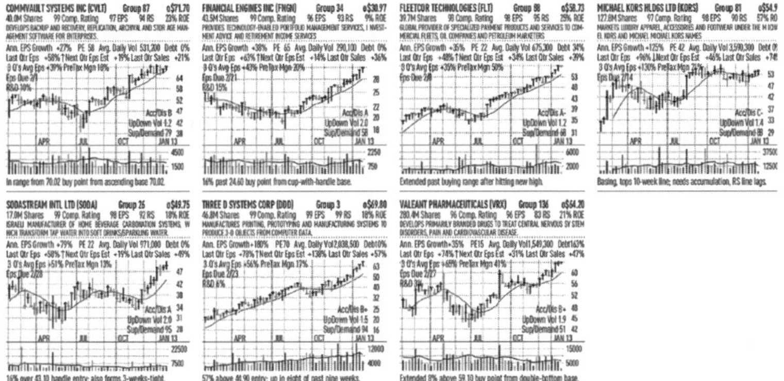

이름에서 알 수 있듯이 이 목록은 해당 산업군에 속한 최상위 종목들을 소개한다. 업종 선도종목이 되려면 탁월한 영업이익 증가율과 자기자본이익률 그리고 다른 필수 요소들을 확인하는 엄격한 심사를 통과해야 한다. 이 심사는 대단히 까다롭다. 그래서 IBD에서 다루는 33개 업종 중 소수에서만 선도종목 자격을 얻은 기업이 나온다.

사업 현황, 산업 추세, 잠재적 매수 지점 등 현재의 업종 선도종목에 대해 더 많은 통찰을 얻기 위해 IBD와 인베스터스닷컴의 <메이킹 머니> 섹션에 매일 실리는 '스마트 테이블 리뷰' 칼럼을 참고하라.

<IBD 50>과 마찬가지로 모든 잠재적 매수 지점을 알려주는 차트가 각 종목에 포함된다.

언제 & 어디서

IBD의 <메이킹 머니> 섹션에서, 매일

인베스터스닷컴의 관련 '스마트 테이블 리뷰' 칼럼

<당신의 주말 리뷰>

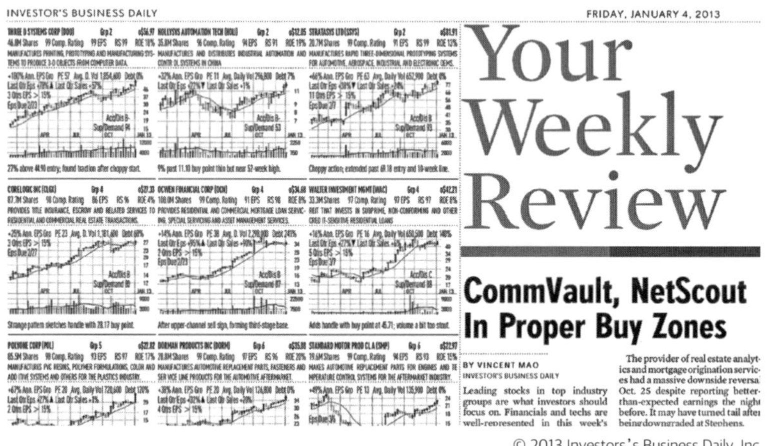

INVESTOR'S BUSINESS DAILY

FRIDAY, JANUARY 4, 2013

Your Weekly Review

CommVault, NetScout In Proper Buy Zones

BY VINCENT MAO
INVESTOR'S BUSINESS DAILY

Leading stocks in top industry groups are what investors should focus on. Financials and techs are well-represented in this week's

The provider of real estate analytics and mortgage origination services had a massive downside reversal Oct. 25 despite reporting better-than-expected earnings the night before. It may have turned tail after being downgraded at Stephens.

<당신의 주말 리뷰>는 확인해야 할 요소 중에서 가장 중요한 두 가지 요소를 지닌 종목들을 소개한다:

- **EPS 점수 및 RS 점수 85점 이상**

  앞서(3장, 기본 요건 2) EPS 점수 및 상대강도(RS) 점수가 높은 종목을 찾아야 한다고 말했다. 둘 다 높아야 이 목록에 오를 수 있다.

- **최고 순위 산업군에 속한 최상위 종목**

  <당신의 주말 리뷰>에 오르는 종목은 산업군 순위에 따라 분류된다. 그래서 목록 상단에 높은 순위 산업군에 속한 선도종목들이 나온다.

<IBD 50> 및 <업종 선도종목>와 마찬가지로 모든 잠재적 매수 지점을 알려주는 차트가 각 종목에 포함된다.

또한 목록에 오른 종목에 대해 더 많은 통찰을 제공하는 관련 칼럼도 실린다.

언제 & 어디서

IBD의 금요일 A면

인베스터스닷컴의 <당신의 주말 리뷰> 칼럼

<종목 스포트라이트>

<종목 스포트라이트>는 바닥을 형성하고 있거나 막 돌파한 16개 선도종목을 소개한다. 또한 각 종목에 대한 간략한 차트 분석을 포함하고 있다. 그래서 시기적절한 관심종목을 구성하는 강력한 수단이 된다.

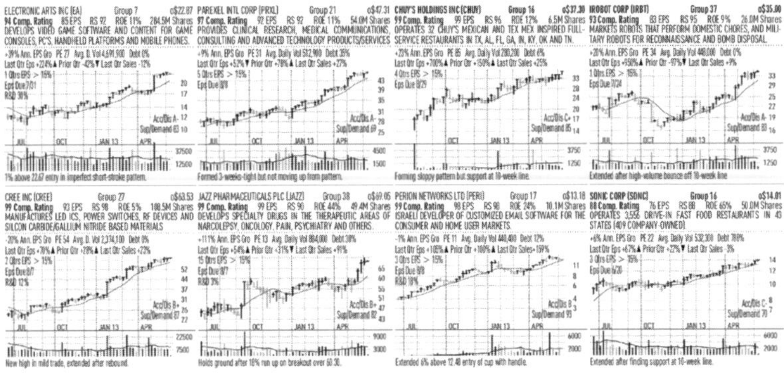

INVESTOR'S BUSINESS DAILY

STOCK SPOTLIGHT

TUESDAY, JUNE 11, 2013 B5

Nasdaq stocks in Spotlight YTD up 26.8%, NYSE stocks in Spotlight YTD up 18.12%, S&P 500 up 15.2%

ELECTRONIC ARTS INC (EA) Group 7 o$22.87
94 Comp. Rating 85 EPS RS 92 ROE 11% 284.5M Shares
DEVELOPS VIDEO GAME SOFTWARE AND CONTENT FOR GAME CONSOLES, PC'S, HANDHELD PLATFORMS AND MOBILE PHONES.
+39% Ann. EPS Gro PE 27 Avg. D. Vol 4,691,900 Debt 0%
Last Qtr Eps +224%▲ Prior Qtr -42%▼ Last Qtr Sales -12%
1 Qtrs EPS > 15%
Eps Due 7/31
R&D 30%
Acc/Dis A-
Sup/Demand 83
1% above 22.67 entry in imperfect short-stroke pattern.

PAREXEL INTL CORP (PRXL) Group 21 o$47.31
97 Comp. Rating 92 EPS RS 92 ROE 11% 54.0M Shares
PROVIDES CLINICAL RESEARCH, MEDICAL COMMUNICATIONS, CONSULTING AND ADVANCED TECHNOLOGY PRODUCTS/SERVICES
+9% Ann. EPS Gro PE 31 Avg. Daily Vol 512,900 Debt 35%
Last Qtr Eps +52%▼ Prior Qtr +78%▲ Last Qtr Sales +27%
5 Qtrs EPS > 15%
Eps Due 8/8
Acc/Dis A-
Sup/Demand 69
Formed 3-weeks-tight but not moving up from pattern.

CHUY'S HOLDINGS INC (CHUY) Group 16 o$37.30
99 Comp. Rating 99 EPS RS 96 ROE 12% 6.5M Shares
OPERATES 32 CHUY'S MEXICAN AND TEX MEX INSPIRED FULL-SERVICE RESTAURANTS IN TX, AL, FL, GA, IN, KY, OK AND TN.
+23% Ann. EPS Gro PE 85 Avg. Daily Vol 280,200 Debt 6%
Last Qtr Eps +700%▲ Prior Qtr +150%▲ Last Qtr Sales +25%
4 Qtrs EPS > 15%
Eps Due 8/29
Acc/Dis C+
Sup/Demand 85
Forming sloppy pattern but support at 10-week line.

IROBOT CORP (IRBT) Group 37 o$35.00
93 Comp. Rating 83 EPS RS 95 ROE 9% 26.0M Shares
MARKETS ROBOTS THAT PERFORM DOMESTIC CHORES, AND MILITARY ROBOTS FOR RECONNAISSANCE AND BOMB DISPOSAL.
+20% Ann. EPS Gro PE 34 Avg. Daily Vol 448,000 Debt 0%
Last Qtr Eps +950%▲ Prior Qtr -97%▼ Last Qtr Sales +9%
1 Qtrs EPS > 15%
Eps Due 7/24
Acc/Dis A-
Sup/Demand 83
Extended after high-volume bounce off 10-week line

CREE INC (CREE) Group 27 o$63.53
99 Comp. Rating 93 EPS RS 98 ROE 5% 108.5M Shares
MANUFACTURES LED ICS, POWER SWITCHES, RF DEVICES AND SILCON CARBIDE/GALLIUM NITRIDE BASED MATERIALS
-20% Ann. EPS Gro PE 54 Avg. D. Vol 2,374,100 Debt 0%
Last Qtr Eps +70%▲ Prior Qtr +28%▲ Last Qtr Sales +23%
2 Qtrs EPS > 15%
Eps Due 8/7
R&D 12%
Acc/Dis B+
Sup/Demand 87
New high in mild trade, extended after rebound.

JAZZ PHARMACEUTICALS PLC (JAZZ) Group 38 o$69.05
99 Comp. Rating 99 EPS RS 90 ROE 44% 49.4M Shares
DEVELOPS SPECIALTY DRUGS IN THE THERAPEUTIC AREAS OF NARCOLEPSY, ONCOLOGY, PAIN, PSYCHIATRY AND OTHERS.
+111% Ann. EPS Gro PE 13 Avg. Daily Vol 884,000 Debt 38%
Last Qtr Eps +54%▲ Prior Qtr +31%▼ Last Qtr Sales +91%
15 Qtrs EPS > 15%
Eps Due 8/7
R&D 3%
Acc/Dis B+
Sup/Demand 82
Holds ground after 18% run up on breakout over 60.30.

PERION NETWORKS LTD (PERI) Group 17 o$13.18
99 Comp. Rating 98 EPS RS 98 ROE 24% 10.1M Shares
ISRAELI DEVELOPER OF CUSTOMIZED EMAIL SOFTWARE FOR THE CONSUMER AND HOME USER MARKETS.
-1% Ann. EPS Gro PE 11 Avg. Daily Vol 440,400 Debt 12%
Last Qtr Eps +108%▲ Prior Qtr +100%▲ Last Qtr Sales +159%
3 Qtrs EPS > 15%
Eps Due 8/8
R&D 18%
Acc/Dis B
Sup/Demand 93
Extended 6% above 12.48 entry of cup with handle.

SONIC CORP (SONC) Group 16 o$14.01
88 Comp. Rating 76 EPS RS 88 ROE 65% 50.0M Shares
OPERATES 3,556 DRIVE-IN FAST FOOD RESTAURANTS IN 43 STATES (409 COMPANY-OWNED)
+6% Ann. EPS Gro PE 22 Avg. Daily Vol 532,300 Debt 788%
Last Qtr Eps +67%▲ Prior Qtr +22%▼ Last Qtr Sales -3%
3 Qtrs EPS > 15%
Eps Due 6/20
Acc/Dis C-
Sup/Demand 70
Extended after finding support at 10-week line.

목록과 같이 실리는 기사도 반드시 읽어야 한다. 이 기사는 대개 그날의 목록에 오른 한두 종목을 소개하면서 잠재적 매수 지점이나 다른 주요 뉴스를 알려준다.

언제 & 어디서

IBD의 <메이킹 머니> 섹션에서, 매일

인베스터스닷컴의 <종목 스포트라이트 분석> 기사

〈IBD 빅 캡 20〉

〈IBD 빅 캡 20〉는 시가총액이 최소 150억 달러인 최고 성장주를 소개한다.

모든 주식은 변동성을 지닌다. 그러나 이 목록에 오르는 규모가 크고,

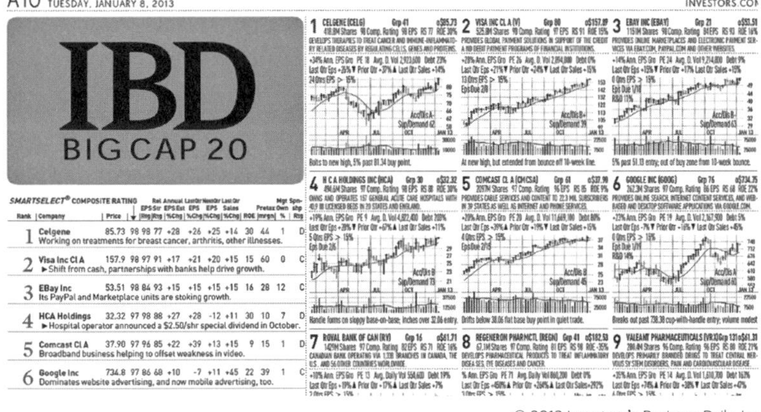

IBD
BIG CAP 20

SMARTSELECT® COMPOSITE RATING

Rank	Company	Price	Composite Rtg	EPS Rtg	Rel Str Rtg	Annual EPS %Chg	Last Qtr EPS %Chg	Next Qtr EPS Est %Chg	Last Qtr Sales %Chg	ROE	Pretax mrgn	Mgt Own %	Spnshp Rtg
1	Celgene Working on treatments for breast cancer, arthritis, other illnesses.	85.73	98	98	77	+28	+26	+25	+14	30	44	1	D
2	Visa Inc Cl A ►Shift from cash, partnerships with banks help drive growth.	157.9	98	97	91	+17	+21	+20	+15	15	60	0	C
3	EBay Inc Its PayPal and Marketplace units are stoking growth.	53.51	98	84	93	+15	+15	+15	+15	16	28	12	C
4	HCA Holdings ►Hospital operator announced a $2.50/shr special dividend in October.	32.32	97	98	88	+27	+28	-12	+11	30	10	7	D
5	Comcast Cl A Broadband business helping to offset weakness in video.	37.90	97	96	85	+22	+39	+13	+15	9	15	1	D
6	Google Inc Dominates website advertising, and now mobile advertising, too.	734.8	97	86	68	+10	-7	+11	+45	22	39	1	C

업계에서 자리 잡은 기업들은 소형 성장주보다 더 보수적이며, 큰 가격 변동에 덜 휩쓸리는 경향이 있다.

각 <IBD 빅 캡 20> 종목에 대해 <IBD 50>과 <당신의 주말 리뷰>에 나오는 것과 같이 매수 지점을 알려주는 차트가 제시된다.

또한 '인사이드 빅 캡 20' 칼럼을 읽고 이 목록에 선정된 종목과 해당 기업들에 영향을 영향을 미치는 최신 추세에 대해 추가적인 통찰을 얻어라.

<IBD 빅 캡 20>는 포트폴리오의 변동성을 줄이는 데 도움이 되는 한편 상당한 수익을 얻을 잠재력을 제공한다.

언제 & 어디서

IBD 화요일 A면

인베스터스닷컴의 '인사이드 빅 캡 20' 칼럼

<상승세 종목>

NYSE Stocks On The Move

Stocks with high volume vs. 50-day avg.,show heavy institutional action. 80 EPS & RS or better + closing price up are **boldfaced.**

Comp Rtg	EPS Rnk	Rel Str	Acc Dis	52-Wk High	Nyse Stock	Stock Symbol	Closing Price	Chg	Vol (1000s)	Vol% Chg
99	93	93	A–	20.93	OnAssign o	ASGN	22.00	+1.72	1,153	+296
86	73	76	A–	42.79	Circor	CIR	40.21	+0.62	207	+209
96	80	85	B–	70.86	CytecInd o	CYT	70.92	+2.09	1,141	+179
94	84	94	B	32.59	PiperJaff o	PJC	33.02	+0.89	253	+168
90	89	84	C–	102.4	Fomento o	FMX	101.3	+0.60	1,265	+148
90	77	93	B–	136.8	PPGIndust o	PPG	138.6	+3.20	3,186	+148
98	93	97	B	21.00	Polyone o	POL	22.20	+1.78	1,885	+138
96	85	81	B+	39.35	Honda Mtr o	HMC	38.36	+1.42	1,223	+138
98	87	92	A–	65.16	Maxims	MMS	64.71	+1.49	358	+130
99	99	77	B–	31.66	NeenahPaper o	NP	30.60	+2.13	160	+128
80	88	71	C+	26.93	AquaAmerica o	WTR	26.40	+0.98	1,140	+109
98	97	97	A+	25.61	SoufunHldgs	SFUN	25.99	+0.99	553	+100
99	97	82	B–	43.85	NeuStar o	NSR	43.68	+1.75	770	+91
94	86	87	A	55.90	Stepan	SCL	56.08	+0.54	121	+84
96	91	87	B+	66.66	Ingredion o	INGR	67.00	+2.57	970	+81
99	99	95	B–	37.80	LithiaMt o	LAD	39.00	+1.58	507	+81

Nasdaq Stocks On The Move

Comp Rtg	EPS Rnk	Rel Str	Acc Dis	52-Wk High	Nasdaq Stock	Stock Symbol	Closing Price	Chg	Vol (1000s)	Vol% Chg
86	70	92	B–	34.86	EchoStar n	SATS	35.01	+0.79	386	+216
79	86	73	C–	40.58	Abaxis o	ABAX	37.82	+0.72	269	+145
99	97	96	A	35.42	Dorman o	DORM	36.57	+1.23	287	+135
93	80	92	A	22.33	MnPwSy o	MPWR	22.83	+0.55	633	+133
97	73	96	A–	20.49	AvisBudget o	CAR	20.77	+0.95	2,977	+127
77	89	73	C+	49.75	ElizArden o	RDEN	45.88	+0.87	390	+115
91	83	70	B–	48.50	SilcnLab o	SLAB	43.52	+1.72	628	+114
90	81	80	B	30.18	FrghtCar o	RAIL	23.74	+1.32	129	+109
82	73	73	A	25.25	OtterTail	OTTR	25.74	+0.74	180	+109
94	89	85	B+	56.48	FEI o	FEIC	57.77	+2.30	500	+99
99	98	91	A–	48.13	Sodastrm o	SODA	46.84	+1.95	1,884	+95
89	86	91	C	40.66	UrbnOtfit o	URBN	40.98	+1.62	4,555	+94
89	77	72	A–	50.76	RBCBear o	ROLL	51.22	+1.15	138	+91
98	88	98	A–	89.13	GeospaceTech	GEOS	89.84	+0.97	206	+86
89	78	78	D+	22.30	Microsemi o	MSCC	21.88	+0.84	855	+78
67	81	71	C+	34.70	ArgoGpInt n	AGII	34.49	+0.90	127	+75

<상승세 종목> 일간 인쇄판

Weekly Stocks On The Move

Stocks with heavy weekly volume vs. their 10-week average volume. Stocks $20 or more, with at least ½ point change, and avg. volume of 60,000 and greater. For stocks up in price, EPS & RS Ratings are 70 or higher and annual earnings estimate 15%+. Includes stocks without estimates. Stocks with 80 EPS and 80 RS or better are **boldfaced.**

SMARTSELECT® COMPOSITE RATING

↓	EPS	Rel Str	Grp Rtg	Acc Dis	52-Wk High	Stock Name	Stock Symbol	Closing Price	Week Price Chg	PE Ratio	Float (mil)	Week Vol (1000s)	Week Vol% Chg
81	71	77	B	B	59.03	Transocean Inc o	RIG	51.82	+7.62	16	356	28,570	+165
69	85	77	D+	B+	37.25	Sears Hometwn & Outlet o	SHOS	35.06	+1.87	14	5.1	811	+151
95	84	95	A	A–	33.80	Piper Jaffray Cos o	PJC	33.62	+1.55	19	16	1,018	+148
99	93	94	A+	A	22.59	On Assignment o	ASGN	22.63	+3.07	23	49	2,846	+118
94	85	77	A	B+	39.35	Honda Motor Co Ltd o	HMC	37.75	+1.33	17	1.8b	4,507	+109
69	78	70	C+	B–	20.60	Pinnacle Fin Ptnr	PNFP	20.12	+1.42	20	32	1,179	+98
98	93	97	A+	A–	22.97	Polyone o	POL	23.22	+3.27	20	86	5,603	+90
97	73	96	B	A+	21.38	Avis Budget Group o	CAR	21.75	+2.37	9	102	10,606	+90
83	91	74	D+	B–	51.45	Gartner Inc o	IT	48.70	+3.35	30	89	3,729	+87
91	77	93	B+	B	140.4	P P G Industries o	PPG	139.47	+6.77	18	150	10,013	+81
99	97	96	A+	A–	37.19	Dorman Products Inc o	DORM	35.88	+1.73	20	29	973	+81
71	88	72	D–	C	73.72	Hain Celestial o	HAIN	56.52	+3.84	29	43	4,819	+78
94	89	72	A–	A–	56.95	Signet Jewlers Ltd o	SIG	53.87	+0.94	13	80	4,943	+70
99	99	93	B	A	21.99	Viewpoint Financial	VPFG	21.72	+0.88	20	38	1,199	+68

<상승세 종목> 주간 인쇄판

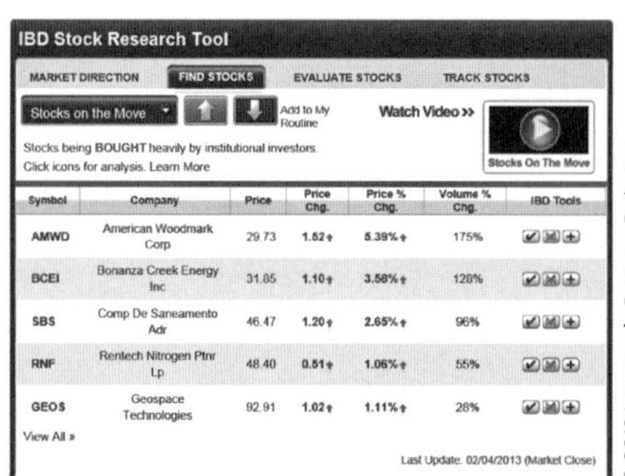

IBD Stock Research Tool

MARKET DIRECTION | FIND STOCKS | EVALUATE STOCKS | TRACK STOCKS

Stocks on the Move | Add to My Routine | Watch Video >>

Stocks being BOUGHT heavily by institutional investors.
Click icons for analysis. Learn More

Stocks On The Move

Symbol	Company	Price	Price Chg.	Price % Chg.	Volume % Chg.	IBD Tools
AMWD	American Woodmark Corp	29.73	1.52	5.39%	175%	
BCEI	Bonanza Creek Energy Inc	31.85	1.10	3.58%	128%	
SBS	Comp De Saneamento Adr	46.47	1.20	2.65%	96%	
RNF	Rentech Nitrogen Ptnr Lp	48.40	0.51	1.06%	55%	
GEOS	Geospace Technologies	92.91	1.02	1.11%	28%	

View All »

Last Update: 02/04/2013 (Market Close)

<상승세 종목> 온라인판

지금 기관투자자들이 대량 매수하는 종목을 찾는 쉬운 방법이 필요하다면 <상승세 종목>을 확인하라. 이 목록은 이례적으로 많은 거래량과 함께 크게 상승하는 종목을 소개한다. 이런 움직임은 프로 투자자들이 매수하고 있다는 신호다.

이 목록은 세 가지 버전이 있다.

- 일간 인쇄판
- 주간 인쇄판
- 온라인판- 거래일 내내 분 단위로 갱신됨

밤이나 주말에 IBD의 인쇄판이나 디지털판을 보고 그날 또는 그 주에 어느 종목이 크게 움직였는지 반드시 확인하라. 또한 시간이 나면 장이 열린 동안 인베스터스닷컴의 <상승세 종목>을 살펴라. 둘 다 관심종목에 올릴 종목을 찾는 아주 좋은 수단이다.

대박 종목은 대개 거래량이 급증하는 가운데 주가를 급등시키면서 중대한 새로운 상승을 시작한다. 그래서 사실상 모든 대박 종목은 상승 초반에 <상승세 종목> 목록에 오른다.

대박 종목에 일찍 들어가는 법

<상승세 종목>을 활용하여 돌파 전에 치폴레 멕시칸 그릴을 발견할 수 있었던 양상을 통해 미래의 대박 종목을 포착하는 법을 배워라. www.investors.com/GettingStartedBook을 참고하라.

언제 & 어디서

〈상승세 종목〉: IBD 〈메이킹 머니〉 섹션에서, 매일

〈주간 상승세 종목〉: IBD 〈메이킹 머니〉 섹션에서, 매주 월요일

〈상승세 종목〉 온라인판: 인베스터스닷컴 홈페이지, 거래일 내내 분 단위 갱신

〈신고점 목록New High List〉, 〈바닥 돌파 직후 종목Stocks Just Out of Bases〉, 〈10주선 반락 종목Stocks Pulling Back to 10-Week Line〉

"You Can Find Winners in IBD's New High List"

Name	Stock Symbol	Price	EPS Rtg
New Highs			
FINANCE (18)			
ApolloGlobal	APO	19.94	60
KKR&Co	KKR	16.28	69
Aerocentury	ACY	16.57	81
Blackrck	BLK	222.19	83
Wlkr&Dnlp	**WD**	**19.08**	**91**
PriceTR	TROW	69.35	90
MainStCn	MAIN	32.00	86
HEEqSvs	HEES	17.72	81†
WaddllR	WDR	37.60	82
EuronetWW	EEFT	24.72	79
VirtusInv	VRTS	137.86	81
AffilMgrs	AMG	139.81	79
FrankRes	BEN	135.58	72
AresCap	ARCC	17.91	67
CBOE	CBOE	31.96	71
OaktreeCaptl	OAK	48.01	81
RaymJames	RJF	41.62	79
Equifax	EFX	56.58	81
MEDICAL (12)			
Celgene	**CELG**	**97.67**	**98**
BectDicksn	BDX	82.30	71
ChinaBio	**CBPO**	**19.45**	**96**
AirMethods	**AIRM**	**41.39**	**98**
HCA Hldgs	**HCA**	**33.85**	**98**
HenrySchn	HSIC	84.05	83
UnivrslHlth	UHS	51.52	87
NovoNrdsk	**NVO**	**174.07**	**96**
Parexel	**PRXL**	**32.91**	**92**
Amerisrce	**ABC**	**44.29**	**92**
UtahMPr	UTMD	40.97	81
CapitalSrLvng	CSU	20.18	84
SOFTWARE (10)			
VerintSys	VRNT	33.83	73
MedAsst	**MDAS**	**19.03**	**94**
PerionNetwk	PERI	12.48	89
Cadence	CDNS	14.02	75
Netscout	**NTCT**	**26.96**	**97**
ePlus	**PLUS**	**45.33**	**95**
Symantec	SYMC	19.91	75
SoleraHdn	SLH	56.30	75
ManhAssc	MANH	64.94	85
Salesforc	CRM	174.01	87
REAL EST (10)			
Redwood	RWT	18.83	73
NatlRetailPty	NNN	32.44	60
MedicalPrpty	MPW	12.78	74
Reis	REIS	13.61	81
TangerFact	SKT	35.05	62
Weyerhaus	WY	30.80	67
HealthcreRlty	HR	25.00	81
AmreitB	**AMRE**	**17.77**	**90**
RLJLodging	RLJ	20.45	80
GrupoAeroCt	OMAB	24.44	80
INSURNCE (10)			
AmTrFin	AFSI	31.32	84
EMC Ins	EMCI	25.56	69
Progresv	PGR	22.55	60
RenaisRe	RNR	83.09	81
Torchmrk	TMK	53.52	83
FidlNFin	**FNF**	**25.58**	**98**
PrudtlUK	PUK	29.87	89
ArchCap	ACGL	45.08	73
ArgoGplntn	AGII	35.64	81
Travelers	TRV	74.95	85
BUSINS SVC (10)			
TylerTech	**TYL**	**51.99**	**95**
TeamHlth	**TMH**	**31.29**	**91**
BarrettB	BBSI	41.45	83
Maximus	MMS	67.25	87
LamarAd	LAMR	41.23	73
Verisk	**VRSK**	**54.42**	**93**
WPP Pl	WPPGY	76.28	68
AdsrBrd	ABCO	52.62	85
Amdocs	DOX	35.11	77
CognizntTc	**CTSH**	**78.45**	**96**
BUILDING (9)			
USConcrete	USCR	11.28	81
Winnebago	WGO	19.41	69
AAON	AAON	22.62	66
SmithAO	AOS	66.05	84
RPMIntl	RPM	31.35	66
DrewIndust	**DW**	**34.81**	**93**
AecomTech	ACM	24.71	83
ShawGrp	**SHAW**	**46.94**	**91**
VulcanMat	VMC	53.87	65
RETAIL (8)			
KrispyKrm	KKD	11.82	80
Sonic	SONC	10.95	67
Copart	**CPRT**	**31.88**	**98**
DestMatern	DEST	22.88	87
CVSCare	**CVS**	**51.09**	**90**
NathansFms	**NATH**	**35.03**	**95**
Luxottica	LUX	43.70	63
LibInteracA	LINTA	21.05	79
BANKS (8)			
MetroBcp	METR	14.06	76
SWBcOK	OKSB	12.84	81
BanColombi	CIB	70.40	60
BcoChile	BCH	99.61	66
GrpFinStdr	**BSMX**	**17.79**	**91**
Chicopee	CBNK	17.05	77
Credicorp	**BAP**	**155.83**	**90**
SoundFinlBnc	SFBC	10.75	73
FOOD/BEV (7)			
FlowersFds	FLO	27.22	65
Landec	LNDC	12.78	86
CocaClEn	CCE	33.64	67
Kellogg	K	57.38	70
Fomento	FMX	106.66	89
Hershey	HSY	76.56	81
Ingredion	**INGR**	**68.32**	**91**
ENERGY (6)			
GlobPtrs	GLP	29.31	76
TrnsMontg	**TLP**	**40.40**	**93**
CVREgyn	CVI	51.67	80
Enbridge	ENB	44.75	81
Sunocolg	**SXL**	**55.17**	**96**
Spectran	SEP	32.52	68
TELECOM (5)			
IDT Corp B	IDT	10.45	70
CmstA	**CMCSA**	**38.92**	**96**
MotorolaSlts	**MSI**	**57.67**	**97**
CctSp	**CMCSK**	**37.40**	**96**
NeuStar	**NSR**	**44.27**	**97†**
S&Ls			
OmniAm	**OABC**	**24.66**	**99**
BOFIHldg	**BOFI**	**38.16**	**93**
IF Bancorp	IROQ	14.38	87
CptlFed	CFFN	11.86	85
MACHINE			
CecoEnv	CECE	10.91	67
ThreeDSys	**DDD**	**60.71**	**99†**
Ametek	AME	38.60	89
Flowserve	FLS	154.33	75
LEISURE			
ChinaLdg	**HTHT**	**18.80**	**97**
Cinemarkn	CNK	27.50	81
Polaris	**PII**	**88.68**	**97**
MdisnSqGrdn	**MSG**	**47.33**	**90**
CONSUMER			
Clorox	CLX	76.60	62
Cdp	**CFI**	**16.65**	**91**
LeggPlat	LEG	28.05	86
Energizer	ENR	83.80	68
AGRICULTRE			
AlamoGroup	ALG	34.47	62
RentchNitro	RNF	47.26	81
Bunge	BG	75.32	87
Deere	DE	89.86	81
UTILITY			
Allete	ALE	43.64	66
AmerStateWtr	AWR	50.30	87
BlackHills	BKH	38.51	81
ELECTRNCS			
IPG Phot	**IPGP**	**68.56**	**90**
AmphenlA	APH	68.18	81
Daktrncs	DAKT	11.68	81
COMPUTER			
IXIA	**XXIA**	**19.24**	**94**
NCR	NCR	27.14	85
AUTO			
TRWAuto	TRW	56.73	61
Strattec	STRT	27.26	71
TRANSPRT			
CopaHold	CPA	106.23	84
MEDIA			
SagaComm	SGA	52.62	88
INTERNET			
Rackspce	**RAX**	**77.65**	**98**
CHIPS			
ArmHld	**ARMH**	**42.40**	**93**
CHEMICAL			
Chemtura	CHMT	23.26	69
APPAREL			
Hanesbrd	HBI	37.00	65
MISC			
StandexIntl	**SXI**	**54.71**	**90**
Bemis	BMS	34.94	68
BerkHthwyB	BRKB	95.36	62
3M	MMM	97.08	68
OtterTail	OTTR	25.94	73
BerkHthwyA	BRKA	143000.00	61
BerryPlastics	BERY	16.72	81
New Lows			
RETAIL			
Freds		12.43	74

NYSE (n) – 202 New Highs, 3 Lows
NASDAQ – 129 New Highs, 5 Lows
AMEX (a) – 11 New Highs, 3 Lows

Boldfaced stocks show high EPS Rating 90 or more. On Investors.com, see an IBD Chart, archived story and Stock Checkup before buying. Stocks in each sector listed by % volume increase. Stocks under 10 a share or 60 EPS are omitted. †See chart in Stock Spotlight.

New High List Analysis

BY PAUL WHITFIELD
INVESTOR'S BUSINESS DAILY

A handful of top-rated stocks pushed to new highs Monday despite signs of hesitation in the major indexes.

China Lodging Group[HTHT] added 0.88 to 18.80 in volume that was 626% above average. The stock is now 6.5% past a 17.65 buy point in an untidy consolidation. A stock should not be bought once it is 5% past the ideal buy point.

The small-cap stock is thinly traded, turning only 123,000 shares daily.

China's economy has suffered seven quarters in a row of decelerating growth. In Q3, China's GDP rose 7.4%, the least in more than three years.

However, some economists expect China's GDP to pick up the pace in 2013. Deutsche Bank, for example, estimates China's growth will reach 8.5% in the second half of this year.

China Lodging has seen some earnings acceleration in recent quarters — rising from a loss of 2 cents a share in Q1 to profits of 19 cents and 27 cents a share in Q2 and Q3. The Street expects EPS of only 8 cents a share in Q4, which would represent a 10% drop from the year-ago pace.

The company is a 2010 initial public offering.

Grupo Financiero Santander Mexico[BSMX], a September 2012 IPO, tacked on 0.75 to 17.79, as it notched a new high. Volume, though, was only 3% above average. The stock is extended from a December breakout.

Milwaukee-based water-heater maker **A.O. Smith**[AOS] popped 1.47 to 66.05 in 58% faster action as it scored a new high. The company will announce Q4 and full-year results before the market's open on Jan. 24. The Street expects 19% earnings growth on a revenue increase of 6%. The 6% sales growth would be the slowest in two years.

Other stocks posting 52-week highs included biotech **Celgene**[CELG], which advanced for a 10th consecutive day, fiber laser company **IPG Photonics**[IPGP], and RV and manufactured homes components maker **Drew Industries**[DW].

Drew Industries is in a strong industry group. The RV and manufactured home group was No. 13 of 197 groups in Monday's IBD.

Stocks Just Out Of Bases

Comp Rtg	Stock Name	Symbol	Closing Price	Chg	Vol% Chg
93	Polaris Inds	PII	88.68	-0.22	-14%
96	Valeant Pharmaceuticals	VRX	63.58	-0.06	-56%

Supply/Demand

Comp Rtg	Stock Name	Symbol	Closing Price	Chg	Vol% Chg
94	Three D Systems	DDD	60.71	+0.36	+12%

Stocks Pulling Back to 10-Wk Line

Comp Rtg	Stock Name	Symbol	Closing Price	Chg	Vol% Chg
98	Stratasys Ltd	SSYS	79.34	-1.42	-47%

IBD에는 매일 같은 페이지에 이 세 개의 강력한 목록이 실린다. 그래서 주목할 종목들에 대한 간략한 개요를 제시한다.

- **〈신고점 종목〉**

  앞서 배운 내용을 기억하라. 신고점에 이르는 종목은 대개 더 높이 오르는 경향이 있다. 이 목록은 어느 종목이 그날 막 52주 신고가에 올랐는지 보여준다. 목록 바로 밑에 있는 '신고점 목록 분석' 기사도 꼭 읽어라. 이 기사는 특정 종목의 동향에 대해 보다 많은 통찰을 제공한다.

- **〈바닥 돌파 직후 종목〉**

  손잡이가 달린 컵이나 쌍바닥 또는 다른 유형의 패턴(6장)을 돌파한 종목은 큰 폭의 상승을 시작하는 경향이 있다. 이 목록은 바닥을 막 돌파한 종목을 소개한다. 다만 해당 종목이 매수 체크리스트를 통과했으며, 5퍼센트 매수 구간 너머로 '초과'되지 않았는지 확인해야 한다.

  주가가 초과된 경우에도 계속 주시하라. 10주 이평선 반락 같은 다른 매수 기회를 제공할지 모른다. 그래서 이 내용은 다음 항목으로 이어진다.

- **〈10주 이평선 반락 종목〉**

  앞서 살핀 대로('다른 매수 지점', 6장) 바닥 돌파 이후 주가가 한숨을 돌리면서 기준선인 10주 이평선으로 반락할 수 있다. 이 선이 주가를 지지하면서 대규모 거래량과 함께 반등이 나오면 매수 기회가 생긴다.

언제 & 어디서

IBD 〈메이킹 머니〉 섹션에서, 매일

인베스터스닷컴 〈신고점 목록 분석〉 칼럼

〈IBD 타임세이버 테이블스IBD TimeSaver Tables〉

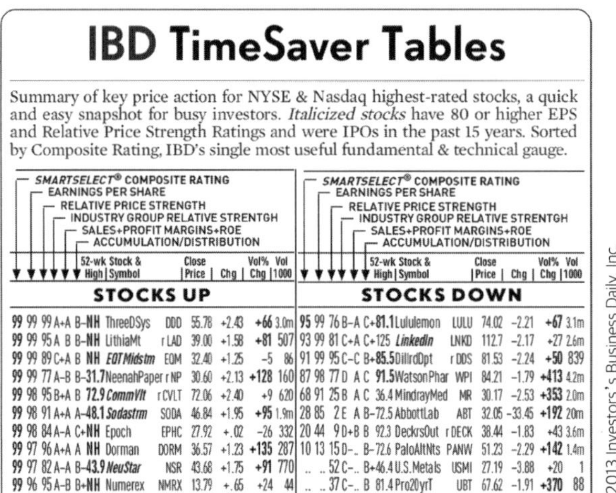

IBD TimeSaver Tables

Summary of key price action for NYSE & Nasdaq highest-rated stocks, a quick and easy snapshot for busy investors. *Italicized stocks* have 80 or higher EPS and Relative Price Strength Ratings and were IPOs in the past 15 years. Sorted by Composite Rating, IBD's single most useful fundamental & technical gauge.

SMARTSELECT® COMPOSITE RATING / EARNINGS PER SHARE / RELATIVE PRICE STRENGTH / INDUSTRY GROUP RELATIVE STRENTGH / SALES+PROFIT MARGINS+ROE / ACCUMULATION/DISTRIBUTION

STOCKS UP

Composite	EPS	RS	Ind. Grp	SMR	Acc/Dis	52-wk High	Stock &	Symbol	Close Price	Chg	Vol% Chg	Vol 1000
99	99	99	A+	A	B-	**NH**	ThreeDSys	DDD	55.78	+2.43	**+66**	3.0m
99	99	95	A	B	B-	**NH**	LithiaMt	r LAD	39.00	+1.58	**+81**	507
99	99	89	C+	A	B	**NH**	***EQTMidstm***	EQM	32.40	+1.25	-5	86
99	99	77	A-	B	B-	**31.7**	NeenahPaper	r NP	30.60	+2.13	**+128**	160
99	98	95	B+	A	B	**72.9**	***CommVlt***	r CVLT	72.06	+2.40	+9	620
99	98	91	A+	A	A-	**48.1**	***Sodastrm***	SODA	46.84	+1.95	**+95**	1.9m
99	98	84	A-	A	C+	**NH**	Epoch	EPHC	27.92	+.02	-26	332
99	97	96	A+	A	A	**NH**	Dorman	DORM	36.57	+1.23	**+135**	287
99	97	82	A-	A	B-	**43.9**	***NeuStar***	NSR	43.68	+1.75	**+91**	770
99	96	95	A-	B	B+	**NH**	Numerex	NMRX	13.79	+.65	+24	44
99	96	91	A+	B	B-	43.7	ThorIndust	THO	38.45	+1.02	+4	833

STOCKS DOWN

Composite	EPS	RS	Ind. Grp	SMR	Acc/Dis	52-wk High	Stock &	Symbol	Close Price	Chg	Vol% Chg	Vol 1000
95	99	76	B-	A	C+	**81.1**	Lululemon	LULU	74.02	-2.21	**+67**	3.1m
93	99	81	C+	A	C+	125	***LinkedIn***	LNKD	112.7	-2.17	+27	2.6m
91	99	95	C-	C	B+	**85.5**	DillrdDpt	r DDS	81.53	-2.24	**+50**	839
87	98	77	D	A	C	**91.5**	WatsonPhar	WPI	84.21	-1.79	**+413**	4.2m
68	91	25	B	A	C	36.4	MindrayMed	MR	30.17	-2.53	**+353**	2.0m
28	85	2	E	A	B-	72.5	AbbottLab	ABT	32.05	-33.45	**+192**	20m
20	44	9	D+	B	B	92.3	DeckrsOut	r DECK	38.44	-1.83	+43	3.6m
10	13	15	D-	..	B-	72.6	PaloAltNts	PANW	51.23	-2.29	**+142**	1.4m
..	..	52	C-	..	B+	46.4	U.S.Metals	USMI	27.19	-3.88	+20	1
..	..	37	C-	..	B	81.4	Pro20yrT	UBT	67.62	-1.91	**+370**	88
..	..	33	C-	..	C-	131	VangExDn	EDV	113.3	-2.69	**+254**	101

이름이 시사하듯이 이 목록은 그날 어떤 최상위 종목이 강세 동향을 보였는지 쉽고 빠르게 확인할 수 있도록 해준다. 즉, 종합 점수(3장, 기본 요건 2)를 기준으로 삼아 진정한 시장 선도종목에 초점을 맞출 수 있게 도와준다.

언제 & 어디서

IBD 〈메이킹 머니〉 섹션에서, 매일

〈뉴 아메리카The New America〉

THE NEW AMERICA

3D SYSTEMS *Rock Hill, South Carolina*

A 3D Printer In Your House Might Be The Next Big Thing

BY BRIAN DEAGON
INVESTOR'S BUSINESS DAILY

Twenty-six years ago, Chuck Hull received a patent for a system he called stereolithography.

The patent described a procedure of creating three-dimensional objects with a computer-controlled system that shoots ultraviolet light into a pool of liquid polymer or some other "fluid medium."

The fluid at the surface turns solid when hit by UV light. The object is then lowered as layer upon layer of light beams hit the liquid surface and stitch together, sliver by sliver, the object the computer has been programmed to produce.

As the Hull patent described, "stereolithography is a method and apparatus for making solid objects by successively 'printing' thin layers of a curable material, one on top of another."

That same year, in 1986, Hull co-founded 3D Systems(DDD), now based in Rock Hill, S.C., where he is currently the chief technology officer. It began making and selling expensive 3D printers used in aerospace and automotive manufacturing to develop prototype parts, plodding along in a niche market.

3D Systems
3dsystems.com

Ticker	DDD
Share price	Near 44
12-month sales	$322 mil
5-year profit growth rate	180%

IBD SmartSelect Corporate Ratings

Composite Rating	99
Earnings Per Share	98
Relative Price Strength	98
Industry Group Rank	5
Sales+Profit Margins+ROE	A
Accumulation-Distribution	B

See Investors.com for more details

Today, 3D Systems makes a long line of 3D printers ranging in price from $1,300 desktop printers for the home hobbyist to large $1 million printers able to make parts for supersonic jets. One of its biggest markets is the health care field, where 3D printers make custom parts for hearing aids, prosthetics and orthodontics, among other items.

Wide Applications

Its 3D printers also make parts for aerospace, military and transportation industries. They can print most anything that can be designed on a computer, from con-

photos and videos into printable 3D objects. And it acquired Rapidform, a provider of 3D scanning and computer aided design and inspection software tools, for $35 million. Its products are used by engineers and manufacturers.

Asian Presence

Rapidform, based in Seoul, will expand 3D Systems' presence in Korea and Japan. It also has offices in Australia, Italy and the Netherlands. The company has acquired about 30 firms in the last three years, many of them small, extending its platform of capabilities and widening its patent portfolio to more than 1,200.

Since its introduction of stereolithography 26 years ago, 3D Systems has developed other 3D printing technologies for an array of applications. Its printers also use a wide variety of print materials, about 100 of them, that replicate the performance of plastics, metals, waxes, rubbers and other composites.

3D parts can be made in as little as 20 minutes or take more than 40 hours, depending on the complexity. About half its printers currently sold are for manufacturing applica-

캔 슬림의 'N'은 '새로운' 것, 즉 새로운 혁신적인 제품이나 새로운 경영진 또는 새로운 산업 추세를 뜻한다.

이는 '기본 요건 2: 영업이익 증가율이 클 뿐 아니라 새롭고 혁신적인 제품이나 서비스를 갖춘 기업에 초점을 맞춰라'에서 확인한 대로 주가 상승의 핵심 동인이다.

〈뉴 아메리카〉 면은 'N' 요건을 갖춘 기업을 매일 소개한다.

'뉴 아메리카 분석' 동영상도 꼭 시청하라. 근래에 〈뉴 아메리카〉 칼럼에 소개된 기업의 최근 차트 동향, 점수, 추세를 조명한다.

언제 & 어디서

IBD 인베스터스닷컴 A면에서, 매일

'뉴 아메리카 분석' 동영상은 인베스터스닷컴의 〈IBD TV〉 탭에 매주 업데이트

〈IBD 스마트 NYSE+NASDAQ 테이블〉

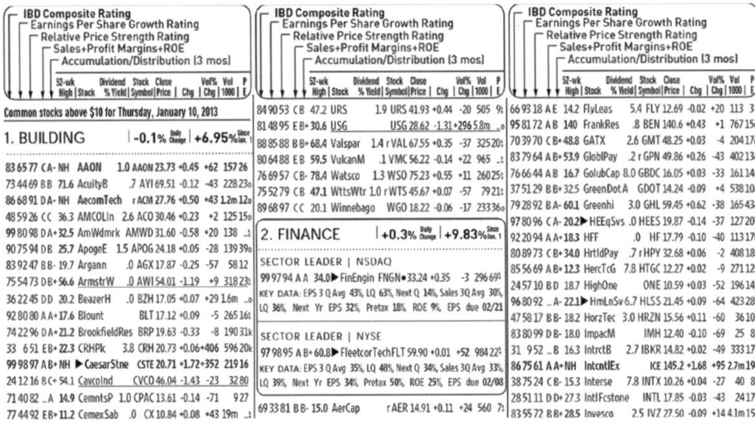

IBD Composite Rating / Earnings Per Share Growth Rating / Relative Price Strength Rating / Sales+Profit Margins+ROE / Accumulation/Distribution (3 mos)

Common stocks above $10 for Thursday, January 10, 2013

IBD Composite Rating	EPS Growth Rating	Relative Price Strength Rating	Sales+Profit Margins+ROE	Acc/Dis (3 mos)	52-wk High	Stock	Dividend % Yield	Stock Symbol	Close Price	Chg	Vol% Chg	Vol 1000	PE
1. BUILDING						-0.1% Daily Change		+6.95% Since Jan. 1					
83	65	77	C	A-	NH	AAON	1.0	AAON	23.73	+0.45	+62	157	26
73	44	69	B	B	71.6	AcuityB	.7	AYI	69.51	-0.12	-43	228	23
86	68	91	D	A-	NH	AecomTech		r ACM	27.76	+0.50	+43	1.2m	12
48	59	26	C	C	36.3	AMCOLIn	2.6	ACO	30.46	+0.23	+2	125	15
99	80	98	D	A+	32.5	AmWdmrk		AMWD	31.60	-0.58	+20	138	..
90	75	94	D	B	25.7	ApogeE	1.5	APOG	24.18	+0.05	-28	139	39
83	92	47	B	B-	19.7	Argann	.0	AGX	17.87	-0.25	-57	58	12
75	54	73	D	B+	56.6	ArmstrW	.0	AWI	54.01	-1.19	+9	318	23
36	22	45	D	D	20.2	BeazerH	.0	BZH	17.05	+0.07	+29	1.6m	..
92	80	80	A	A+	17.6	Blount		BLT	17.12	+0.09	-5	265	16
74	22	96	D	A+	21.2	BrookfieldRes		BRP	19.63	-0.33	-8	190	31k
33	6	51	E	B+	22.3	CRHPk	3.8	CRH	20.73	+0.06	+406	596	20k
99	98	97	A	B+	NH	▶CaesarStne		CSTE	20.71	+1.72	+352	219	16
24	12	16	B	C+	54.1	CavcoInd		CVCO	46.04	-1.43	-23	32	80
71	40	82	..	A	14.9	CemntsP	1.0	CPAC	13.61	-0.14	-71	9	27
77	44	92	E	B+	11.2	CemexSab	.0	CX	10.84	+0.08	+43	19m	..
84	90	53	C	B	47.2	URS	1.9	URS	41.93	+0.44	-20	505	9
81	48	95	E	B+	30.6	USG		USG	28.62	-1.31	+296	5.8m	..
88	85	88	B	B+	68.4	Valspar	1.4	r VAL	67.55	+0.35	-37	325	20
80	64	88	E	B	59.5	VulkanM	.1	VMC	56.22	-0.14	+22	965	..
76	69	57	C	B-	78.4	Watsco	1.3	WSO	75.23	+0.55	+11	260	25
75	52	79	C	B	47.1	WttsWtr	1.0	r WTS	45.67	+0.07	-57	79	21
89	68	97	C	C	20.1	Winnebago		WGO	18.22	-0.06	-17	233	36
2. FINANCE						+0.3% Daily Change		+9.83% Since Jan. 1					
SECTOR LEADER | NSDAQ													
99	97	94	A	A	34.0	▶FinEngin		FNGN●	33.24	+0.35	-3	296	69
KEY DATA: EPS 3 Q Avg 43%, LQ 63%, Next Q 14%, Sales 3Q Avg 30%, LQ 36%, Next Yr EPS 32%, Pretax 18%, ROE 9%, EPS due 02/21													
SECTOR LEADER | NYSE													
97	98	95	A	B+	60.8	▶FleetcorTech		FLT	59.90	+0.01	+52	984	22
KEY DATA: EPS 3 Q Avg 35%, LQ 48%, Next Q 34%, Sales 3Q Avg 33%, LQ 39%, Next Yr EPS 34%, Pretax 50%, ROE 25%, EPS due 02/08													
69	33	81	B	B-	15.0	AerCap		r AER	14.91	+0.11	+24	560	7
66	93	18	A	E	14.2	FlyLeas	5.4	FLY	12.69	-0.02	+20	113	3
95	81	72	A	B	140	FrankRes	.8	BEN	140.6	+0.43	+1	767	15
70	39	70	C	B+	48.8	GATX	2.6	GMT	48.25	+0.03	-4	204	17
83	79	64	A	B+	53.9	GloblPay	.2	r GPN	49.86	+0.26	-43	402	13
76	66	44	A	B	16.7	GolubCap	8.0	GBDC	16.05	+0.03	-33	161	14
37	51	29	B	B+	32.5	GreenDot A		GDOT	14.24	-0.09	+4	538	10
79	28	92	B	A-	60.1	Greenhi	3.0	GHL	59.45	+0.62	-38	165	43
97	80	96	C	A-	20.2	▶HEEqSvs	.0	HEES	19.87	-0.14	-37	127	20
92	20	94	A	A+	18.3	HFF	.0	HF	17.79	-0.10	-40	113	17k
80	89	73	C	B+	34.0	HrtldPay	.7	r HPY	32.68	+0.06	-2	408	18
85	56	69	A	B+	12.3	HercTcG	7.8	HTGC	12.27	+0.02	-9	271	12
24	57	10	B	D	18.7	HighOne		ONE	10.59	+0.03	-52	196	14
96	80	92	..	A-	22.1	▶HmLnSv	6.7	HLSS	21.45	+0.09	-64	423	28
47	58	17	B	B-	18.2	HorzTec	3.0	HRZN	15.56	+0.11	-60	36	10
83	80	99	D	B-	18.0	ImpacM		IMH	12.40	-0.10	-69	25	8
31	9	52	..	B	16.3	IntrctB	2.7	IBKR	14.82	+0.02	-49	333	17
86	75	61	A	A+	NH	IntcntlEx		ICE	145.2	+1.68	+95	2.7m	19
38	75	24	C	B-	15.3	Interse	7.8	INTX	10.26	+0.04	-27	40	8
28	51	11	D	D+	27.3	IntlFcstone		INTL	17.85	-0.03	-43	24	17k
83	55	72	B	B+	28.5	Invesco	2.5	IVZ	27.50	-0.09	+14	4.1m	15

모든 주식 표가 같은 것은 아니다. 대다수 간행물은 표를 더 이상 싣지 않거나 그날 상승종목 및 하락종목의 수 같은 기초적인 데이터만 넣는다. 그래서 기관투자자들이 대량 매수하는지, 대량 매도하는지, 그냥 관

망하는지 알 길이 없다.

우리는 우리가 제작한 표를 '스마트 테이블'이라고 부른다. 그 이유는 쉽게 활용할 수 있는 위치에 상당한 양의 주요 데이터를 포함하고 있기 때문이다. 다음은 주요 항목에 대한 간단한 설명이다.

- 선도종목과 부진종목을 쉽게 구분할 수 있게 해주는 **IBD 스마트셀렉트 점수**
- 그날의 **거래량 증감률**: 이례적으로 많거나 적었는가?
- **업종 순위**: 업종 강세를 기준으로 삼아 기관투자자들이 어디로 자금을 옮기고 있는지 알 수 있으며, 최고 산업의 최고 종목을 파악할 수 있다.

언제 & 어디서

IBD와 인베스터스닷컴의 〈메이킹 머니〉 섹션에서, 매일

〈IBD 스크린 센터〉

다음은 〈IBD 스크린 센터〉에서 볼 수 있는 몇 가지 목록이다.

- **'스크린 오브 더 데이**Screen of the Day**'**: '소형주 선도종목', '젊은 기업', '추정치 초과 종목' 등 주제별로 돌아가며 구성하는 목록.
- **'캔 슬림 셀렉트'**: 오늘의 최고 캔 슬림 종목 목록.
- **〈IBD 50〉**: 인쇄판에 실리는 〈IBD 50〉의 온라인판으로서 분류 및 인쇄가 가능하다.

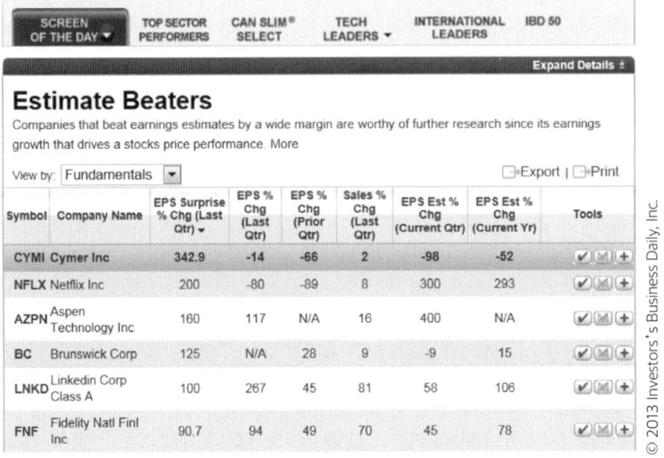
IBD Screen Center

SCREEN OF THE DAY | TOP SECTOR PERFORMERS | CAN SLIM® SELECT | TECH LEADERS | INTERNATIONAL LEADERS | IBD 50

Expand Details ±

Estimate Beaters

Companies that beat earnings estimates by a wide margin are worthy of further research since its earnings growth that drives a stocks price performance. More

View by: Fundamentals   Export | Print

Symbol	Company Name	EPS Surprise % Chg (Last Qtr)	EPS % Chg (Last Qtr)	EPS % Chg (Prior Qtr)	Sales % Chg (Last Qtr)	EPS Est % Chg (Current Qtr)	EPS Est % Chg (Current Yr)	Tools
CYMI	Cymer Inc	342.9	-14	-66	2	-98	-52	
NFLX	Netflix Inc	200	-80	-89	8	300	293	
AZPN	Aspen Technology Inc	160	117	N/A	16	400	N/A	
BC	Brunswick Corp	125	N/A	28	9	-9	15	
LNKD	Linkedin Corp Class A	100	267	45	81	58	106	
FNF	Fidelity Natl Finl Inc	90.7	94	49	70	45	78	

언제 & 어디서

베스터스닷컴의 '리서치' 탭에서 매일, 업데이트됨

〈IBD TV〉

지금까지 나온 실천사항을 모두 따랐다면(그랬기를 바란다!) 이 〈IBD TV〉 동영상들에 이미 익숙해졌을 것이다.

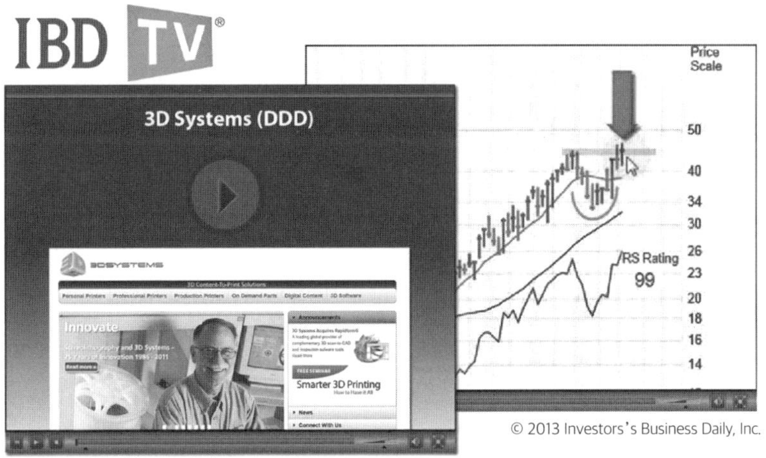

- **'마켓 랩'**

'마켓 랩'은 <빅 픽처> 칼럼의 동영상 버전이라고 생각하면 된다. 이 동영상은 최근 시장 동향을 설명하면서 선정된 선도종목의 중요한 움직임과 잠재적 매수 지점을 소개한다. 또한 영상으로 제시되기 때문에 차트 패턴과 다른 주요 가격 및 거래량 변동을 자세히 살필 수 있다. 그래서 **최근 시장 추세를 파악하고, 차트 읽기 기술을 개선하며, 새로운 종목에 대한 아이디어를 동시에 얻을 수 있는** 아주 좋은 수단이다.

- **'일간 종목 분석'**

'일간 종목 분석'은 '마켓 랩' 동영상과 마찬가지로 **차트 읽기 및 종목 선정 기술을 개선하는 한편 양질의 관심종목을 구성하는 데 도움을 준다.**

각 동영상은 선도종목의 최근 동향을 설명한다. 또한 차트 패턴과 잠재적 매수 지점을 소개하며, 상승률에 영향을 미치는 영업이익 증가율, 애널리스트 추정치 및 다른 요소들뿐 아니라 이면의 이야기를 살핀다.

- **'IBD 2분 팁'**

  이 짧은 '실연' 동영상은 주요 투자 전략을 실행하는 방법을 관찰하고, IBD의 도구와 코너를 파악하는 아주 좋은 수단이다. '시장 조정에 대처하는 법'부터 'IBD 50 차트- 포트폴리오를 위한 유익한 도구'까지 모든 주제에 대한 동영상들이 올라와 있다.

언제 & 어디서

모든 동영상은 인베스터스닷컴의 〈IBD TV〉 탭에서 볼 수 있다.

'마켓 랩': 월~금

'일간 종목 분석': 목, 금

'IBD 2분 팁': 부정기적

〈라디오 방송: 인베스터스 비즈니스 데일리와 함께 주식으로 돈 버는 법〉

에이미 스미스와 내가 매주 진행하는 IBD 라디오 방송의 최신화를 청취해주기 바란다. 이 프로그램은 시장 현황을 파악하고 주요 투자 규칙과 전략을 활용하는 법을 배우는 쉬운 수단이다.

주요 내용은 다음과 같다.

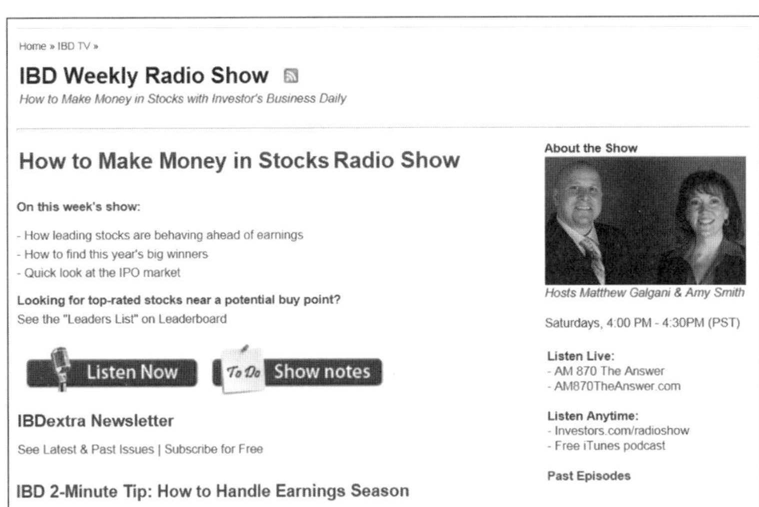

- 현재 시장 여건
- 주목할 종목
- 주요 투자 규칙을 오늘의 시장에 적용하는 법
- IBD 마켓 팀과 다른 특별 게스트의 통찰

또한 각 회마다 투자 기술을 향상하는 데 도움이 되는 차트 표시, 관련 동영상 그리고 다른 자료들이 담겨 있는 원고도 볼 수 있다.

언제 & 어디서

자세한 청취 방법과 시간 그리고 방송 원고를 확인하려면 www.investors.com/radioshow를 방문하라.

아이튠즈에서 현재 방송분과 지난 방송분을 무료로 다운로드할 수 있다.

〈투자자 코너Investor's Corner〉

이 칼럼을 꾸준히 읽는 것은 혼자만의 투자 강의를 듣는 것과 같다. 그래서 당신에게 맞는 시간과 속도로 배울 수 있다. 〈투자자 코너〉는 이 책에서 다룬 내용을 강화하고 확장하는 아주 좋은 수단이다.

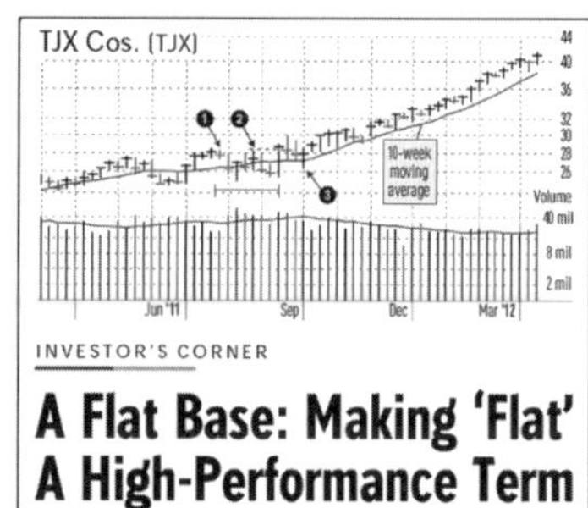

TJX Cos. (TJX)

INVESTOR'S CORNER

A Flat Base: Making 'Flat' A High-Performance Term

BY ALAN R. ELLIOTT
INVESTOR'S BUSINESS DAILY

"Flat" is not a high-currency term in the investment trade.

Flat earnings, flat sales and falling flat — none stirs joy in investors' hearts.

But the flat base lives in another category. This base often shows a stock impatient to move on to new highs.

It says a stock is not in need of a deeper shakeout, correcting 15% reach of its TJ Maxx, Marshall's and Home Goods chains.

The stock broke below its 10-week moving average in heavy trade, but found support several times at its 40-week moving average during the base. Normally, a flat-base buy point comes from the base's high point generally near the left side of the base. But in this case, TJX set up an early option, at 56.66 — a dime above the Aug. 25 high — for aggressive investors ❷.

언제 & 어디서

IBD와 인베스터스닷컴의 〈메이킹 머니〉 섹션에서, 매일

〈리더보드Leaderboard〉

IBD의 프리미엄 온라인 서비스인 〈리더보드〉는 대규모 상승을 시작하기 전에 대박 종목을 찾아내는 또 다른 수단이다.

그 방법은 다음과 같다.

- **선도종목 목록**: IBD 마켓 팀이 최고 중의 최고 종목을 검색하여 이 작고, 관리 가능한 목록에 추가한다.
- **매수 지점 근처에 있는 선도종목**: 선도종목 목록에 오른 종목 중에서 잠재적 매수 구간이나 그 근처에 있는 종목을 확인할 수 있다.
- **매수 및 매도 신호를 넣은 일중 차트 분석**: 마켓 팀은 대개 돌파 전에 패

2/12/2013 (Market Close) Indexes refresh every two minutes. *Nasdaq Composite is 20 minutes delayed

Leaderboard™

Explore Leaderboard >>

Streaming Quotes Are ON

LEADERBOARD | THE BIG PICTURE | SECTOR LEADERS | IBD 50 | STOCK SPOTLIGHT | Search Leaderboard | Enter Symbol/Company

Leaders | Cut List

Export | Print

Michael Kors Screams Higher As Most Leaders Rise

LEADERBOARD LEADERS

Updated 12:53 PM ET | Most Leaders are posting small gains in lower volume, although one high-end fashion house is making big gains on news of a blow-out quarter.

Michael Kors (KORS) jumped 10% in turbo-charged volume. The stock's action has left in its wake a big trading gap. The "affordable luxury" fashion house reported 64 cents per share in its December-ending quarter. That's 129% more than its year-ago and 23 cents more than the Street expected. Sales also beat estimates.

The other two big-volume Leaders Tuesday morning are **LinkedIn (LNKD)** and **Yandex (YNDX)**.

LinkedIn, the business-and-career-oriented social networking platform, is off a shade in almost three times its average volume. In fact, this may be seen as a relatively low-volume dip.

Action has been frantic the past two days, with volume soaring 648% and 320%, respectively. The stock rose those two days 21% and 3%, respectively. The catalyst was its Q4 report, which blew ... **Read more**

Market in confirmed uptrend

With fiscal cliff crisis out of the way, market finds some strength.

Leaders Near A Buy Point | Leaders Near A Buy Point Overview — Go To Data View

Michael Kors Hldgs Ltd (KORS)

DAILY | WEEKLY

Price **$62.00** Price Chg. **5.00** Volume % Chg. **458%**

UPDATED 10:17 AM ET | Michael Kors gapped to a new high Tuesday morning after blowing away views. On Feb. 5 the stock slumped 10% below the 58.72 buy point, triggering a sell rule. But the stock reversed higher after finding support at the 50-day moving average. That presented a new buy opportunity. Should investors buy now? **In a break-away gap like Kors', it can be OK to buy** even if the stock is more than 5% from its buy point. **Backstory:** Michael Kors is an apparel and accessories manufacturer that has its headquarters in Hong Kong. The company is named after its founder, who is a fashion designer and ... Read more

Research Tools

턴과 정확한 매수 지점 그리고 주시해야 할 긍정적이거나 부정적인 신호를 알아볼 수 있도록 차트에 표시를 해준다. 또한 돌파 후에도 계속 관찰하면서 수익을 확정할 때가 되었다는 모든 신호를 알려준다.

차트 표시와 분석을 지속적으로 얻을 수 있기 때문에 〈리더보드〉를 차트 읽기를 익히는 수단으로 강력 추천한다. 또한 〈리더보드〉는 최상위 종목에 대한 매수 및 매도 신호도 알려준다.

결과로 말한다

2013년 기준으로 <리더보드>는 S&P 500보다 거의 두 배에 가까운 수익률을 기록했다.

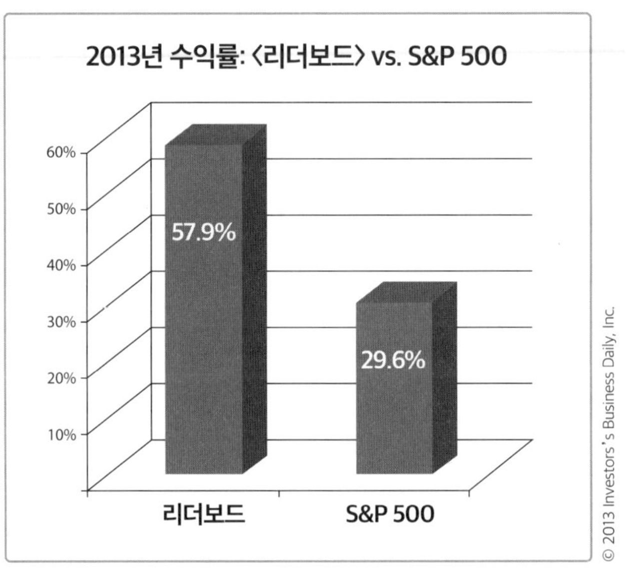

〈리더보드〉를 활용하는 방법을 확인하고 무료 사용권을 활용하라

▶ www.investors.com/GettingStartedBook을 방문하여 동료 라디오 방송 진행자인 에이미 스미스와 내가 <리더보드>를 활용하는 모습을 보여주는 동영상을 시청하라. 또한 <리더보드>를 무료로 2주간 사용해 보라.

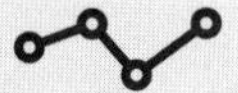

감사의 글

관대한 지원과 통찰 그리고 가르침을 베푼 윌리엄 오닐에게 감사드린다. 또한 이 프로젝트에 수많은 시간과 귀중한 조언을 제공한 케이시 셔먼Kathy Sherman에게 감사드린다. 그녀가 아니었다면 이 책이 만들어지지 않았을 것이다.

책을 만드는 동안 도움을 준 코피 아피아Kofi Appiah, 존 베커John Becker, 샤론 브룩스Sharon Brooks, 크리스 게셀, 조너선 한Jonathan Hahn, 저스틴 닐슨Justin Nielsen, 에이미 스미스, 크리스티나 와이즈Christina Wise에게도 감사드린다. 또한 맥그로 힐 에듀케이션McGraw-Hill Education의 메리 글렌Mary Glenn, 패트리샤 월렌버그Patricia Wallenburg 그리고 뛰어난 스태프들에게 감사드린다.

끝으로 처음부터 끝까지 인내하고 지원해준 가족에게 특별한 감사의 말을 전한다.

투자의 규칙

초판 1쇄 발행 2022년 11월 11일

지은이 매튜 갈가니
옮긴이 김태훈

펴낸곳 (주)이레미디어
전화 031-908-8516(편집부), 031-919-8511(주문 및 관리) | 팩스 0303-0515-8907
주소 경기도 파주시 회동길 219, 사무동 4층 401호
홈페이지 www.iremedia.co.kr | 이메일 mango@mangou.co.kr
등록 제396-2004-35호

편집 김은혜, 이병철 | 디자인 박정현
마케팅 연병선 | 재무총괄 이종미 | 경영지원 김지선

ISBN 979-11-91328-69-1 03320